熊神《くまがみ》

縄文神話を甦らせる

川村 湊

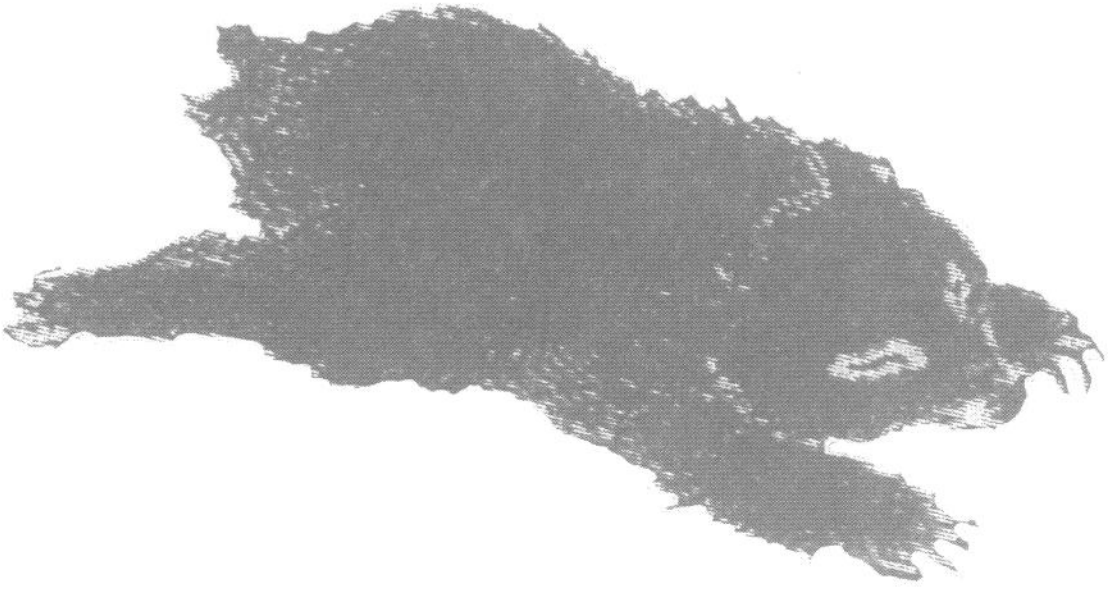

河出書房新社

まえがき

諏訪大社と熊野大社は、伊勢神宮や出雲大社と並んで、日本の神道の中心となるべき聖地なのだが、一般的に謎が多すぎると感じられる。もちろん、アマテラスを祀る伊勢神宮や、オオクニヌシを祀る出雲大社にも（そして八幡神や白山神や稲荷神にも）、容易に解き明かせない謎はやはり多いのだが、諏訪明神や熊野明神は、その「御正体《みしょうたい》」さえが杳《よう》としていて、形姿を捉えられず、神殿の背後の闇に身を潜めているように思われる。私が諏訪大社の御柱祭《おんばしらさい》を見に行ったのは、もう十数年前のことだし、三熊野詣《もう》でとしゃれこんで亡妻とともに熊野三社を訪れたのも、もう十年以上も前のことになる。その頃から、諏訪信仰と熊野信仰について、調べてみたいと思っていたことは確かだが、目前の謎の多さに手をつけかねていたのだ。

これに取り組んでみようと思ったのは、変な話だが、私が現に今住んでいる札幌の西方や南方の山麓に、熊が出没するというニュースを聞いてからだ。庭の果樹の実や家庭菜園の野菜を食べられた、公園の砂場に熊の痕跡があった、〝黒い、大きな〟動物が道路脇の藪や草叢の中に出没している。それがみるみるうちに全北海道的な目撃情報になり、知床岬や十勝岳で目撃されたというニュースとなり、ついには森深い朱鞠内《しゅまりない》湖のほとりでは、釣人が襲われ殺されたというニュースにまで展開した。

これまで「熊」と「人」とが棲み分けていた北海道で何が起こっているのだろうか。折しも北海道を含む北方の縄文遺跡群が世界遺産に認定された。縄文の森を闊歩していた熊が、なぜ人里へと下りてこなければならなかったのだろう。私の思考の旅は、そこから始まった。諏訪と熊野の信仰には、「熊」が関わっている。それは「縄文の記憶」を携えて、何かを人間たちに訴えている。これが私の最初の発想だ。後の展開は本書で読者自らご検証いただきたい。

なお、分かり易さということを考えたら、本書は章の順番通りではなく、付論の方を先に読んでもらえたら理解が早いのではないかと思える。森の迷路のなかを無闇と歩くと、怖ろしい人喰い熊と出くわさないとも限らない。老爺心ながら、一筆する。

川村　湊

熊神　縄文神話を甦らせる◉目次

装幀――ステラ装幀室

熊《くま》神《がみ》

縄文神話を甦らせる

第一章　諏訪大社の謎

1　熊と人と

フランスのプロスペル・メリメ（一八〇三〜一八七〇）に「熊男」（『メリメ怪奇小説選』杉捷夫編訳、岩波文庫、一九八六年）という短篇小説がある。

森の中で熊に襲われ、攫《さら》われた妙齢の貴婦人は、猟人たちに助けられるが、そのショックで気が狂ってしまった。その後、彼女は男の子を生んだ。その子が長じて、ミシェルという伯爵位を継いだ後に、或る日、森の中で牝熊に襲われたが、死んだふりをして、危ういところを助かることができた（牝熊は彼の顔を舐めただけで行ってしまったのだ）。そのミシェル伯爵はやがて、若く、美しい新婦を娶るが、その初夜に彼女は惨殺された。首に噛み跡が二つあった。凶暴な獣に襲われたような死に方だった。新郎は窓から脱出したと見られたが、その行方は誰も知らない。

作者のメリメは、このストーリーはリトアニア（バルト三国の一つ、ロシアのヨーロッパ寄りの隣にある）に伝わったものであって、作者はそれを再創作しただけだという。フランス語のミシェルは、スラブ語ではミハイルで、リトアニア語のロキスは、熊という意味である（「熊男」の原題は「ロキス」）。熊と人との不気味で怪奇的な交渉の伝説が、その地では長く語り継がれていたのである。

こうした人獣相姦の伝説が、キリスト教の聖書の教えに悖《もと》るものであることは、誰しも気付くことだろう。全知全能の神は、天地創造の最後に、自分の姿に似せてアダム（人間の祖）を造った。その創造物が、動物（畜生）と交わることなど、あってはならないことだからだ。メリメは、そうした人倫に悖《もと》る物語を、いかにも辺境めいたスラブ民族（未開で野蛮）の地、リトアニアの物語として、やや衒学的に語ってみせたのである。

『熊の歴史〈百獣の王〉にみる西洋精神史』（平野隆文訳、筑摩書房、二〇一四年）を書いたミシェル・パストゥロー（一九四七〜）は、「熊はキリストのライバル」であり、キリスト教会（と聖職者たち）には、「熊に対し宣戦布告し、あらゆる手段を尽くして鎮圧し、その王座と祭壇から引きずり下ろす必要があった」と書いた。熊への信仰は、ヨーロッパに広汎にキリスト教が入ってきた時に、異教視され、異端視されたゲルマンの森やケルトの荒野に潜んでいた〝旧い神〟の追放され、零落させられた姿なのであり、ローマのキリスト教とはそもそも同一の場所には並び立たない存在にほかならないのである。

こうした反キリスト教的な人獣相姦譚は、ヨーロッパ各地の民話に見られるものであり、いわゆる〝美女と野獣〟の物語として、映画、演劇、アニメーション、ミュージカルなどの各芸術分野で〝創作〟されるのだが、美女の方はともかく、〝野獣〟については、どんな形態をした、何の動物をモデルとしたものかははっきりしない。ライオンのようでもあり、熊のようでもある。ガブリエル＝シュザンヌ・ド・ヴィルヌーヴによる『美女と野獣』のオリジナル版のために描かれたウォルター・クレインによる挿絵を見ると（ボーモン夫人による『美女と野獣』は、オリジナル版を児童向けにリライトしたもの）、毛むくじゃらな顔面、長い鼻、口の両脇からは上向きの牙がはみ出しており、眼光は鋭く、その吐く息は生臭い。それだけ見ると、猪に近いように見える。

Beauty と Beast（フランス語なら、La Belle と La Bête）と頭韻を踏んだだけのことだが、この野獣の醜い姿がどんなものであるのか（ライオンなのか、虎なのか、熊なのか、猪なのか）、ヨーロッパの人々の一般的な〝野獣観〟を知るためにも、判然とさせておいた方がよいと思われるのだ。

一方、古朝鮮の伝承に、檀君王倹《タングンワンゴム》の神話が、仏教僧・一然《イリョン》（一二〇六〜一二八九）のまとめた『三国遺事』（十三世紀後半に成立）にある。天にいた檀君《タングン》の父、桓雄《ハンウン》は、その父の桓因《ハンイン》の命によって風伯、雨師、雲師など三千人を伴って太伯山山頂の神檀樹の下に降臨し、神市を開いた。そこに、人間になりたがっていた虎と熊がいた。百日間、洞穴に籠もって一把の蓬《よもぎ》と二十個の大蒜《にんにく》を食べ、日光を避けて暮らせば、人間の身となって桓雄と婚姻することができる。虎はそんな難行苦行に耐えられず脱落し、熊は三十七日目に無事にその試練に耐え、熊女となって桓雄と交わり、檀君を生んだのである。檀君は古朝鮮の肇国《ちょうこく》の王となった。

ヒグマ（のぼりべつクマ牧場）

ユーラシア大陸の西端（リトアニア）と、東端（朝鮮）に、同じような熊と人との交わる伝承が伝わっている。これは偶然のこととは思われない。北半球の温帯から寒帯にかけての、熊類（ホッキョクグマ、ヒグマ、アメリカクロクマ、アジアクロクマ、ツキノワグマなど）の北緯五十度線の近辺の棲息地帯（タイガと呼ばれる大森林地帯が広がっている）に、熊人（熊男、熊女）の伝説があることは、この一帯に共通する熊神伝承といったものがあったことを証明するものであると思う。

ドイツのベルリン市の紋章に立ち上がる熊が描かれていることや、イギリス王室を守る衛兵が、熊の毛皮の帽子を被るなど、熊を支配する者が人々（市民、国民）をも支配するという思想の下、ヨーロッパでは、熊と人との交渉の痕跡は今でも残存しているというべきなのだ。

ただし、現在のイギリスには熊はいない。十一世紀頃までに絶滅させられてしまったという。ドイツでは十九世紀に野生の熊は絶滅させられたらしい。フランスではピレネー山脈には二十世紀まで棲息していたようだが、今では中欧からヒグマを移し、絶滅危惧種として存続を模索している。北欧にわずかに生き残っているものも、もはや風前の灯火である。（註一）

日本列島は、ヒグマの棲む北海道はもちろんのこと、ツキノワグマのいる本州など、野生の熊と人とが非常に近いところに棲息しており、近年、熊の側の棲息場所の環境変化によって、熊と人とがニアミスを犯す事例が頻繁となっていることが問題となっている。ただ、人間の棲む地域と、熊の活動領域が重なっている地域は地球上でも珍しく、熊にとって日本列島は、残された、最後のサンクチュアリ（聖域）といえるのかもしれない。熊と人との接触する地点では、人にも似た「熊神」についての伝承が継承される。

実は、日本神話にも、こうした熊神の神話の痕跡が残されている。『日本書紀』神代第五段第十一番目に、こんな記述がある。

是の後に、天照大神、復《また》天熊人《あまのくまひと》を遣して往きて看しめたまふ。是の時に、保食神《ウケモチノカミ》、実に已に死《まか》れり。唯し其の神の頂に、牛馬化《な》為る有り。額の上に粟生れり。眉の上に蚕生れり。眼の中に稗生れり。腹の中に稲生れり。陰《ほと》に麦及び大小豆《まめあづき》生れり。天熊人、悉《ことごとく》に取り持ち去きて、奉進《たてまつ》る。天照大神喜びて曰く、「是の物は、顕見《うつ》しき蒼生《たみぐさ》の、食ひて活くべきものなり」とのたまひて、乃ち粟稗麦豆を以ては、陸田種子《はたけつもの》とす。稲を以ては、水田種子《たなつもの》とす。

これは『日本書紀』の「一書《あるふみ》」にだけある記述で、『古事記』では、「天熊人」の代わりに、姉神、アマテラスオオミカミ（天照大神）に会いに高天原に上っていったスサノオノミコト（素戔嗚命）が、オオゲツヒメ（大気都比売）を斬り殺して、その屍体から五穀が生じるという神話となっている。いずれにしても、殺された穀物神の女神（大地母神）の屍体から、米・麦・粟（稗《ひえ》）・豆・黍《きび》などの五穀が生じたことを物語る農耕の起源神話であることは間違いない。牛馬を使う牧畜業（家畜）、蚕を桑の葉の餌で飼う養蚕業も、五穀の農産業とともにその始まりの軌を一にしているのだ。

ここで、陸稲《おかぼ》のような陸田種子《はたけつもの》＝畑作（焼畑農業）と、水稲の水田種子《たなつもの》＝水田稲作農業とをきちんと区別していることは、農耕技術もかなり進展している段階に来ていることを示している。縄文時代中期から、陸稲や稗や粟や豆類などの焼畑式の畑作農業は日本において行われていたが、本格的な水田方式の稲作が行われたのは弥生時代とされている。畦《あぜ》を切り、灌漑水路を引いて水稲耕作が始められた頃の記憶を、この神話は伝えているといえる。

じゃれあう仔熊（のぼりべつクマ牧場）

しかし、この「天熊人」に関する研究は、日本神話学、記紀研究の分野においてもきわめて少ない。その来歴も、素性も、性格も判然としない神々は、記紀神話においても多数いるのだ。たとえば、天熊人が葦原中津国に行く前にウケモチノカミを殺したとされるツクヨミノミコト（月読命）は、男性神か女性神か、その性別もはっきりせず、アマテラスという姉神の太陽神の蔭に隠れた目立たない存在なのだ（イザナギが黄泉《よみ》の国から生還して禊《みそぎ》によって生んだ「三貴子」の一人なのに、アマテラス、スサノオに較べて祭神として祭祀する神社も少なく、記紀神話への登場も極めて稀なのだ。

「天熊人」は、さらにそれよりも影の薄い存在で、記紀神話に出てくるのは『日本書紀』の「一書」のこの箇所だけであり、姿形はもちろんのこと、神としての性格や特性など何一つ知られることはなく、これほど言及されることの少ない神も珍しいほどだ。『古事記』との関連で、スサノオの別名とされるのはまだいい方で、「熊人」を「隈《くま》の人」と読み替え、隅っこの、あまり存在感のない人（神）でしかなく、論究するにも値しないというあしらいを受けるのがせいぜいだ。

しかし、「天（アマノ）」と付くのは、それがいわゆる「天津神」であり、「国津神」ではないことを表しており、「熊人」と漢字で示されているのは、やはりこれが「熊」と「人」とが交わって生まれた神名であることを物語っている。そうした神格が、農耕の起源に関わっているということは、農耕以前の社会、狩猟・採集・漁撈といった食糧の生産社会に、「熊」という動物の象徴性が、大きな意味を持っていたことを示していると思われるのだ。

記紀神話の中での「天熊人《アメノクマヒト》」が登場するのは、『日本書紀』のこの一箇所で、いかにも存在感の薄い存在であるのだが、各地に伝わる山神楽の世界では、彼は重要な役割を占めている。いわゆる「天熊人五穀」の神楽《かぐら》である。

岩手県花巻市で行われる、早池峰神社例大祭宵宮で演じられる早池峰大償《おおつぐない》神楽として伝わる「天熊人五穀」は、毛深い鬼面を被った「熊人」が、片手に剣を持って勇壮な踊りを踊る場面が続くが、これは『日本書紀』の、ツクヨミノミコト（月読命）がウケモチノカミ（保食神）を殺し、天熊人がそれを確認すると、その屍体から五穀が生じ、それをアマテラスに献上する神話のシーンを再現したものである（大償神楽では、「天熊人五穀」の次に、アマテラスに五穀を献上する「天照五穀」が演じられる）。

「天熊人五穀」は早池峰神楽だけではなく、土沢神楽や浮田神楽でも剣舞の演目として演じられており（いずれも早池峰神楽系だが）、古来、五穀豊饒を祈る予祝の山伏神楽として普《あまね》く行われていたものだ。大地母神を殺さなければ、人々に食べさせるだけの食物を人間は手にすることができなかった。ウケモチノカミ（保食神）やオオゲツヒメ（大気都比売）は、その屍を大地に戻すことによって、五穀豊饒という農耕社会の祈りを叶えることができたのである。

早池峰大償神楽の天熊人五穀（インターネットサイトより）

　土沢神楽の「天熊人五穀」は大償神楽の流れを引くもので基本的には同一のものだが、島根県浜田市に伝わる石見神楽では「五穀種《ごこくたね》元《もと》」で、地域も異なっており、別系統のものと思われる。

　ここでは、天熊大人《アメノクマウシ》のほかに、村君《むらぎみ》、人民《おおみたから》、神禰宜《かんねぎ》などが登場し、多人数の群舞劇となっている。これは、天熊人が五穀の種を持って天から下り、村君に農耕の方法を教え、それが人民に広がるという農業の起源を現したものだ。餅つきの場面があることから、別名「杵《きね》」ともされる演目であり、『日本書紀』の天熊人の神話からはかなり隔たったものとなっており、早池峰大償神楽のような原型（古型）からかなり逸脱したものとなっている。

　出雲神楽や高千穂神楽の「天の岩戸」（アマテラスが岩戸に隠れるのを神々が引き出す）や「八岐大蛇」（スサノオとヤマタノオロチが戦う）ほどではないが、「天熊人五穀」も、神楽のレパートリーとしては重要であり、まさに「熊」が活躍する神話の代表的な例であるといえる。

2 「熊獅子」と「鹿獅子」

こうした「天熊人五穀」の神楽と関連するような民俗芸能が、東北地方の各地に伝わっている。民俗舞踊として知られる「鹿踊《しし》り（鹿踊）」である。鹿踊りは、角を持った鹿の頭を模した被り物を被った一人立ちの演者が、腰につけた小太鼓を叩きながら、集団で踊るもので、農耕祭事の一環として行われることが多い。よく知られた花巻市の「鹿踊り」は九月の花巻まつりの時に行われ、秋の稲の刈り入れ時の五穀豊饒の予祝、祈願行事として実施される。

「鹿踊り」あるいは「シシ踊り」とされる由来は、鹿の角を模した、毛の長い鹿頭の被り物から布を垂らし、袴の腰に太鼓をつけ、その太鼓を叩きながら、鹿の動きを真似るように、跳躍したり、体を前後に揺らすように踊るからだ。本来はこれが狩猟神事から始まったことをうかがわせる。

だが、「鹿踊り」の本当の意味は、山から里へと降りて来て、田畑を荒らす害獣としての鹿（や猪）を追い払う儀式だったと考えられる。出たばかりの五穀の若芽を食べたり、木の実のなる樹木の樹皮を齧ったり、田畑を四本の脚で蹂《ふ》み躙《にじ》って荒らす鹿や猪は農耕の敵であり、駆除や追放の対象になるものだった。鹿踊りの笛や太鼓の鳴り物は、まさに〝鹿威《ししおど》し〟の意味を持っていた。だから、鹿踊りが農耕儀礼として行われていたのであり、それは、やはり農作物の敵である病害虫を、実盛《さねもり》様と称して〝虫送り〟の儀礼によって追い払ってしまおうとした農民たちの思惑と合致したものなのである。

しかし、「獅子舞い」には本来的にそうした農耕儀礼の痕跡はない。「シシ」は一般的には「獅子」すなわち、ライオンの漢字名であると思われているが（ライオンの生息地はサハラ砂漠以南のアフリカだが、昔はインドの一部にも生息していた。日本に伝わってきたのは、この天竺の獅子であったと思われる)。

漢字の「獅子」ではない「シシ」は、猪を「イノシシ」、鹿を「カノシシ」、羚羊《かもしか》を「カマシシ(アオシシともいう)」と呼ぶように、家畜ではない獣の肉を表す言葉だった。「シシムラ=肉の塊」や、「シシ喰った報い」といった成句は、鹿や猪など四つ足の獣肉という宗教的(仏教、神道とも)に禁じられた物を食べた場合の当然の神罰(報い)が当たったことをいう言葉であって、「鹿踊り」の場合の「シシ」は、「獅子」ではない。シシ=宍=肉から転じて、鹿や猪、狼などの野生の獣(けだもの)を意味するものとなったのだ(東日本の狩猟民であるマタギの世界では、「シシ」とは「熊」のことを意味する。熊狩りの指導者のことを「シシガシラ」という)。

「獅子舞い」は、百獣の王であり、霊獣である獅子の強い力を借りて、悪霊や悪鬼を退散させる「悪魔祓い」「悪霊退散」「悪鬼調伏」のための儀礼に関わるものであって、獅子舞いの獅子頭が子供たちの頭を齧る〝獅子齧り〟のパフォーマンスを行うのも、獅子が子供の凶運を払い、強力な魔除けとなってくれるからにほかならない(疫神祓いの意味もある)。インドネシア・バリ島のバロン劇(チャロナラン劇)で、魔女ランダと戦う聖獣バロン・ケケットも、中国の春節で踊る「舞獅《ウーシー》」も、そうした悪霊祓いの役割を持った聖獣なのである。

神社の本殿前の両側に鎮座する阿《あ》型と吽《うん》型の一対の唐獅子の石像、すなわち「狛犬《こまいぬ》」は、本来は「高麗《こま》犬」であり、日本には棲息しないライオンを「犬(狗)」と呼んだもので(「獅子」はもともと巨大な犬の意味だった。それがライオンに転化されたのである——伝説上の霊獣・麒麟が現実のキリン(ジラフ)となったように)、「獅子舞」の獅子も、こうした「高麗犬」化された「シシ=野獣」にほかならない。これが南方から伝来してきたものであることは、沖縄の屋根の上や門に鎮座している魔除けであるシーサーを見れば分かるはずだ。シンガポールの都市の象徴であるマーライオンも、百獣の王のライオン信仰に基づいている――シンガポールという都市名自体がシンガ（ライオン）＋プラ（町）というサンスクリット語の合成語であり、シンガは「シンハ」であり、中国語の獅子（シーザ）、朝鮮語の獅子（サジャ）、日本語の獅子（シシ）へと変遷していったと思われる。

「獅子舞」とは、本来朝鮮半島から伝わってきたものであり、『日本書紀』の推古天皇二十年（西暦六一二年）の時に、百済の人の味摩之《みまし》が呉で学んだ伎楽を日本に伝え、その中に「唐獅子の舞い」があったのだ。獅子頭を演者が被って踊る芸能であり、『信西古楽図』（平安時代初期に成立か）に、二人の演者が胴と頭となり、獅子頭と胴体の幕と尾を振り回して踊る「獅子舞」の絵が描かれている。首に綱をつけられ、唐服（と思われる）の人物が、その獅子を引っ張っている。

頭部は明らかに獅子頭であり、唐獅子屛風に描かれたように、巻き毛が全身を覆っており、かなりデフォルメされているのは確かだが、ライオンに起源を持つものであることは間違いない（熊でないことは確かだ）。

『信西古楽図』には、また「蘇莫者《そまくしゃ》」と「新羅狛《しらぎこま》」とされる図があり、「蘇莫者」は二本足で立ち、頭部は獣である。体全体が長い毛で覆われ、尻尾も長い（これは四天王寺の楽人が演じた）。「新羅狛」は、三つの獅子頭を持ち、二本足の爪先にも獅子の頭が付いている。周りに猪の着ぐるみのような動物がいて、小蛇も描かれている。いずれも、獅子舞のヴァリエーションと思われるが、二本足の立ち姿は、「獅子」というより、「熊」に近いような気がする。

東北各地の鹿踊りと、こうした獅子舞いとはその源流を異にしているのであり、漢字として伝わった「獅子」と、「シシ」とは、同じ発音となっているが、元来別物と考えてよい。

宮廷に舞楽として伝わる「新羅狛」から、東北地方の民間芸能となるまでに、さまざまな変遷を経てきたことが想像される「獅子舞い」と「シシ踊り」だが、その違いは、「舞（い）」と「踊（り）」とはっきりと使い分けられていることからも分かる。

越後獅子、または蒲原《かんばら》獅子とも呼ばれる角兵衛獅子は、一人立ちで、腰鼓を持っているが（笛、太鼓は別の役）、「鹿踊り」の系統ではなく、「獅子舞い」系統であると考えられる。月潟《つきがた》村という発祥の地がはっきりとしていて、江戸期に起源を持つという新しさは、「獅子舞い」をベースとしながら、「鹿踊り」の演出も加味していたとも考えられる。神事芸能の色合いはなく、大道芸として曲芸の一種とされた。

伊勢太神楽の獅子舞いも、基本的には「獅子舞」系のものだが、演目には一人立ちと二人立ちの両方があって、神楽囃子の笛や太鼓、銅拍子に合わせて、「鈴の舞」「四方の舞」「跳びの舞」「扇の舞」などの八舞が舞われ、伊勢太神楽の芸能としてのパフォーマンス性が強調されるのである。（註二）

3 鹿の踊り・猪の狩り・熊の舞い

宮澤賢治（一八九六〜一九三三）の童話に「鹿踊りのはじまり」という作品がある。栗の木から落ちて、足を痛めた嘉十が、野原に置き忘れた手ぬぐいをめぐって、六頭の鹿がこれは何だろうかと、その周りをぐるぐると廻るという話だ。順番に、恐る恐る手ぬぐいに近づく鹿たちを見て、嘉十は面白いものを見たと感じるのだが、その時の野生の鹿たちの所作を真似たのが、「鹿踊り」の起源だと、宮澤賢治はいいたかったのだろう。

もちろん、一本の手ぬぐいに驚く鹿たちの振る舞いが本当の「鹿踊り」の始まりだと賢治が思っていたのではない。ただ、鹿たちの跳躍するような動作が、「鹿踊り」の舞踏の基本となったことはあり得たことであると思われる。

この「鹿踊り」の中に、「鹿獅子」と「熊獅子」と称せられる二種類があると、文化史研究の赤羽正春（一九五二〜）は『熊神伝説』（国書刊行会、二〇二〇年）の中で書いている。

津軽では、津軽富士といわれた、秀麗な岩木山麓周辺部に数多く獅子踊りが伝えられている。岩木川を境に山間部には「熊獅子」、平野部には「鹿獅子」が分布する。岩木川中・下流域の平野部は近世の新田開発に因んで獅子踊りが導入されたことを述べる伝承や由来譚があり、藩主に帰する通説も根強い。

赤羽正春によると、熊獅子はもっぱら弘前市周辺に多く存在し、鹿獅子は、青森市から五所川原市にかけて多いという。山間部と平野部にそれぞれ熊獅子と鹿獅子の分布しているということは、鹿獅子の方が近世的なものであって、熊獅子がそれよりも古く、古来のものであると著者は主張したいようだ。角を象《かたど》った、いかにも鹿の頭と思われる被り物とは異なった、黒い毛を植えた鬼面の剣舞を行う「熊シシ踊り」が、東北地方の山間部の狩人集団であるマタギ集落で行われているのである。

たとえば、鬼沢獅子踊りは、熊獅子と鹿（羚羊）獅子の混合体の獅子頭を使った、一人立ちと三人舞の三匹獅子となる。雌獅子、中獅子、雄獅子と、オカシコ（笑可児）と呼ばれる剽軽《ひょうきん》な役回りの演者（トリックスター）とで構成される。鬼沢集落の鬼神社では、宮踊りとして、「街道渡り」「切」「参進」「山舞・山入り」「山引き」「雌獅子争い」の演目が演じられる。鹿獅子の踊りのように、ぐるぐると旋回する、躍動感のあるものではなく、腹這いになって踊るような、いかにも熊のような所作がなされるという。長く、黒い髪の毛、短い角、唐獅子を模様とした衣装。「山かけ」という演技は、こうだ。

神社の庭にシートを敷いて、三方に笹を建てた区画を注連縄《しめなわ》で囲む。これが山である。三匹の熊獅子は頭上に熊の獅子頭を載せて山の後ろに並んで座って控える。その姿は熊が立ち上がった状態そっくりで、参観者は笑みを漏らす。赤いひょっとこ面のオカシコに先導されて、三匹獅子の一つ、雄獅子が山に入る。残された二頭も熊の動きを真似てゆったりそれをみている。次に中獅子が山に入り、丹念に三角の笹で区切られた内部を転げながら観て回る。最後に雄獅子も山に入り、狭い三角の区画の中で三頭がのたうつ。この踊りが、安住の地として山をみつけたところであると解説される。これが終了すると、オカシコが参会者に触れ、熊獅子も参会者の中に入ってともに過ごす。

ここでは、参会者が全員、山の熊の仕草を知っていることを前提としている。立木に背中を擦り付け、自分の匂いをなすりつけて縄張りとすることや、熊の巣籠もりで、腹這いとなったり、横になって仔熊に乳を与えたりする所作、あるいは雌熊を雄熊が追い求めるような様子を、マタギの集落の人々は見知っているのだ。

こうした熊獅子の踊りには、五穀豊饒や豊作を祈願するといった農耕儀礼的なものは見当たらないと赤羽はいう。熊獅子に特徴的な演目「山入り・山舞」は、マタギたちが山に入る時の山の神様に対する安全祈願の意味があり、悪運や悪疫、悪霊や悪魔などの凶事退散の意義はあっても、鹿獅子の演目のような農耕儀礼的な意味は見当たらない。論理的に考えても、熊の頭に五穀の豊饒を祈願しても的外れとしか思われない。「天熊人五穀」の神楽は、「熊」の役割が忘れられた段階において、農耕儀礼として成立したのであって、マタギの村で行われる熊獅子は、熊の役割が決して忘れ去られていないことを意味している。

また、熊獅子が先祖供養の意味を孕んでいるのは、それがもっとも古層のアニミズムやトーテミズムの信仰に基盤を持つものであり、熊が人の遠い先祖であったという熊祖伝承の存在を忘却することができないからだ。熊のことを直接的に名指すことを忌み、「山の神」とか「山親爺《やまおやじ》」などと呼ぶような、現在の忌《い》み詞《ことば》の精神とも、それは遠く繋がっているのである。

季節的に祖霊神が訪れてくる「まれびと（客人）」としての熊獅子の存在は、遠く中国から古代朝鮮を経て伝わってきた、宮中行事としての追儺《ついな》の方相氏と繋がっている。熊の皮を被り、四つ目の赤い仮面を被った方相氏は、赤鬼・青鬼を引き連れた、四隅にまで眼を光らせた悪霊退治、悪魔祓いのための祭事の主人公なのだが、その怖ろしい容貌から、追い払われるべき「追儺」の「儺《な》」そのものであり、「疱瘡神《ほうそうしん》」や「疫神《えきじん》」からの連想で、「悪神」と思われるようになり、さらには節分の「悪鬼」として鬼退治の豆を撒かれ、退散させられる役割の側へと変わってしまったのだ。

熊獅子舞いが終わった後で、獅子頭と胴体を覆う幕とを切り離す「幕切り」が行われるのは、こうした熊獅子の獅子頭の持つ呪力を防ぐという意味があり、役割を果たした祖霊神は、すみやかに「あの世」に帰ってもらう必要があったからだ。都の東西南北の四隅を邪神や疫病神の侵入から守る道饗《みちあえ》の祭も、「追儺」の方相氏の足踏みによる四方固め（「反閇《へんばい》」や、相撲の四股固めに繋がる）の神事に基づいている。

4　シシトギリ——猪の祭事

昔は、日本各地に狩猟に関わる祭儀や神楽が存在していたと思われるが、現在まで残されているのは、それほど多くない（ほんどない、といってもよいかもしれない）。そんな中で、宮崎県の西都市の銀鏡《しろみ》地区と米良《めら》地区は、日向山地の奥まったところであり、古来、山の獣の多いところで、狩猟や林業の盛んな地域だった。

銀鏡地区の中心にある銀鏡神社で行われる銀鏡神楽は、今では数少ない狩猟文化の影響の濃い神楽であるといえる。この地方は、猪猟を中心とした狩猟文化がまだ保存されている地域で、猪を対象とした猟師たちが活動している。須藤功（一九三八〜）の『山の標的　猪と山人の生活誌』（未來社、一九九一年）を参照しつつ、銀鏡神楽の様相を見てゆこう。

銀鏡神楽は、例年、十二月十三日から十五日までの三日間、銀鏡神社の大祭に実施される祭儀の一つだが、その神楽の第三十二番目が「シシトギリ」（獅子取鬼神の転訛といわれる）といわれる、猪猟を模擬的に表現した演目となっている。

星の舞から始まり、最後の神送りに至るまで神楽の三十三番の演目は、「シシトギリ」以外には、とりわけ目立った、変わった演目が演じられるわけではない。ただ、特色のあるのは、恐ろしい形相の面を被った宿神三宝荒神《しゅくしんさんぼうこうじん》の舞いであったり、シシ舞いに、銀鏡神楽に特徴的なものが見られる程度だ。

「シシトギリ」は、または「狩法神事《かりほうしんじ》」と呼ばれる。「トギリ」とは、獣の足跡を見て、その大きさや何時《いつ》のものか、またどの方向にいるのかを見定めることをいう。狩組の頭は、この「トギリ」の結果によって、その日の狩場を決め、「セコ」（勢子）の位置や「マブシワリ」（役割分担）を決定する。「トギリ」の対象を猪として、「トギリ」から始まる猪猟の様子をこと細かに演じることを、「シシトギリ」というのである。

現在行われている「シシトギリ」は、男面と女面、そして狩行司会役の三人で演じる。男面は、トヨイワタテノミコト（豊磐立命）、女面はクシイワタテノミコト（櫛磐立命）とされるが、普通には翁と嫗、爺と婆と受け止められている。古くは七人狩人の役を持った七人の勢子、もう一人犬役が出たといわれる。男面は、手ぬぐいで頬被りし、棕櫚《しゅろ》の皮のかつら、脚絆に腰あて、足半《あしなか》草履、野良着の腰に山刀を模した擂粉木《すりこぎ》、股間には大根製の男根、籠を背負い、弓矢を持っている。女面も似たような扮装で、やはり弓矢を持っている。柴木の山の中に隠している「イノコシバ」をくくり付けた俎《まないた》を猪に見立てて、「えろう大きいのがいるようじゃが」といったやり取りをしながら、山を廻って弓に矢をつがえ、猪の登場を待つ。男は猪を怖がり、猪が現われないうちに木に登ろうとするが、大根の男根がぶらぶらして、観客の笑いを取る。女が矢を放ち、射止めた猪（俎）を山から取り出し、「へーへーへー」という叫び声を三度挙げて、猪を獲った合図を仲間たちにするのである。

つまり、ここで行われているのは、猪猟を〝擬《もど》く〟所作なのであり、それは神聖なものというより、もはや滑稽味を狙うようなものとなっている。

「シシトギリ（狩法神事）」と、シシ踊りやシシ舞い、あるいは「天熊人五穀」の神楽などと違っているのは、鹿や熊、猪などの狩りの獲物となる動物の祭祀であり、供犠であるのに対し、狩人の側に着目した演目であるということだ。猪自体は、柴木を付けた俎で代用され、猪の面をつけた、猪役の演技者が登場するわけではない。扮装から分かるように、滑稽な狂言的な演目であり、猪を犠牲（生け贄）とした、「魂送り」のような霊魂的なものは見当たらないのである。これが本来のものであるか、あるいは、幾多の変遷を経たうえでの芸能化であるのかははっきりとしないが、現在の「シシトギリ」が神事でも祭祀でもない、滑稽な笑劇（ファルス）と化していると思わずにはいられないのである。

獅子舞いの伝承のない北海道にも、ユニークな熊獅子舞が、日本海側の苫前町《とままえ》にある。「苫前くま獅子舞」だ。これは、日本海に面した苫前町の三毛別《さんけべつ》の開拓地で起きた〝人喰い熊〟の事件を素材に、犠牲者の鎮魂と開拓の苦難を記念するために創作された新作の獅子舞で、食害に遭った死者七名、重傷者三名を出した〝史上最悪のヒグマ襲撃事件〟といわれた事件に取材したものだ。すなわち、近代に新たに創作された「熊獅子神楽」である（それは、獅子舞という芸能が、今でも創作力を失っていないことを示している)。

吉村昭(一九二七〜二〇〇六)の『羆嵐』(新潮文庫、一九八二年)や木村盛武(一九二〇〜二〇一九)の『慟哭の谷』(文春文庫、二〇一五年)の素材となった事件だが、大正四年のこの衝撃的な事件が、半世紀後の昭和四十六年に〝獅子舞い〟として芸能化されたのである。クワやカマを振るって、額に汗して森や原野を開拓する農民の場面、そこに巨大な熊が襲いかかる、巻き起こされる惨劇、そして凶悪な熊を追い詰め、討ち取る老猟師が活躍し、最後に悲劇から立ち直る農民たちの群舞(熊もいっしょになって踊る)の場面があって、幕が下りる。

「獅子舞」といっても、演劇的な内容を持ち、獅子頭も、農民たちの仮面も、新造されたものだ。恐ろしげな顔をして、牙を剝き出しにして、カッと口を開け、牙を剝き出しにした熊の「獅子頭」。この場合の「熊獅子舞」の起源は明らかだし、熊と人との葛藤や闘争がその芸能の根底にあることは明瞭である。「熊獅子」の芸能がみんなこうした起源を持つとは限らないが、創作神楽としての「苫前くま獅子舞」の存在は、その背後にある、強大な力を持つ熊神の存在を示唆するものであるといえるのだ。

三毛別の熊獅子頭

5　神武東征と熊

記紀神話に「熊」が出てくるのは、それ(天熊人)だけではない。『古事記』の神武東征の段には、こんなエピソードがある。

かれ、神倭伊波礼毗古命《カムヤマトイワレビコノミコト》、其地《そこ》より廻《めぐ》り幸でましても熊野の村に到りましし時に、大きなる熊。髣髴《ほのか》に出て入りてすなはち失せぬ。ここに神倭伊波礼毗古命、忽《にはか》にをえまし、また御軍《みいくさ》も皆をえて伏しき。

これはまさに猛々しい、野獣、猛獣としての「熊」にほかならないが、アマテラスの正統な子孫である神武（カムヤマトイワレビコ）に仇《あだ》をなすこの存在は、アマテラスの下に五穀を捧げてきた「天熊人」とはずいぶんその性格が異なっているようだ。

ここでは、神武軍は熊野の大熊に圧倒されている。彼は死に（失神か？）、彼の軍隊も潰滅的な敗北を帰する。ここで神武たちを救うのは、「一ふりの横刀《たち》」である。『古事記』には、こうある。

この時熊野の高倉下《たかくらじ》、一ふりの横刀を賚《も》ちて、天つ御子の伏したまへる地に到りて献りし時、天つ御子、すなはち寤《さ》め起きて、長く寝つるかもと、詔《の》りたまひき。故《かれ》、その横刀を受け取りたまひし時、その熊野の荒ぶる神、自ら皆切り仆されき。ここにその惑え伏せる御軍、悉《ことごと》に寤《さ》め起きき。

「一の横刀」を得たのは、アマテラスとタカミムスビノミコト（高木の神）が、高天原で「天の御子」が熊野の大熊に倒されたのを知り、熊野の「高倉下《たかくらじ》」（これは人名であるらしい）を通じて、武神タケミカヅチ（武甕槌）の持ち物の「剣」を、与えたからにほかならない。アマテラスの命を受けたタケミカヅチは、自分が行くまでもない、ただ剣を下し渡すだけで十分だと応じたのだ。

ここで、天津神と国津神の戦いの中で、タケミカヅチ（とその剣）が大きな役割を果たしていることは記憶するに値する。後述するように、「国譲り」神話においても、タケミカヅチとタケミナカタ（建御名方）の戦いに、同様の構図が見られるからだ。

また、熊野の「くまの」の村に登場したから熊なのか、熊が登場したからそこを「熊野」と呼んだのかは、簡単には解決がつかない。熊という動物の存在が先か、熊野という地名が先か。この問題は、熊野信仰の章で論述することになるだろう。

諏訪大社、諏訪信仰と大きな関わりがあると思われる熊野信仰、熊野大社については、別章において論述することとして、ここでは、神武やヤマトタケル（日本武尊）を祖とするヤマト朝廷の政権が、土着の熊襲《くまそ》（これも、「熊野」と何らかの関係があるのか、ないのかが問われよう）や隼人《はやと》や土蜘蛛《つちぐも》や蝦夷《えみし》などを、武力によって征服してゆく過程を神話化したものと考えられている。天神でありながら先に中津国に降臨したニギハヤヒノミコト（邇芸速日命）や、その部下のナガスネヒコ（長髄彦）のような地方に先住して支配する敵対者、また、熊、猪、蛇、土蜘蛛、鰐鮫などの野獣はそうした国津神の中でも凶暴で、〝まつろわぬ神〟であり、強悪な敵であって、ヤマトタケルにしても、神武にしても、ヤマトの征夷・東征軍は苦難を強いられた行軍を行わなければならなかったのである。

6 「国譲り」の神話

神武東征の前に、「国譲り」神話がある。これもアマテラスオオミカミの子孫である天孫のニニギノミコトが降臨して、国津神を服従させ、葦原の中津国を平定するというストーリーだ。これが、高天原の天孫軍の武力による威嚇、脅迫であり、異国からの侵略であることに間違いないが、表向きには「国」を「譲る（譲渡する）」という形式を取っている。

だが、『古事記』と『日本書紀』とで、この「国譲り」の経緯はかなり異なったものとなっているのが、興味深いところだ。

『古事記』では、アマテラス、およびタカミムスビ（高木神）の命を受けた、タケミカヅチ（建御雷神）の神とアメノトリフネ（天鳥船神）が葦原の中津国である出雲の国のイナサ（伊那佐）の小浜に降り立ち、十掬《とつか》の剣を逆さに立て、その切っ先にあぐらをかいて、地上の世界の支配者たるオオクニヌシ（大国主命）に国譲りをするように迫る。

オオクニヌシは、二人の息子、コトシロヌシ（事代主神）とタケミナカタ（建御名方神）の承諾があれば、自分は隠遁すると答える。オオクニヌシは、「熊野諸手船《くまのもろてぶね》」（複数の漕ぎ手による船の意味か）を出して、コトシロヌシに意向を聞いたが、彼はあっさり国譲りを諾《うべ》なって、逆手を打ち、蒼柴籬《あおふしがき》に囲まれた海に入水して隠遁した。出雲神話に「熊野」の名が出てくることに留意したい。

一方、弟のタケミナカタは、千人引きの大岩を持ち上げて、力を誇示して、実力で抵抗しようとした。しかし、タケミナカタがタケミカヅチの腕を捉えると、腕は氷の刃となってタケミナカタの掌を傷つけ、そしてタケミカヅチは、タケミナカタを葦の茎のようにあっさりと投げ飛ばした。

血を流しながら、出雲から中国地方を通って逃げるタケミナカタ。科野《しなの》（信濃）の国の州羽《すわ》（諏訪）の海（湖）まで辿り着いた時、タケミナカタは「な殺しそ」と命乞いをし、「我此国を除ひては他処《よそ》に行かじ」と言い、二度と天孫に逆らわず、諏訪の地から離れないことを誓って、身を隠したのである（この約束は、その後長い間、タケミナカタの子孫であるとする諏訪氏の活動を束縛することになる）。

『古事記』では「国譲り」神話で大きな役割を担うタケミナカタだが、この誓いの言葉通り、それからは記紀神話のどこの場面にも姿を現わすことはない。それどころか、『日本書紀』では本文どころか、どの「一書」にもタケミナカタの名前は出てこないのだ。ただし、『先代旧事本紀《せんだいくじほんぎ》』には、『古事記』

と同様の、タケミナカタとタケミカヅチとの〝腕（力）競べ〟の記述がある（これが相撲の原型となったという伝承がある――諏訪大社の祭事に相撲人形が出てくる例がある）。『日本書紀』では、タケミカヅチが降臨し、高天原の陣営側として国津神の陣営と争うというのは同じだが、その戦いの主役はフツノカミ（経津神）であって、タケミカヅチは脇役であり、「国譲り」は、もっぱらフツノカミとコトシロヌシとの交渉が主なる展開となる。タケミナカタの介在する余地はないのだ。ちなみに、フツノカミは、香取神宮の祭神であり、下総の国に縁の深い神である（タケミカヅチは、鹿島神宮の祭神）。地方神、土着神の動静は、記紀神話ではあまり取上げられることがないのだ（それを補うように各国の『風土記』がある）。

北畠親房（一二九三～一三五四）の『神皇正統記』（岩波文庫、一九七五年）では「大汝ノ神ニ太神ノ勅ヲ告ゲ知シム其子都波八重事代主神―今葛木ノ鴨ニマス―トモニシタガヒヌト申又次ノ子健御名方刀美神―今ノ諏方ノ神ニマス―シタガワズシテニゲ給ヒシヲスワノ湖マデオヒテ攻メラレシバ随ヒヌ」と『古事記』と同様のことを簡潔に記している。

「葛木の鴨」とは、現在の奈良県御所市の高鴨神社のことで、主祭神をアジスキタカヒコネノミコト（阿遅志貴高日子根神）としているが、オオクニヌシと宗像三女神のタギリヒメ（多紀理毗売）との間の子だから、コトシロヌシ（タケミナカタ）とは異母兄弟ということになる。

ここに神話学者の溝口敦子（一九三一～）がいう「ヤマト王権神話」としての「天孫」の物語と、土着神たちの地域神話（風土記的神話）の二重構造が垣間見られる。記紀神話のすべてが「ヤマト王権神話」に貫かれているわけではないが、その神統譜によって整序化されている（あるいは、そうしようとしている）ことは明らかだろう。

北方騎馬民族に特有の「天孫降臨（天津神、高天原）」神話を、ヤマト政権は、扶余《ふよ》族の建てた高句麗、後百済、加羅などの建国神話から倣った（日光感精神話、卵生神話などの神話要素を含む）。しかし、その頃にはすでに日本列島の各地には、国津神とされる土着の地域神話（たとえば、出雲神話、諏訪神話など）が存在した。この「天孫降臨神話」と「地域神話」を接合することが記紀神話の編者たち（太安万侶《おおのやすまろ》、舎人親王《とねりしんのう》）に要求されたことであって、彼らはそれを能うかぎり誠実に行ったのである。

それにしても、記紀神話といわれながらも、『古事記』と『日本書紀』との、このタケミナカタに対する態度の差異は何故だろうか。

そもそもこの神話に登場する神の名前が、やや不審だ。タケミナカタ（建御名方）という名は、兄神のコトシロヌシ（事代主）とは関係のない命名法で、むしろ互いに敵対するタケミカヅチ（建御雷）に近似している。イザナギ・イザナミ、ヤマトタケル・ヤマトヒメの例を見るまでもなく、夫婦、親子、兄弟、甥叔母、従兄弟同士の名前には類縁性があって、その小さな部分によって区別されるのが一般的だ。その点からいえば、TAKE-MIN（AKATA）とTAKE-MIK（AZUCHI）の名前は類縁性が強い。双方とも、有数の武力神（「建」の前置詞が付くのは、勇猛な武力神の形容詞だろう）であり、タケミカヅチとの力競べでは、後塵を拝したとしても、タケミナカタも、かなりの程度、力自慢の武神であり、軍神であったことは間違いない。中世に流行した「今様」の歌謡を集めた『梁塵秘抄』には、「関より東のいくさがみ　鹿島・香取・諏訪の宮」と、鹿島と香取と同列に諏訪を軍神として並べており、鹿島・香取の連合軍と、諏訪が戦い、諏訪が敗れたことなどなかったような歌われ方なのである。

ヤマトタケル（日本武尊）とクマソタケル（熊襲梟師）の名前交換で見られるように、敵対する者同士は、対《つい》の関係にあり、しばしば同質、同格の存在として見なされるのだ。つまり、滅ぼす者と滅ぼされる者、殺す者と殺される者は、最初は夫婦の創造神でありながら、終局的には生の世界と死の世界の対立者となったイザナギとイザナミのように、陰と陽、生と死、日と月のような一括りのものと見なされるのだ。

『日本書紀』には、この国譲り神話ではタケミナカタがまったく登場してこないことを勘案してみれば、これは記紀神話の以前にあったとされ、両神話（歴史書）の基となった『帝紀』や『旧辞』にあったものではなく、『古事記』の編者としての太安万侶（?〜七二三）が、独自に創作したエピソードであると考えてもよさそうだ。安万侶の帰属する太《おほ》の一族とタケミナカタの伝承を伝えた安曇《あずみ》族との間には関係性があり、その個人的な関係性が、安万侶にして国譲り神話における、諏訪神としてのタケミナカタの〝活躍（?）〟を描かせた動機であるという説があるのだ（宮坂光昭〔一九三一〜〕「強大なる神の国――諏訪信仰の特質」『御柱祭と諏訪大社』筑摩書房、一九八七年）。

タケミナカタとタケミカヅチの戦いの「国譲り」神話とやや似たような伝承が『伊勢国風土記』の逸文にある。神武東征の時、神武によって伊勢に派遣されたアメノヒワケノミコト（天日別神）が、伊勢の国を取り上げようとしたが、先住のイセツヒコ（伊勢津彦）がそれに従わなかったので、彼を殺そうとすると、イセツヒコは、命乞いをして、〝神風の吹く〟伊勢の国をことごとく天孫に差し上げ、自分は「信濃」の国に隠遁すると誓ったという。本居宣長（一七三〇〜一八〇一）は、この伝承を国譲り神話の別ヴァージョンであると見て、イセツヒコとタケミナカタを同一の神と捉えている。

これは江戸時代（延宝二年＝一六七四年）のものだが、諏訪文書の一種である『諏方講之式』では、諏訪明神として①住吉社一体化神、②鹿島宮の子の尊神、③健御名方尊、④伊勢津彦尊、⑤天照太神魂神、⑥大己貴尊権体、⑦広田明神、⑧事代主尊の八柱の神の名前（別名）を挙げている。

つまり、鹿島宮の祭神であるタケミカヅチ（の子）とタケミナカタは同一神なのであり、コトシロヌシも、タケミナカタの兄というより、やはり同一の神であるという伝承が、江戸時代にはすでにあったのだ。アマテラスの別の精霊であるとか、オオナムチ（オオクニヌシ）の仮りの姿だという解釈も、興味深く思われる。タケミナカタを、『古事記』に書かれた通りの神格とだけ見るのは危ういことなのだ。

タケミカヅチとタケミナカタの「国譲り」の神話と同じように、反逆する熊野村の「熊」を敵対視する天孫には、高天原側の援護と庇護があったのであり、そこでも活躍するのは、アメノヒワケノミコト（天日別命）やタケミカヅチノミコトや、その剣——サジフツ（佐士布都）の神、またの名をミカフツ（甕布都）、フツノミタマ（布都御魂。これは現在、石上神宮《いそのかみじんぐう》のご神体としてある）なのである。

熊野の国でタケミカヅチ（の剣）に敵対するのは「熊野の熊」であり、これは「国譲り」の際の敵役のタケミナカタに比定される。つまり、「熊」とタケミナカタはぐるっと廻って、同じ役割を記紀神話のなかで担っているといえるのである。

また、アマテラスの命を受けて、最初に中津国へ行って、高天原に戻ってこなかった天津神は、天穂日命（アマノホノヒノミコト）であり、その息子に大背飯三熊之大人（オオセイイノミクマノウシ）、別名を武三熊之大人（タケミクマノウシ）という神がいて、これもまた復命しなかった（『日本書紀』には似たような名前の「武振熊（タケフルクマ）」という神が出てくるが、何か関係があるだろうか）。彼も、その名前だけが知らされているだけで、あまり存在感のある神ではないが、この「大背飯三熊之大人」という神名から、背の大きな「熊」の姿が髣髴《ほうふつ》としないだろうか。アメノヒナトリノミコト（天夷鳥命）と同一神という説もあり、そうであればタケミカヅチに従い、「国譲り」に寄与したともいえる。天津神と国津神による〝国譲り〟にも何らかの関与がありそうで、熊野三社（三熊野《みくまの》）とも関係がありそうだ。

「天熊人大人」ときわめて名前が似ており（大人＝ウシという敬称は珍しいものだ）、あるいは同一神である可能性がある。すなわち、「国譲り」神話には、陰に陽に「熊」が関わっているのである。

また、『日本書紀私鈔』の第二巻では、タケミナカタは、星神であるアマノカガセオ（天香々背男）と同一神であるとされている。

「天香々背男者ト亦ハ天甕星神《アマノミカボシ》亦片倉尊亦ハ天御渡神亦ハ健御名方神ト云。此神事代主神ノ弟ナレドモ、勅《ミコトノリ》ニ順《マツ》ロハズ由テ二神天ニ上申給シカバ倭文神《シツリカミ》建葉槌《タチハツチノ》二柱ノ神ヲ副ヘテ下サル仍出雲ノ国ヨリ遂追《オヒハ》ラウ終ニ信濃ノ国ニ随ス是即諏防大明神也」。

この文書を紹介している、神道学者の宮地直一（一八八六〜一九四九）は、「此に香々背男と建御名方神とを同一視したのは頗る異様に感ぜらるゝ」といい、フツノヌシ、タケミカヅチに征伐されたということで、二者の神が混同されたのだろうといっている。

アマテラスの高天原の支配に反逆して、シトリカミ（倭文神）に討ち取られたという天上界の反逆者と同一と見られていること、タケミナカタにとって、名誉なことか不名誉なことか。いずれも、凶々《まがまが》しい存在であることは否定できない。天香々背男＝天甕星神＝片倉尊＝天御渡神＝健御名方神という連鎖は、天甕星神（アマノミカボシ）と天甕槌神（アマノミカヅチ）との関連性や、天御渡神という神名は、諏訪湖の御渡祭の祭事を思い起こさずにはいられない。

ここでは高天原神話と出雲神話、そして諏訪神話（さらに伊勢神話）の三すくみのような関連性が見て取れる。本来、高天原神話と出雲神話を結びつける鎹《かすがい》のような役割りを持つ国譲り神話に、無理やりに諏訪神話を結びつけようとした『古事記』の（太安万侶の？）作為性はここで露わとなっているのではないか。

大八洲《おおやしま》の国といっても、せいぜい近畿から四国、九州、中国地方にしか目の届かない記紀神話（作者の目）の視野の範囲内で、日本列島の中央の諏訪湖や中央高地の「国土」を見据えていたという点でも、信濃の地に蟠踞するタケミナカタの存在は大きなものだったのである。

タケミカヅチは、本来雷神であることが知られている。そうすれば、タケミナカタは風神であると考えることができる（本居宣長がタケミナカタと同一神であると見たイセツヒコは、伊勢の海から風を吹かす、明らかな風神である）。また、諏訪の神が、最初に名前が出てくるのは、『日本書紀』に「使者を遣はして、龍田風神、信濃の須波、水内の神を祭らしむ」という記述であり、「須波（諏訪）」の神が、龍田の風の神と同格、同列であることが示されている（水内の神は、建御名方富神社〔水内郡〕に比定される。水神、風神であると思われる）。また、諏訪大社の世襲の神官「大祝《おおほうり》」はまた「風の祝《ほうり》」といわれ、風神の性格を色濃く持つことが昔から知られていたのである。

風神と雷神。俵屋宗達（一五七〇～一六四三）の有名な屏風絵を思い浮かべれば分かるように、風神雷神は、ペアになった神であり、それぞれに眷属として雨や雪や雹《ひょう》や、天災としての高波や津波を伴っている。風神としてのタケミナカタは、諏訪湖の冬の神秘である「御渡り」の仕掛け人であり、湖上に走る氷の亀裂と盛り上がりは、まさに神業としか思われない。

タケミナカタ―風神、タケミカヅチ―雷神の見立てこそ、『古事記』の国譲り神話の背後に透けて見える構図なのであって、もともとは風や雷などの天然現象や、自然の万物に神性を見る「自然神」を敬うアニミズムの世界観から生まれてきたものにほかならないのである。

また、タケミナカタが諏訪の地域の地方神、であるのと同じように、タケミカヅチは、常陸の地方神であり、『古事記』ではあまり登場しない地方神の代表格として、「国譲り」神話で両雄が並び称されているのである。

「国譲り」神話以前に、諏訪では、諏訪明神（タケミナカタ）と土着神だった漏矢神（モレヤ）との「国争い」の抗争が、土地の伝承として伝えられている。守屋山《もりや》をご神体とする漏矢神は、鉄の輪を武器として戦い、一方の「天孫降臨」によって敗北し、出雲から諏訪へと〝亡命〟したタケミナカタは、藤の枝を武器として戦った。

どう考えても、鉄器を使う漏矢神の方が優勢のように思えるが、亡命者のタケミナカタが、結局は勝利者となった。地元の有力な勢力と戦って諏訪の国の支配者となったのである。しかし、彼は決して、戦い取った諏訪地方より外にその勢力を伸ばそうとしなかった。彼の母親は、越《こし》の国を治める一族出身のヌナカワヒメ（沼河姫）なのだから（これは『先代旧事本紀』にある記述だ）、北陸方面に勢力を伸ばそうとしたとしても不思議ではないのだが、彼はそうしようとはしない。「我此国を除ひては他処に行かじ」という、タケミカヅチとの誓いがあったからだ。タケミカヅチも、天津神の側に味方する、本来は常陸の土着神だ。土着神を天津神の神統譜のなかに巧みに位置付けてゆくこと、これこそ太安万侶や舎人親王（六七六？～七三五）の創作力に期待されたものだったのである。

7　乙穎《おとえい》一名熊子

ところで、タケミナカタ（あるいは、タケミナカタトミノミコトとも）に始まる諏訪大社が伝える諏訪神話の中にも、「熊」が登場するといえば、読者は驚かれるに違いない。

諏訪大社の上社に伝わる諏訪明神の生き神である「大祝」の家系である「神《みわ》」家の系図の筆頭にある、初代の大祝有員《ありかず》の先祖に、やはり初めの「大祝」として乙穎《おとえい》がいて、「一名熊子、熊古」と註されている。すなわち『神氏系図』の後書部分に「国造九世ノ孫・五百足、常時尊神ニ敬事ス。一日夢ニ神有リテ告グ。汝ノ妻・兄弟部、既ニ妊ル。身分娩必ズヤ男子ヲ挙ゲン。成長シテ吾将ニ之ニ憑ク有ラント欲ス。汝宜シク鐘愛スベシ。夢覚メテ後、兄弟部モ亦、夢ヲ同ジク恠ム。且ツ慎ム。後果シテ男子ヲ産ム。因リテ神子ト名ヅク。亦熊子ト云フ」とあるのである。

つまり、諏訪明神の憑座《よりまし》となる、五百足《いおたり》の息子である幼童は、「神子」と言われ、「熊子《くまこ》（熊古）」とも表記されたのである。

さらに続けて「神子八歳ノ時、尊神化現、御衣ヲ神子ニ脱着セテ、吾ニ体無シ、汝ヲ以テ体ト為スト神勅有リテ、御身ヲ隠ス。是則チ御衣着神氏有員ノ始祖ナリ」という。

ところで、諏訪明神の憑座としての「大祝《おおほうり》」というのは何だろう。鎌倉時代に諏訪円忠（一二九五〜一三六四）によって書かれた、諏訪大社の最も基本的な縁起譚を物語る『諏訪大明神画詞』（一三五六年成立。『諏訪史料叢書』）には、こうある。

　正月一日、新玉社・若宮宝前ヲ拝シテ、祝以下ノ神官・氏人皆衣服ヲタダシク仕手、参詣ス。祝ハ神明ノ垂迹ノ始メ、御衣ヲ八歳ノ童男ニヌギサセ給ヒ、大祝ト称シ、我ニオイテ体ナシ祝ヲモッテ体トナスト神勅アリケリ。是レスナハチ御衣祝有員、神氏ノ始祖也。

ここでは、「熊子」と有員《ありかず》とは同一の存在として考えられており、代々の「大祝」はその「体」を借りたものであって、同じ神格であるとされたのだ。

つまり、諏訪明神とは、本来は「体」（実体）を持たない精霊《スピリット》的な存在であり、八歳の童児を明神の依り代として、「祝」という「体」を持って実体化しているというのだ。「神氏」の始祖とされる有員は、そのために「御衣着《ごみそ》大祝」と呼ばれ、現人神として諏訪信仰の中軸的な存在となったのである。

大祝となるには、秘儀として即位（職位）式が行われる。それは、上社の神殿の西にある鶏冠社（楓宮）で行われるが、その社の柊の神樹の下に硯石があり、その上に葦で編んだ簀を敷き、神官の長である神長《じんちょう》と、大祝になる八歳の児が仮烏帽子、白衣の姿で仮殿に入る。神長が特別の装束、「御衣《みそ》着《ぎ》」を着せ、お歯黒などの化粧を施す。その後、新大祝は、四方を拝し、呪を唱えて印を結び十字を切る「社例」という秘法を受ける。神長から受職灌頂《じゅしょくかんじょう》を授けられ、祝いの御酒の神事がある。それから、本宮や神殿で「申し立て」の神事を行い、即位式は完結する。その後、何日間かをかけて、特にかかわりの深い十三社（に参詣する「十三所行事」（註三）が行われ、さらに七箇所の「湛《たたえ》ノ木」（後述）を廻る「湛　廻《たたえまわり》」の行幸が行われ、諏訪大明神の現人神《あらひとがみ》としての新「大祝」のお披露目となるのである。

諏訪大社の上社には、こうして即位した、この生き神としての「大祝」を頂点として、その下に神《かみの》長官《おさ》、禰宜大夫《ねぎたゆう》、権祝《ごんほうり》、擬祝《ぎほうり》、副祝《ふくほうり》の「五官祝《ごかんのほうり》」という神職がいた。神長官は神長家（「神《みわ》」家）による世襲であり、系図的には諏訪明神（タケミナカタ）に征服されて服従したという洩矢神の末裔であるとされている。ただし、下社の大祝は、別系統の金刺《かなさし》家の世襲である。上社と下社との間には政治的葛藤があったと伝えられるが、これは「守屋（守矢）氏」と「神《みわ》氏」、下社の「大祝」である「金刺《かねさし》氏」といった神官（大祝も含めた）の家柄を巡る葛藤であったと思われる。

同じように、禰宜大夫は小出氏で、祭神タケミナカタの御子・八杵命の子孫、権祝は矢島氏で、やはりタケミナカタの御子・池主命、擬祝は小出氏、後に伊藤氏、副祝は守矢氏、タケミナカタの御子・片倉辺命の後裔であるという。神官たちは皆、祭神の末裔であり、世襲であることが特徴的だ。

つまり「大祝」は、諏訪明神のタケミナカタ直系の現人神であり、代々の大祝は、一族の中から八歳から十五歳までの童男が選ばれるのだが、この初代の大祝であると伝えられる乙頴《おとえい》が、「熊子（熊古）」の名前を持っていたことは、私には見逃せないことであると思える。（註四）

この系図は神長官の家に伝わる『神氏系図』にあるものだが、それまでの家系図にはまったくない、虚構の人名をでっち上げることは難しいものと考えられる。乙穎（熊子）から九代の子孫の有員という系図のつながりには、やや疑問を感じるものの、このすべてを架空のものと断じることは誰もできないのだ。

また、諏訪大社の代々の神長は、死去後、神長守屋家がある高部（茅野市）の「熊堂《くまんどう》」と呼ばれる墓所に葬られることも指摘しておくべきことかもしれない（この名称の由来は不詳である）。

さらに、ご神体としての守屋山の「神家」の本拠地とされる守屋神社の神殿が、「大熊」という地名の土地に鎮座していることも、指摘しておいたほうが良いと思われる。ここには初代の諏訪大神大祝の乙穎、別名「熊子」の墳墓に比定される双子塚古墳があり、七世紀後半の前方後円墳であり、身分の高い人物の墳墓である証で装身具が出土したり、陪塚《ばいちょう》があったりする（後には、大熊城と呼ばれる城郭が築かれた）。

また、『諏訪上下宮祭祀再興次第』には、「七月朔日、大熊之御神事、神田あり所不知。／八月朔日、大熊之郷ニ神田六段と候へ共、あり所不知。／九月朔日神事領、大熊ニあり。右同前。」とあるので、昔は「大熊の神事」というのが七、八、九月の月初に行われていたことが知られる。現在では廃れた神事の中にも諏訪信仰に関わる重要なものがあったのかもしれない。

「神」家は、諏訪大社の神職の筆頭の家系であり、代々「祝」職を継承してきた。「みわ」氏と称するが、漢字で「神」と書いて、「くま」とも読むことが可能だが（「神代」と書いて「くましろ」と読む苗字がある）、「じん」と読むのが普通であろう。「熊子」の場合も「神」と書いて「くま」と読ませる表記の問題を孕んでいるが、私は「熊」と書かれていることを重視して、ここに「熊神信仰」の一端を見るということを主張したいのである。熊を神とする熊神信仰があってこそ、「神」を「くま」と読ませ、熊を神と考える思考の痕跡が見られると思うのだ。『神氏系図』には、他に「神太」「神次」と別名を持つ大祝がいるが、これも、「熊太《くまた》」「熊次《くまじ》」と読む可能性が考えられる。

さらに、『神家系図』では、初代の大祝である乙穎の子供として「隈志侶《くましろ》」と名乗る大祝の職を継いだ人物の名前があるが、これも「熊志呂」あるいは「熊四郎」と表記してもよいのではないかと思わせる。「熊」は、諏訪信仰の最深部の古層に深く入り込んでいるといえるのである。

つまり、諏訪信仰の背景には、「天熊人」や「熊子」の場合のように、熊神の伝承が潜んでいる。それは五穀を主要な作物とした農耕文化社会以前の、狩猟・採集・漁撈の生産文化社会の信仰の在り方を示唆している。いってみれば、稲作農業を営んでいた登呂遺跡に代表されるような弥生時代を遥かに遡る、縄文時代の狩猟・採集・漁撈中心の生産社会の信仰や精神文化に関わるものであるかもしれない。いうならば、熊は、人間が狩猟・採集・漁撈によって生計を立てていた、農耕文化以前の石器時代（その後期が日本では縄文時代）の森の、集合的無意識の「記憶」であり、それは人と熊とが未分化である時代の思考の遺物なのである。

そうした、日本列島の縄文時代社会の狩猟民的世界における精神文化のシンボルこそが、「熊」なのである。客観的にいうと、農耕による生産様式が広まってゆくと、「熊」は排除される傾向が出てくるのだ。もちろん、熊の代わりに猪や狼や狐や鹿などを入れても同じことだ。縄文人にとって、熊や猪や鹿は、狩猟の対象としてだけではなく、宗教的、信仰的な意味を持っていたということは、自明のことといわざるをえない。

特に、熊はその食性が人間と近似しているということと、後足で立つこと、掌で物を摑む能力がある（熊は五本指で、いわゆる熊手のように、指は同じ方向にしか動かない。しかし、六本目の指とい

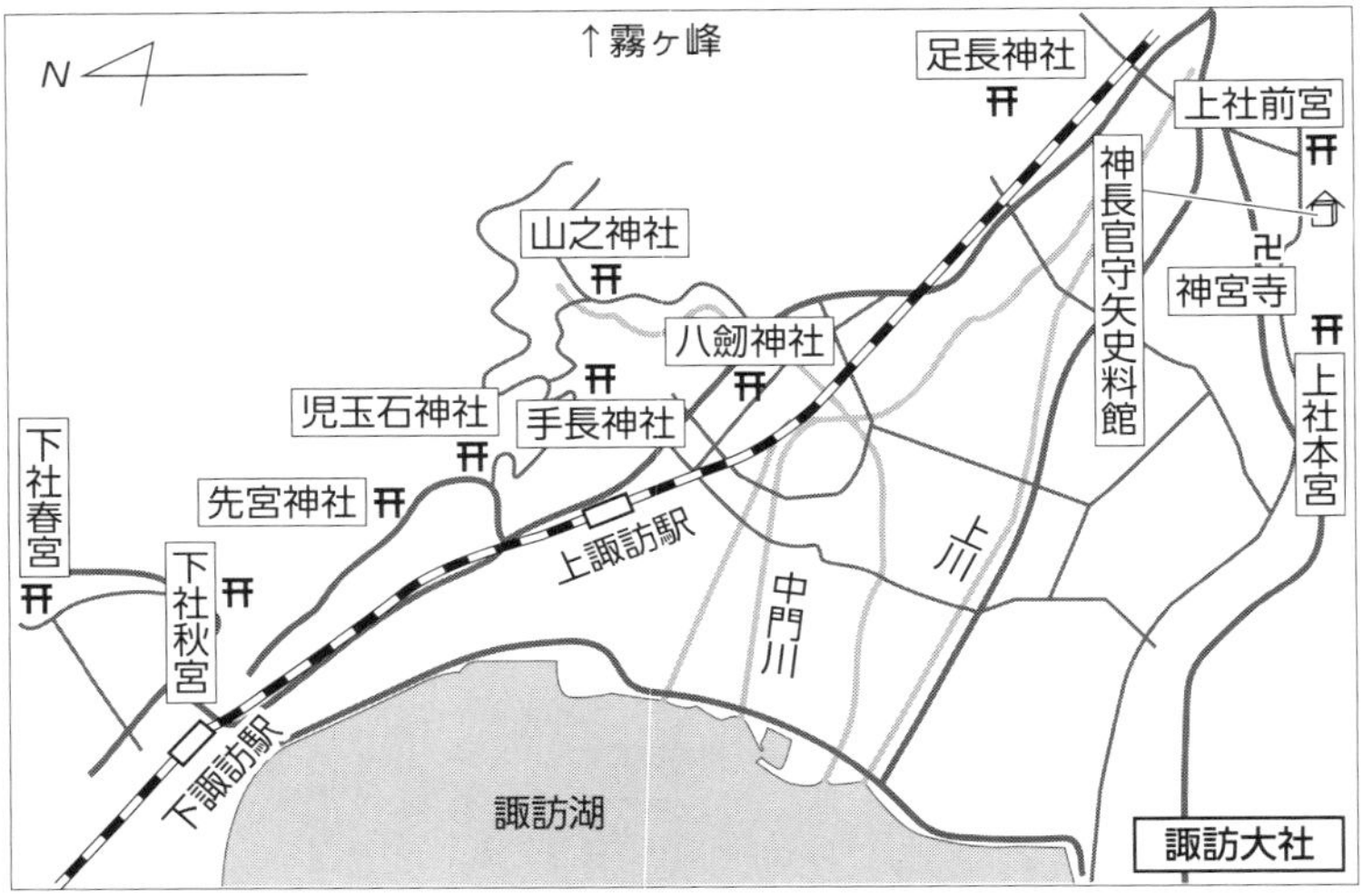

諏訪大社四社などの地図

われる突起があり、これを人の親指のように使って、鮭を川から摑み取るなどの行動を行うのである――ネコ〔食肉〕目クマ科のジャイアント・パンダが器用に竹を摑んで食べるのも、六本目ないしは七本目の擬指があるからだ。ちなみに、ジャイアント・パンダは中国語では「大熊猫」といい、クマ科と別にジャイアント・パンダ科を立てる場合がある）など、人間の行動する姿に近いという近親性があることが、熊と人とを結びつけるよすがとなっている。

8　上社と下社

諏訪大社の四社を廻るには、徒歩では難しく、車が必要である。去年（二〇二三年）の夏八月、私はJR中央線上諏訪駅からタクシーに乗り、まず諏訪湖の北岸にある下社の秋社（秋宮）と春社（春宮）を廻り、次に、対岸から少し山に入った所にある、上社の本宮と前宮とを廻る、一周三時間の四社巡遊のコースを選んだ（一時間というコースもあったが、一級障害者である私の足では

諏訪大社下社秋宮

諏訪大社下社春宮

諏訪大社上社前宮

諏訪大社上社本宮

四社を廻ることは不可能だ）。年輩の運転手は地元出身者で、要領よく廻ってくれそうだ。途中にある木落とし坂なども廻ってくれるということで、私は、時間があれば、神長官・守矢氏の史料館も廻ってみたいと要望した。

気温は三十八度と非常に暑い日で、日向と日蔭ではかなり体感温度が違うし、微風でもあれば、ほっとする一瞬がある。四社とも、参道や境内や背後の森には、樹齢数百年にもなる古木、大樹が繁茂していて、その木陰は涼しいが、陽の当たる参道は、炎暑に晒されており、流れ出る汗をひとしきり拭うことになる。

下社の拝殿の横には、四本の樅の御柱《おんばしら》が立てられており（高さは五丈五尺、約十六メートル）、寅と申の年ごとに立て替えられる（上社でも同様）。四社で六年間に十六本の樅の大樹が必要とされるわけだから、いくら鬱蒼とした原始に近い森が控えているといっても、いささか御柱の供給に懸念を持たざるをえない（上社の御柱は八ヶ岳の森から、下社のそれは霧ヶ峰の森から伐り出される）。

下社は、秋宮と春宮は茅野市、上社は諏訪市と、所属する地方自治体が異なっている。下社から諏訪湖を半周ほどして、さらに山に入ったところに上社本宮があり、その側に奥宮がある。もっぱら狩猟神的な色彩の濃い上社が、青々とした水田地帯に鎮座し、農耕神の色合いの濃い下社が、むしろ山村的な景観となっていることは面白い矛盾である。下社から上社に行く途中、〝木落とし坂〟の勾配のある箇所に寄ってもらった。私が以前に見物した〝木落とし〟の現場とは違っていて、幅も少し狭く、その分だけ急斜面となっているようだった。下を覗き込むと、舗装道路の走る下の道がとても遠くに感じられ、そこを滑走する御柱の上に乗って落ちてゆくことの恐怖を思わずにはいられなかった。ただ、祭の最中はみんな興奮しており、そんな恐怖も瞬時に吹き飛んでしまうのかもしれなかった。

現在は、上社も下社も諏訪湖畔からは距離があるが、昔はもっと水際に近い場所だったのであり、諏訪湖と深い関わりを持った信仰であったことが分かる。それは冬の「御渡り」に関する祭事だけのことではない。

上社本宮では、宝物館を見学した。武田信玄（一五二一〜一五七三）が戦場で掲げた「風林火山」の旗と「南無諏方南宮法性上下大明神」の旗があり、鹿の頭と、鹿の頭骨が二つ並べてあるのが目を引いた。軍神として崇められた諏訪明神は、戦国時代には、タケミカヅチとの戦いに、赤子の手を捻《ひね》るように負けてしまった〝敗北者〟のイメージはなかった。むしろ、地主神である漏矢の神に勝利して、諏訪一帯を支配した武勲あらたかな武神・軍神だったのである（当時、タケミカヅチとタケミナカタの「国譲り」の段のある『古事記』はほとんど知られていなかった）。

神長官守矢史料館

源頼朝（一一四七〜一一九九）にしても、北条氏にしても、武田信玄にしても、タケミカヅチに〝敗北〟したタケミナカタを崇敬したわけではなく、武勇に富んだ「諏訪大明神」を信仰していたのである。

伊勢神宮の内宮と外宮のように、諏訪大社も上社と下社との間には支配権を巡る葛藤があった。武器をとっての闘擾《とうじょう》もあったほどで（下社が敗れた）、下社の「大祝」である金刺氏と、上社の神氏との抗争といえるものだが、金刺氏が早く滅んだのに対し、上社の神氏は、諏訪明神に仕える「神長官」として七十八代を数えるほど長く続いていた。上社の本宮と前宮のちょうど中間地点に旧神長官の屋敷があり、現在は「神長官守矢史料館」として、一般公開されている。夏休みの日曜だというのに、参観客は私一人しかおらず、四社巡りの

贄柱

耳裂鹿の頭部の剝製

参詣客はかなりいるのに、ここまで足を伸ばす者はないようだ。

　建築学者の藤森照信（一九四六〜）が、竪穴式住宅をイメージして設計したという史料館の中に入ってみると、壁一面に、鹿と猪の首を置物のように並べて陳列してあるのが衝撃的だ。数えてみれば、鹿が十三頭、猪が十頭ほどだ。他に供犠として兎が一羽、松の棒に串刺しにされており、鯉が二尾、俎の上に乗せられている。生け贄とすべき印のある耳裂鹿《みみさけしか》の頭も復元されている。贄柱《にえばしら》も展示されていて、猪の頭部の皮を切り開いて焼いた「焼皮」や「脳和《のうあえ》」の供物もあり、「御頭祭《おんとうさい》」の様子がしっかりと復元されているのである。

　この御頭祭は、実際は、上社の前宮の十間廊で行われる。烏帽子、水干姿の神官が、神膳に「贄」を盛り上げて神前に供える。昔は、七十五の鹿の頭を揃えたという「生け贄」は、今では鹿の頭、一頭だけの剝製と変わり、饗宴の鹿肉も、今は業者から調達するという。すべて簡素となった祭儀だが、諏訪大社の建築物のなかでももっとも古様の前宮の神庭

（神原《ごうはら》）で行われるものは古式通りなのである。

諏訪大社の建築物の特徴として、上社の本宮、下社の春宮、秋宮のいずれにも本殿がないことだ（前宮にはある）。拝殿や神楽殿（もちろん、社務所も）はあっても、ご神体が鎮座する本殿がない。これは、奈良の大神《おおみわ》神社では、拝殿の後ろにある三輪山そのものが御神体としてあるからのように、拝むべきなのは、人工的に造られた本殿ではなく、「神体山」（守屋山）そのものであるからだ。

諏訪信仰は、きわめて原始的な神籬《ひもろぎ》、磐境《いわさか》の信仰が残存している信仰であり、社本宮の硯石や御座石など、磐境信仰が太古のままで生き延びているものといえよう。東西南北の境内の四隅に立てられた御柱も、基本的には聖樹信仰を現在にまで伝えるものであり、樹皮を剝がされた御柱は、ファロス（陽根）信仰そのものと考えても誤解とはならないだろう。縄文時代の石棒と石皿に男女の性器信仰が見られるように、御柱と、上部の凹んだ硯石とは、巨大な「道祖神＝賽の神＝性器信仰」の表象と見ることが可能なのである。

9　七石七木

諏訪大社（上社の前宮と本宮、下社の春宮と秋宮の四社）を中心とする諏訪信仰には、いくつかの層があり、その階層性、重層性こそが諏訪信仰の本源的なものとなっている。

諏訪明神、すなわちタケミナカタ（タケミナカタトミノミコト〔建御名方富命〕ともいう）以前に諏訪地方には、守屋《もりや》山をご神体とする洩矢《モレヤ》神（守屋神）と「ミシャグジ神」（語源不明）が居たと考えられているが、これらは「七石七木」の磐座や神樹のようなアニミズム的な原始神道の形を取っていたと思われる。そうした仏教渡来そして受容以前の原始的宗教の上に覆い被さってきたのが、タケミナカタといった記紀神話にも名前を残す土着の国津神なのであり、その国津神の代表格のオオクニヌシ（その息子たち）の敗北は、外来の天孫族である「アマテラス」を主上とする記紀神話（天皇神話）の神話的制覇といえるものなのである。

「七石七木」の諏訪明神の信仰は、古来の大樹、神樹、聖樹の信仰に基づいており、それに石棒に象った石神、すなわち「ミシャグジ神」は、そうした古層の信仰を名付けたものにほかならない。七石とは、上社本宮境内にある（一）御座石、「御座石ト申ハ正面ノ内ニ在リ、件之蝦蟇之住所之穴通龍宮城エ、退治蝦蟇神ヲ、破穴以石塞其上ニ坐玉シ間、名ヲ石之御座ト申也　口伝有申」。
（二）上社境内にある御沓石、「社内ニ在リ、是ハ波ニ浮キ平沙ヲ走ル御沓ナリ、生類恐テ此石之上ニ也」。
（三）硯石、「水不増不減ナリ、三界之衆之善悪ヲ被註硯也」。
（四）甲石、「社内ニ在リ、闇夜ニ星光之輝ク如シ」。
（五）高部磯並神社背後の小袋石、「磯並ニ在リ、乾珠是ナリ」。
（六）児玉石神社内の小玉石、「海端ニ在リ、満珠是ナリ」。
（七）亀石、「千野川ニ在リ、浮石ナリ」、の七つである。
漢文体の説明文は、『諏訪大社　祭事と御柱』（信濃毎日新聞社、一九九二年）に記載されているものである。すべて口伝ではあるが、それぞれの聖なる岩石であることの謂《いわ》れと伝説とが伝えられている。とりわけ、「硯石」は重要で、上社で行われる「蛙狩神事《かわずがりしんじ》」と関わる伝承が口碑として残されているが、その詳細は不明である。大祝の即位式の時に、前宮の鶏冠社に行き、そこで衣服を脱ぎ変えて、この石を御座とすることから、この名があるそうだ。

また、「七木」は、
（一）サクラタタイノ木（桜湛之木）。

（二）真弓タタイノ木（真弓湛之木）。
（三）峯タタイノ木（峯湛之木）。
（四）ヒクサタタイノ木（干草湛木）。
（五）トチノ木タタイノ木（橡之湛之木）。
（六）柳タタイノ木（柳湛之木）。
（七）神殿松タタイノ木（松之木湛之木）。
の七本である。

「湛」、タタイあるいはタタエの意味は不明だが（タタリの意味だとする説があるが、私はこれには懐疑的だ。聖なる樹木を「祟り神」と見るには無理が伴うだろう。水を「湛える」ということで水源の意味を持つのかもしれない）、諏訪大社の祭事と深く関わっていることは明らかで、重要な御頭祭の時に、これらの「湛えの木」の下で、「ミシャグジ降ろし」という祭事を行うのである。これも、後述することになるが、御柱祭に繋がる樹木信仰がそこには明瞭に見られるのである。

ここに狩猟神としての諏訪明神の層が、重層化されて被《かぶ》さることになる。これに対して下社では、「筒粥《つつがゆ》神事」（これは釜で米と小豆を筒の中に入れ、それを粥として釜で煮て、その筒の粥の分量で、小麦・粟・稲・黍・蕎麦などの四十三種の作物のその年の作柄の吉凶を占うものである）を行うような、いかにも農耕神的な性格が強まる。これは、狩猟・採集・漁撈の生産社会が、農耕の生産社会へと変化してゆくにつれ（それは一般的に日本では縄文時代から弥生時代への社会的変化を意味する）、農耕祭祀や農耕儀礼へと変化してゆく。日本の基層的な神信仰は、朝鮮半島から日本列島への人々の移動に伴う、天津神―国津神の対立観念を基盤として、狩猟神から農耕神への王位簒奪の過程を経ているると思われ、それがタケミナカタ（オオクニヌシ）からタケミカヅチ（アマテラス―ニニギノミコト──カムヤマトイハレビコ）への「国譲り」神話によって象徴化されているのだ。

上社が狩猟神的な色合いを濃くしているのに対し、下社は農耕神としての色合いを深くしている。春宮と秋宮という呼び方も、春の田植えと秋の穫り入れといった稲作の農事暦に基づくものであり、祭神はタケミナカタの妻とされるヤサカトメノミコト（八坂刀売神）である（タケミナカタの兄神とされるコトシロヌシも祀られているが、義兄と弟の妻とが一緒に並んで祭神となっているのは不自然であり、何らかの作為性が感じられる──タケミナカタとコトシロヌシを同一神とする見方があることは、すでに指摘した）。

下社には、タケミナカタ神話とは別の、金剛醜女《こんごうしこめ》説話の縁起譚が伝わっている。『神道集』巻四第十八に「諏方ノ大明神ノ五月会ノ事」があり、「諏訪大明神ト申ハ、天竺ノ舎衛国ノ波斯王ノ御娘ニ、金剛女ノ宮ト申ハ、天下第一ノ美人、十七才ヨリ俄ニ金色躰ト替り、生乍ラ鬼王ノ御形ト成リ給下ヘリ、身ニハ鱗出来テ、青黄赤白ノ形、近隣ヲ払タリ」という姿になったというのである。それは、前世において王の后として三百人の女を妬み、「大蛇ヲ具シテ控船ノ中ニ責殺レヌ」という罪業があったからで、釈尊が来臨して、金剛女の罪深い姿身から救い出してくれたのである。これは『今昔物語集』にも収録されたもので、仏教説話として伝わっていたものが、いつの間にか諏訪大明神の縁起譚として語られるようになったものと思われる。諏訪信仰の基底に「龍蛇信仰」があることの一つの例証となるものだが、下社が上社のタケミナカタ（創建）神話とは独立的であることを示そうとしたものであるのかもしれない。神仏混淆の典型的な中世神話である。

タケミナカタどころか、ヤサカトメノミコトともコトシロヌシともまったく無縁の諏訪明神の話であり、諏訪信仰には、別系統の神話伝承がいくつも流れ込んでいたことが分かる。タケミナカタ神話もそうした複数の縁起譚のうちの一つにほかならず、上社中心に言い伝えられてきたものである。下では水神、すなわち水田稲作の守護神である「龍蛇神」の信仰の色合いの強いことを、この金剛女の神話は物語っている。山の神は醜女であり、だからこそ、山中に〔美しい〕女人が足を踏み入れることを嫌うのだという伝説が、現在までも続いているというのは決して大袈裟ではないのである（また、〔山の神が〕男根の露出を喜び、醜いオコゼを同類として好むというのも、そうしたわけからである）。

伊勢神宮の内宮と外宮や、宗像神社の沖津宮《おきつ》、中津宮《なかつ》、辺津宮《へつ》のように、複数の宮殿を持って一社とする例は少なくないが、夫婦神が別個に祭られているというのは、案外少ないものなのである（伊射奈美神社は、徳島県美馬市にあり、伊奘諾神宮は淡路島〔淡路市〕にある。このように、単独の神社として分かれて存立するものもある）。

諏訪大社の上社と下社は、創建の時期の差を表すものであるとともに、やはりその祭神の性格の違いを際立たせるものとしてあると思われる。それは、基本的には信仰を一にしながら、上社、下社でそれぞれ独自な神事を行っていることからも知れる。

たとえば、「蛙狩神事《かわずがりしんじ》」というユニークな神事は上社だけで行われるし、稲作の豊饒祈願に関わる「筒粥神事」は下社だけで実施される。遷座祭は、年に二回、下社の春宮から秋宮、秋宮から春宮へと御霊代《みたましろ》が遷座するもので、柳田國男がいう、山の神と里の神との季節的な移動（春の田植え時に山の神が里に下り、秋には収穫後に里の神は山へと帰る）という稲作の農作業を前提としたものだろう。上社ではこれに類した祭事は見られない。

御頭祭《おんとうさい》は、古来、鹿の頭を供犠する奇祭として知られているが、これは狩猟神としての色彩の強い上社のみにて行われる。

これは四月の酉《とり》の日を選んで行われるので「酉の日祭」の異名もある。ただし、諏訪大社の神事として最も有名な御柱祭は、上下の両社でそれぞれに実施される。

日本史家の原田信男（一九四九～）は、縄文的動物祭祀と弥生的動物供犠として、同じように動物を祭事の供犠とする場合でも、狩猟民的な獲物の鎮魂や慰霊を目的とするものと、水田稲作農耕の豊饒を祈願するための動物の供犠とをはっきりと区別している（もう一つ、大陸・半島系の家畜供犠もある――『神と肉――日本の動物祭祀』平凡社新書、二〇一四年）。

これを諏訪信仰に当てはめてみれば、上社の場合は明らかに縄文的動物祭祀であり、下社の場合は、稲作農耕の伝来以後に発展した弥生的な動物供犠である。御頭祭で供物とされる鹿の頭は、諏訪大明神に捧げられる神饌ではなく、いわば鹿そのものが「山の神」であり、鹿や猪の頭、そしてそれらの頭骨は、それ自体が信仰の対象となるべきものだ。これが縄文的動物祭祀である。

それに対して、弥生的動物供犠は、犠牲獣の血や肉が、稲作の豊饒さを予祝するものであって、主眼はあくまでも農耕の豊かさに通じてゆかなければならなかったのである。もちろん、最初から縄文的動物祭祀と弥生的動物供犠が截然と分かれていたのではなく、狩猟民的な生産社会から農耕民的な生産社会へと変遷してゆくことによって、動物祭祀の意味合いを、動物供犠的なものへと変えていったと思われる。つまり、あくまでも獲った獣の霊魂を祀るという儀式が、獲物の肉や血を大地に還すことにより、五穀の豊饒への予祝行事とする農耕祭祀へと、祭儀の重心を移していったと考えられるのである。

10 諏訪の神は血を好むか？

諏訪信仰（特に上社のそれ）が、動物供犠の儀礼を持っていることは明らかである。前述したように、諏訪大社の上社で一月一日に行われる「蛙狩神事《かわずがり》」は、諏訪信仰にとって元旦に行われる重要な行事であり、深い意義を持っていると思われる。

一月一日の早朝、上社の本宮で宮司以下祭員が白衣、烏帽子の正装で、境内の渡り橋の上に居並ぶ中、社前を流れる御手洗川に仕丁二人が入り、神鍬によって川面の氷を割り、土を掘り、冬眠中の赤蛙二匹を生け捕りにする。その生け贄《いにえ》の蛙を三方に載せ、拝殿に持ってくると、神官が柳の小弓と篠竹の矢で蛙の胴体を射抜き、それを新年の最初の贄として神前に捧げるのである。「蛙狩の神事仕えまつりて大贄に仕えまつり」というのは、その時に宮司が捧げる祝詞である。

元旦の川の川床に必ずしも蛙がいるとは思われないのだが、この神事の際には必ず蛙が見つかるの

御頭祭の祭壇の鹿頭（『諏訪大社　祭事と御柱』信濃毎日新聞社、より）

〈諏訪史料叢書〉

蛙狩神事

だという。「諏訪の七不思議」の一つとされている（註五）。『諏訪大明神画詞』では、こう述べている。

サテ御手洗河ニカヘリテ漁猟ノ儀ヲ表ス。七尺ノ清瀧氷閇テ一機ノ白布地ニシケリ。雅楽数輩、斧鉞ヲ以テ是ヲ切クタケハ、蝦蟇五ツ六ツ出現ス。毎年不闕ノ奇特ナリ。壇上ノカヘル石ト申事モユエアルコトニヤ。神使小弓・小矢ヲモテ是ヲ射取テ、各串ニサシテ捧モチテ、生け贄ノ初トス。

『諏訪史』第二巻（前編）（信濃教育会諏訪部会、一九三一年）で「諏訪神社の研究」を書いた宮地直一は、蛙を神事の犠牲とすることは、この神が蛇であることを示唆していると論じている。生け贄としての蛙の串刺しを神前に供え、昔は神官たちがこれを食べていたともいう。

ここで「硯石」の伝承を思い浮かべてみることは無駄なことではないだろう。前述したように、ここにはこんな口伝がある。「蝦蟆《カニタ》（「カエルノ事ナリ」という註記がある）神荒神ト成リ天下ノ時ヲ悩ス、大明神之ヲ退治シ四海静謐ノ間阪波《ナミシヅカナリ》ト口伝ニ之在リ」と『龍波私注』にある。さらに「件之蝦蟇之住所之穴通龍宮城エ、退治蝦蟇神ヲ、破穴以石塞其上ニ坐玉シ間、名

ヲ石之御座ト申也　口伝有申」ということは、蝦蟇神の住処には龍宮城に通じる穴があり、その蝦蟇神を退治する神＝諏訪大明神は、その逃げ道の穴を塞ぐために大きな石を置いて、その上に重石のようにでんと坐ったのである。それを「硯石」というのだと伝説は語るのだ。

蝦蟇神を退治する神が、蛇の姿をしていると考えるのは自然な事だ。すると、少なくとも「蛙狩神事」に関わる諏訪大明神は、蛇体であることが推定されるのである。これは口伝でしか伝わっていない、諏訪信仰の一側面である。

だが、龍宮城に通じる抜け穴を住処を持つ蝦蟇神が、水神としての龍神と親和性を持っていることは明らかで、やはり水神であり、龍蛇神と考えられる諏訪大明神が蝦蟇神を退治して、四海静謐になったという展開はやや矛盾を孕んでいるように思える。退治する蛇神と、退治される蝦蟇神の双方をひっくるめて「諏訪大明神」となるのかと考えたくなるのである。

これ以外にも、諏訪明神が龍蛇神であることを示唆する要素は多く、三輪山が蛇が蟠《とぐろ》を巻いた形として御神体として敬われ、大蛇に化身した祭神を崇《あが》めているのと同じように、標高一六五〇メートルの守矢山（諏訪市と高遠町との境界にある）を御神体として、龍神、蛇神という姿が諏訪明神の密教的な神姿というべきだ（神長の家系である「神」氏を「みわ」氏と呼ぶのも、この三輪山信仰から来ていると思われる）。『諏訪大明神神楽歌』には「神明の笠椿の松はもと茂る木茂る、梢かきわけて現形召さるる」と「大明神は岩の御座所に降りたまふ。降り給ふ御簾吹上げの風の進みに」という歌がある。諏訪大明神が、大樹、大岩に降臨することと、その「現形」のことが語られている。御柱祭の時に、御柱とは別に龍神の舞いがあって、里を練り歩く習俗があったことも、龍蛇神としての諏訪明神を証拠付けている。

元旦の「蛙狩神事」の次には「御頭御占神事《おとうみうら》」が行われるが、これは新年を迎えて、今年の「御頭」の地区を諏訪神社の氏子十地区から選ぶという占いである。決定された地区は「御頭受」を一月五日に行う。

二月二十八日には、「野出神事《のいでしんじ》」が催される。これは上社前宮の入り口から少し入ったところに「神原《ごうばら》」があり、ここに「神原廊」という建物があり、神事の前には本宮や神原廊の「十間廊《じっけんろう》」にはさまざまな飾りがほどこされる。ここで大祝が神事を執り行い、神事の後には鹿肉五十九貫と酒一石七斗が用意されて直会《なおらい》の饗膳がある。

四月十五日には、「御頭祭」または「酉の祭」とされる神事が行われる（後述）。「大御立坐の神事」ともいわれる。「御頭祭」とは、元旦の「御頭御占神事」で決定した、その年の「御頭」、すなわち祭事の肝煎り役が主導する祭事ということであり、「鹿」の生首（頭）を供犠物とするという意味からではない。

五月二日と二十七日には、「押立御狩神事《おしたてみかりしんじ》」が行われる。これは、春の行事として、野火で焼いた御射山《みさやま》の草原で行われる。諏訪信仰の生き神である大祝を中心に神官以下数百騎が山野に繰り出し、勢子《せこ》たちに追い立てられた鹿の群れを狙い、流鏑馬《やぶさめ》のように騎射するという一大ページェントとしての神事である。

『諏訪大明神画詞』にある神事の式次第は、こうだ。神事の行列は、先頭に黄衣に行縢《むかばき》（脛当て）を履いた雅楽を奏する楽人が、左に穀葉、右に白の二流の旗を立て、宮川にかかる高橋を渡る。次に、布衣・浄衣の五神官、赤い袍衣の六神使が続き、以下、水干・袴姿の氏人（氏子）たちや、左右の頭人（御頭役）などの下級の要人たちが先となる。その後、数十頭の馬が続くのである。

次に、穀葉の模様の藍染の衣に、鷹の羽のついた鏑矢《かぶらや》、菅笠、そして行縢を履いた大祝が登場し、その後に、騎馬した、水干・折烏帽子の狩装束の氏人（俗人）が続き、徒士《かち》の僕童たちが従う。相撲力士（人形）二人が、柄《え》の長い杓《ひさご》と、引目の鏑矢《かぶらや》を持っている（これは魔除け的なものだろう）。中《ちゅう》間《げん》や雑色《ぞうしき》などの従者たちが多数、従行する。古式豊かな祭礼である。

一行は、酒室の社前に至り、そこで三頭対面し、その後に長峰山に登る。それまでは一列となっていた一行は列を崩し、狩人たちはそれぞれ散開し、タイテラ山から勢子たちに駆り出された鹿を狙って、その矢を射るのだ。四日に至るまで三日間、神事の狩りは続く。その間、てんでに家に帰ったり、あるいは山に留まって狩猟を行う。猟を堪能する者の数は数百騎にのぼるものの、矢に当たる鹿は三匹にしか過ぎないという。諏訪野の鹿には穴があると、古老の言葉がある。

神原（鳥居龍蔵『諏訪史』信濃教育会諏訪部会、より）

「御狩神事」は、諏訪大社ではもっとも重要な神事とされ、年に四回行われ、流鏑馬《やぶさめ》のような華やかな行事が繰り広げられる。春のを「五月会」、秋のを「秋山祭」といい、『諏訪大明神画詞』には、その式次第が細かく描写されている（もっとも、本来、絵を伴っていた『画詞』だが、現在は詞書しか残っていない）。もっとも、狩猟神としての諏訪明神にふさわしい神事なのである。

狩猟神事に近い、漁撈神事も行われる。諏訪湖における内水面漁業については「鯉馳《こいはせ》神事」があって、これは鯉などの漁撈の豊漁を祈願する神事である。神官が船に乗り、湖面に網の着いた縄を張り、水面を棒のようなもので叩くと、魚たちは縄を飛び越えて船の中に飛び込んでくる。諏訪湖の湖水面漁業としては、鯉、鮒、などの淡水魚の漁が盛んだった（ただし近年、諏訪湖漁業の代表のように思われているワカサギは、大正年間に他方から移し変えられた外来種であり、諏訪湖本来の魚種ではない）。

古くから、鯉の生き血は、労咳《ろうがい》などに効く薬として珍重され、鯉こくも滋養のある汁物として愛好されてきた。その点でも、諏訪明神が「血腥い」ものを好む神であるという思考が出てきたのであろうか。

七月の「秋山祭」は、五月の御狩神事と基本的には同様だが、下社の独自の行事として、ウナギ（現在はドジョウ）の放生《ほうじょう》を御射山社祭として行っている。漁撈の獲物としてのウナギをこの際に放魚して、一年間の殺生の罪業の解消を願うのである。宇佐神宮などで大々的に行われている放生会が、下社ではアリバイ工作のように実施されているのである。しかし、これは祭事として特に重要性を持っているものとは思われない。狩猟神的性格と、より農耕神的な信仰に近い漁撈神との葛藤と捉えることも出来る。

11　御頭祭《おんとうさい》の生け贄

これらの神事の中で、諏訪大社上社で最も重要と思われるのが、前述の通り、年に四回も行われる「押立御狩神事《おしたてみかりしんじ》」であり、また、それと同様に重要視されるのが、最初の狩り神事である「酉の日祭」の際の「御頭祭」である。

この祭事は、まず本宮で神輿に御霊代《みたましろ》を載せ、御旗や、長い棒の先に大型の薙鎌を固定したものなどを先頭に行列を組み、以後は宮司、神官は威儀を正し、乗馬して前宮に向かい、御杖柱《みつえばしら》として長さ七尺四寸角の檜の柱に、クブシ（？）、ジシャ（クロモジのことか？）、檜の枝、柳の芽、流鏑馬《やぶさめ》の矢をまとったものを奉持し、前宮に至ったという。

前宮に到着すると、神輿は十間廊《じっけんろう》に安置され、御頭郷総代も列席して神事が執り行われる。明治初期までは猪の頭を奉納していたが（明治の一時期にはかもしかが供えられたという）、近年は鹿の頭部の剝製と鹿肉とが供えられるようになったという。昔は各村落の氏子から七十五頭もの鹿の頭が各地から寄進されていたが、近年は少なくなっている。寄進された鹿のなかには耳の裂けたものが必ず一頭はあったと伝えられている。明神が供犠のために、あらかじめ標《しるし》を付けておいたのである。これも「七不思議」の一つとされる。

この御頭祭の様子を丹念にルポルタージュした文章、「すわの海」が、江戸の旅行家で紀行作家の菅江真澄（一七五四〜一八二九）によって書かれている。

前宮といふ処に十間の直会殿ありて、鹿の頭七十五、真名板のうへにならぶ。このなかに、耳さけの鹿は神矛にかゝるといへり、歌にいはく
かねてしも神のみそなへ耳さけの
　　鹿こそけふの贄となるらめ
かくあつまることは、あまりてもたらざる事なし。
上下きたる男二人ものの肉をまな板にすへてもていづる。足どりなど、ゆへやありけん。弓矢よろひかざりて、つるぎを根まがりといひて、つか頭したつかたにまがれり。南のすみなる処に、しら鷺、しろうさぎ、きゞす、山鳥、鯉、鮒いろいろのししむら。三杵入るはよね三十の桝を入たり。それにはひしのもちゐ、ゑび、あらめなど串にさしたり。すべてはたのひろきもの、はたのさもの、毛のあらいもの、毛のにこもの、そのくさぐさのものを悉備て、ももどりの御具にあざへてみまへ奉る。

七十五頭もの鹿の頭、白鷺、白兎、雉、山鳥、鯉、鮒などの山のもの、川のものの鳥獣魚の生け贄を捧げるのだから、この神がベジタリアンであることはありえない。殺生を厭《いと》い、血や死を穢れとして忌む仏教の仏前や神道の神前に供えるものではありえず、狩猟、漁撈の獲物を犠牲（生け贄）とする、むしろ血（いわゆる赤不浄）を好む自然神に対してのものにほかならない。

神長守矢氏が記録した諏訪大社の上社の神事を記録した『年内神事次第旧記』によれば、「御神事にハ御コクのない神事ハなし、鹿なくてハ御神事ハすへからす候」というのだから、まさに鹿の頭（と米）は、この神事には無くてはならないものだったのだ。つまり、稲（御コク）と鹿という贄《にえ》は、農耕神事と狩猟神事を結びつけるものであって、諏訪信仰でもっとも大切な供犠物であったのだ。しかし、この贄は、古来から変わらずに固定化されたものであったのだろうか。

実は、前述の通り、この「御頭祭」の時に供犠される鹿の頭は、昔は猪の頭であったという言い伝えが地元にはある。猪は「いのしし」、鹿は「かのしし」という古名を持ち、いずれも山の幸として狩猟の対象となるものだった。現在でも、石見の銀鏡《しろみ》神社の宿神に「贄」として供奉するのは猪の頭であり、鹿と猪は交替可能ながら、猪の方が古来の「山の神」への信仰を引いているように思われる。

鹿、猪のほかに中（大）型獣として狩猟民の狩の情熱の対象となるのが「熊」だった。鉄砲伝来で、従来より狩猟しやすくなった（それまでは弓矢や罠）中型獣を追って、大規模な巻狩りが催されることは、武士の時代を迎えて、頻繁に行われるようになったし、マタギ、山民、山人と呼ばれる狩猟民の活動も盛んだったのだ。

だが、熊の頭が「御頭祭」の生け贄とならない理由を、『諏方上社物忌令』は、こう示している。

当社御贄ニカカラヌ物共、熊・猿・ニク・ユハナ・山鳥也。熊ハ権現垂迹ノ使者ナルニヤ依ル。猿ハ羅漢果ヲ得仏体ナル故也。山鳥ハ青黄赤白黒ノ色ヲ具足シ、山神ノ形ナル故也。ニクハヲオカミノ化現、山神護ヲウノ召物ニテ、高山ノハンシヤクニヲイテ飛行自在ノ通ヲ得ル故也。ユワナハ寸ニ及ヘハ龍ノ形ヲ得、龍門ノ瀧ヲコヘ、百丈ノ瀧ニヲイテモ自在ナル故也、此外ノテウロク・スイキヨハ何モカカルヘシ。是則慈悲ノ御殺生、業尽有情故也。当社ノ御頭ニアタラシ人ハ、何ニモ

菅江真澄による御頭祭の図（「すわの海」）

御狩ヲ本トシテ、御贄鷹ヲモツカイ、御贄ヲカケラルヘシ。

（「諏方上社物忌令」『神道大系　神社編三十　諏訪』一九八二年）

神道、仏教ともに殺生を忌む宗教であるはずの、神仏混淆の諏訪信仰において、なぜ「生け贄」が許容されているのか。これはまことに興味深い理屈付けといえる。熊は権現（熊野権現だろう）の使者であるし、猿は羅漢としての成果を得た仏体であり、山鳥は、五彩の羽根の色が鮮やかで、山神の姿であり、「ニク」（カモシカ）は、まさに「大神（狼）」の化現した山神の神護を受けるものであって、高山では盤石の飛行自在の能力を有し、「ユハナ（岩魚）」は、龍に姿を変えるものであるからだ。

これ以外の「テウロク（鳥鹿）」あるいは「ちょろく（猪鹿）」と、「スイキヨ（水魚）」の類が生け贄とされるのであり、それは、猪鹿水魚がそのままでは仏果を得ることができないので、神前に供えるために人間が「慈悲の殺生《せっしょう》」をすることで、それらは成仏できるという、まったくもって人間の側の身勝手な屁理屈なのである。その論理はこうだ。

凡ソ当社生贄ノ事、浅智ノ疑、殺生ノ罪去リ堅キニ似タリト云トモ、郷深有情、雖放不生、故宿人身、同証仏果ノ神勅ヲウケ給レハ、実ニ慈悲深重ノ余リヨリ出テ、暫属結縁ノ方便ヲマウケ給ヘル事、神道ノ本懐、和光ノ深意、弥信心ヲモヨヲス物也。

こうした理屈によって、諏訪大社では「鹿食免《かじきめん》」という鹿肉食を許可する御符を発行し、中世のカトリック教会の免罪符のように、神道においても仏教においても、絶対のタブーとされていた殺生や肉食《にくじき》を許可したのである。また、「鹿食箸《かじきばし》」というのもあり、その箸を使えば、肉食も許されるという方便的なものだった。それは、狩猟神としての諏訪明神を祭祀する諏訪大社だけが所有していた特権的な権限だったのである（この御符や箸は、諏訪の御師である諏訪神人《すわじにん》たちが、全国の旦那場《だんなば》に持ち歩いた）。

この場合、前述のように、猪や鹿が農作物を荒らす害獣であったことも想起しなければならない。前述したように、田畑を荒らし、折角出てきた農作物の芽を喰い荒らし、薯《いも》などの収穫物を掘り起こして、喰いちらすのは、主に「猪鹿」なのであり、農耕と敵対する存在であるのだ。それは鹿垣《ししがき》を田畑の周りに巡らすだけでは防ぐことができない。その意味からも、猪や鹿は、狩猟の対象となったのであり、定期的に鹿狩りを行う「狩立て神事」は、むしろ農耕にとって必要なことだったのである（だからといって、狩猟神へ獲物を「生け贄」として捧げる狩猟の神事であったことは否定できない）。

生け贄の獣の「猪鹿」のなかで、「鹿の頭」が主流となったのは、結局、もっぱら狩りによる捕獲の都合ということになるだろう。数頭、あるいは数十頭の群れで移動する鹿は、巻狩のような狩猟の対象としてうってつけのものである。また、一定の山野を狩場として設定し、そこに巻狩り用の数百頭の鹿を棲息させておくといった、半ば牧畜的な生態圏における鹿狩りも可能であり、諏訪大社は押立て狩神事のためにそうした広大な狩場を所有していた（諏訪神社と関わりの深い「千鹿頭《ちかと》神社」の「千鹿頭」とは、こうした祭事のための生き贄としての「鹿」をプールしておくという意味があったのかもしれない）。（註六）

それに対し、群れでは行動せず、単独、あるいはせいぜい親子で動く猪や熊を、祭のたびに複数以上（七十五頭といわないまでも）揃えるのは、きわめて困難だ。ましてや、人間を襲って、逆に喰い物としかねない熊にいたっては、ベテランのマタギであっても、捕獲できるのは、年に数頭というところがせいぜいだろう。また、人喰い熊、手負い熊といった熊によっては猟師の側が反撃、逆襲される恐れも十分あり、きわめて危険性を伴なった狩りだったのだ（熊にとって、人は捕獲が難しい、美味な「食物」だったのだ。熊は人間を食べるが、人間は熊を〔あまり〕食べない。すると、日本において食物連鎖の頂上には「熊」が君臨することになる――狼もそこに位置するかもしれない）。

赤羽正春は、熊と猪鹿とでは、「生け贄」としての信仰的意義が違っていると説いている（「北の熊・南の猪鹿」『樹海の民　舟・熊・鮭と生存のミニマム』法政大学出版局、二〇一一年）。猪、鹿の頭や肉が往々にして農耕儀礼の一環として「生け贄」とされるのに対し、熊の場合はそうした傾向はまったくなく、熊自体が山の神、あるいは神の使者であるのだから、同じように「血祭り」にあげるとしても、その宗教的な感覚は異なっているのだ。ユーラシア大陸北部から日本列島の北部、東日本に特徴的なのは「熊」や「鮭」の供犠があり、これは南下の傾向を示す。一方、農耕儀礼に収束される「猪」や「鹿」の供犠が、東南アジアから北上する傾向がある。「北の熊」に対し、「南の猪鹿」といわれる所以である。

諏訪信仰において、熊以外の「贄」にならない動物の場合は、その理由は単純なものだ。猿は人の姿に似て、成仏に近い存在であり、カモシカは、崖の岩場を軽々と飛び跳ねて、容易に狩りとることの難しい（捕獲しやすいという異説もある）獲物だから、調達上の都合で「生け贄」の対象からはずされていたと思われるのである。

『諏方上社物忌令』は、そうした事実上の理由を糊塗したうえで、もっともらしい宗教的な理由を付与しただけであって、猿（日枝《ひえ》信仰のお使い）や狼（大神）が除外されるならば、狐（稲荷神の身代も、春日明神の乗り物である鹿も、当然除外されるはずだが、ここでは挙げられていないのも、単に現実的な狩猟の収穫が困難なだけという理由を隠蔽しているからといわざるをえない（ただし、諏訪湖の御神渡祭では、狐も聖獣視されている）。

つまり、生け贄のタブーは、単に捕獲の難しさ、調達の困難な鳥獣に限られているのであり、それらのものは、定期的に催される季節的な神事には不向きなものだったからに過ぎない（日本国内で虎が捕獲できるならば、虎の頭はこの上ない「贄」となったであろう）。

猪→鹿という変化が単なる、「生け贄」が、手に入り難いという捕獲、および調達上の都合であるとしたら、もし、熊の頭を調達できたとしたら、それを「生け贄」として神に捧げないという理由はなかったと思われる。「熊野権現の使者」というのは、アリバイ的な理由付けでしかない。むしろ珍餐として喜ばれたと考えるべきだ。諏訪地方の狩人において、熊を狩りの非対象とするタブーの存在は見つけることはできない。熊狩りは熊の棲息する日本列島の一帯で行われていたのであり、ことさら熊を排除する理由はなかった。むしろ貴重な薬としての「熊の胆《い》」や、食料としての「熊肉」、珍味としての「熊の掌」（これは中華料理に限ったものかもしれないが）、熊の毛皮などの有用物は多く、熊捕りの名人といった人物の存在も、狩猟民のなかには伝承されてきたのである。

本来ならば、熊の頭こそ、「御頭祭」の生け贄にもっともふさわしいものとされても不思議ではなかったはずだ。しかし、そうならなかったのは、狩りの対象としての熊は、調達の難しい供犠モノであると同時に、農耕儀礼と直接的な接点を持たなかったためだ。そして、それよりも何よりも、熊は「山の神」そのものであって、熊の頭は、「贄」として供奉されるものというより、そのものが信仰の対象となるものだったからだ。

ところで、動物の犠牲ということなら、家畜として手に入りやすい牛や馬が「贄」の対象とならなかったのは、なぜだろうか。『続日本紀』や『日本後紀』などには、朝廷が何度か「牛馬禁殺令」を出していることが記録されている。「伊勢・尾張・近江・美濃・若狭・越前・紀伊等国百姓、殺牛用祭漢神《からかみ》」（『続日本紀』延暦十（七九一）年）とあり、また、『日本後紀』の延暦二十（八〇一）年には「越前国、禁行□加□□□屠牛祭神」（□は闕字）とある。

「詔して曰く、馬・牛は人に代りて、勤しみ労めて人を養う、茲《これ》に因りて、先に明き制有りて屠り殺すことを許さず」（『続日本紀』天平十三（七四一）年）とある。

もちろん、これは「漢神」に祭るとして、牛馬を「生け贄」として屠《ほふ》るということが広い地域であったためだ。『類聚三代格』にある延暦十（七九一）年の太政官符には「応《まさ》に牛を殺し祭に用いて漢神を祭る事を禁制すべし」とある。運搬用、農耕用のための牛や馬は貴重な家畜であり、朝廷としては、民間で行われるそうした牛馬の屠殺についての禁令をことあるごとに出さなければならなかったのだ。牛を犠牲獣とするのは、「漢神」、つまり外来の祭事のためであり、鹿や猪などの野生の動物を祭りの犠牲獣とすることとは根本的な違いを持っていた。

この「漢神の祭」というのは、現在でも韓国で、世襲である女性シャーマンの巫堂《ムーダン》が、さまざまなクッ（巫祭）の際に、祭壇に豚の頭を祭物として供えることと繋がっているだろう。もともとは、牛の頭を祭物としたが、近年豚の頭に変わったのである（経済的な理由によるものとされている。さらに近年は豚の代わりに鶏を使うことも多くなったという）。祈雨、祈子、病魔調伏、悪疫退散、悪魔払いなどの「漢神の祭」が、朝鮮からの渡来系の集団によって広く行われていたことを、これらの禁令は示している。

日本列島には、牛馬は、農耕と同時に、あるいは近接した時代に日本列島にもたらされた。そして、記紀神話が創られたのは、農耕用として牛馬が重宝され、家畜として定着するようになってからのことだった。ウケモチノカミ（あるいは、オオゲツヒメ）の屍体から、五穀の種が生まれてきたのと同時に、「其の神の頂に、牛馬化為《な》る有り」ということも忘れてはならない。「天熊人」は、五穀と牛馬と蚕とをアマテラスに献納したのである。

家畜としての動物（牛、馬、犬）を「けもの」とすれば、野生の熊、猪、鹿、羚羊《かもしか》、狼、狐などは「けだもの」であって、その違いは、生産様式としての農耕が定着した時代と、それ以前の狩猟的、漁撈的生産様式の時代との隔たりだった。そのことを物語る二つの神話がある。『常陸国風土記』の「夜《や》刀《と》の神」の項は、こんな話である。

継体天皇の御代に、箭括《やはず》氏の麻多智《またち》という人がいて、郡家の西の谷の葦原を開墾して、新田に開発しようとした。その時に、夜刀《やと》の神たちが群れをなして押し寄せ、左右に立ち塞がり、耕田を妨害するのだった。夜刀の神とは蛇のことで、蛇体でありながら頭には角があった。その姿を振り返りながら見ようとすれば、災いがその者だけでなく、子孫代々に祟るという。

麻多智は、鎧を着て、矛《ほこ》を執って立ち向かった。そして山の入り口の境界に標《しるし》の杖を立て、「ここより上の山を神の住処《すみか》とし、下の里を人の作る田となすべく、今日から私は神司《かんづかさ》となって子孫の代まで神をお祭りしよう」と宣言した。それ以来、麻多智の子孫は祭りを絶やさず、新田もますます増えるのだった。

これは農耕以前の神（夜刀の神）と、それ以後の人（祖霊神）とが互いに棲み分けを行い、境界を設けて、互いにそれを侵さないという秩序を設けたことを神話化したものである。農耕以前の中津国には、荒ぶる神（熊、猪、蛇、狼）などが蟠踞していて、朝鮮半島から五穀（農耕）をもたらした新来（降臨）の天津神との間での闘擾《とうじょう》や抗争が少なくなかった。荒ぶる神たちを実力で排除していった天津神は、その境界に剣や杖や柱を立て、荒ぶる神々と、人里との境界を決め、互いにそれを侵さないことを誓って、国土の秩序を守ることとしたのである。

いわば、自然＝野生＝野獣と、人工＝農耕、牧畜、養蚕＝家畜との間に、はっきりとした境界線を引いたのであり、ここより上は神の領域、ここより下は人の領域と、標《しるし》によってすっぱりと区分させてみせたのである。

つまり、古代人の思考の中にも、自然としての野生（獣）と、焼畑であれ水田であれ、人為的な農耕との区別は判然としてあったのであり、「犠牲のための野獣」と農耕用の家畜とは、きちんと区別されていたのである。

それは、物部氏一族の斎部《いんべ》広成（生没年不明）による『古語拾遺』（岩波文庫、一九八五年）にある、こんな話によって明らかだ。

昔、神代に大地主の神がいた。田圃を耕作する日、田で働く人（田夫）たちに食餌として牛肉を食べさせた。その時、歳神《としかみ》の子がその田に行き、食べ物に唾を吐いて還った。そのことを父の歳神に言うと、大変怒って、その田に蝗《おほねむし》を放てば、苗葉は枯れ、荒野のようになった。そのため、大地主の神は、巫者に占わせると、歳神の怒りを収め、祟りを解くためには、白猪、白馬、白鶏を捧げよと答えた。その通りにすると、歳神の曰く、我が意に適っていると言った。ついては、麻によって裃《かせひ》を作り、牛肉を田の溝に置き、さらに男根の形を作り、さらに桃の葉や塩を畔《あぜ》に置けば、元の通りの田に戻るだろうという。その通りにしたら、苗葉は茂り、その年は豊年となったのである。

これも農耕以前と、農耕以後の神々の葛藤や紛争を表現したものと考えてもよいだろう。ちょっと意味の摑みにくいところもあるが、田夫たちに牛肉を提供したことを歳神の子が見て、それを父神に告げると、父神は大いに怒って、田圃に蝗を放って、苗の葉をさんざんに喰い散らして稲を枯らしてしまった。巫者を使って占ったところ、歳神の怒りを鎮めるには、白い猪、白い馬、白い鶏を献上して、その祟りを解いてもらわなければならない。畔道に牛肉やら男根様のものやらを奉じて、大地主の田は蘇って、豊作となったのである。

このことが意味しているのは、牛肉を田夫などに食べさせないこと（このことは逆に、アメノヒボコ〔天之日鉾、天日槍〕が、農事としての田仕事の昼食のために、牛を一頭連れて行ったことを思い起こさせる）（註七）、猪や馬や鶏も、それを神への供犠のものとするのは「白」（白猪・白馬・白鶏）といった聖性を帯びたものでなければならなかったこと、何よりも、大陸や半島から伝わってきた、新しい生産様式としての農業（農耕）を成功させるためには、そこに棲んでいた土着の古い神（荒ぶる神、国津神）との和睦や協和など、折り合いをつけることが絶対的に必要だったのであり、そのために古い神たちに献上する「生け贄」や「犠牲」が必要とされることが多かったのである。

12　生け贄としての童子

ところで、先の菅江真澄の文章の続きには、こんな面白い記述がある。

又とりあへず、御神といひて、八ツばかりなるわらはべに、紅のそうぞくさして、このおん柱にそが手をそへさせて、人々もてかのたかむしろのうへにおく。（中略）かの御神の童を、桑の木の膜を縄によりていましめて、其なはかくるとき、たゞまづまづとよぶ。ともしやしてとらす。祝らん箱なるふみよみ行ひてのち、大紋きたる男わらはをおひてまかり出る。（中略）そがあとより御贄柱をかたげて、御神のわらはおひたる男、はたおほん宝といひて、ながき鈴のごとやうなるものを五ツ、錦の袋に入て、木の枝にかけて、そろそろとはしりて、はしりめぐること七たびにしてみなかへりぬ。（中略）長殿の庭に御社あるなる。そが御前にて、わらはのなはときてはなし給ふとなん。

これが祭儀の進行を、菅江真澄がほぼ目前の出来事として描写している文章にほかならない。

生き神としての、八歳ほどの紅色の装束を着けた童子の手を柱に添えさせて、高莚の上に坐らせる。その童子を桑の木の皮で綯《な》った縄で柱に縛り付ける。大紋を着けた衣装の男が、御贄柱を担《かた》げて、生き神としての童子を負って、「み宝、み宝」と呼びながら、七回前庭を走り回る。そして、長殿の庭で童子の縛めを解き放して、神事は終わるのである。

この場合、「御神」というのが、生き神としての大祝のことであるか、「神使《おこう》＝御向」という、大祝に仕える童子であるのかが判然としないが、「神使」が複数人いることを考えれば、これは大祝の候補者であると思ってもいいだろう。手荒な扱いは、一種のイニシエーション（成人儀式）と考えてもよい。

しかし、この文章を深読みしてか、こんなふうに主張している論者がいる。

しかしかつてはこの柱には、樹木の枝などではなく、最上の贄として最も相応しい「生きている贄」が括り付けられていたはずである。その「生け贄」こそは「人間」以外の何ものでもないだろう。

（戸矢学〔一九五三〜〕『諏訪の神　封印された縄文の血祭り』河出書房新社、二〇一四年）

文字通りの「人柱」ということだが、柳田國男の「人柱の話」に対して、南方熊楠（一八六七〜一九四二）の反論があるように、「人柱」、すなわち人間を「生け贄」とする風習が日本の古代にあったとする論議は、簡単に喋々《ちょうちょう》できることではない。

これは諏訪大社の御柱祭にも関わることだが、「御柱」、または「贄柱」は、「生け贄」を縛り付ける柱ということではないと考えられる。戸矢学は、柱に童を縛り付けて、これを殺して（血祭りにして）「生け贄」として神に献上したという祭儀があったと主張しているのだが、菅江真澄が見たものは見たと書き、人垣で見えなかったものは伝聞としてしか書かなかったように、記録者として恣意的な解釈や空想を排したのと違って、戸矢学の空想は奔放で、確かな根拠に欠けるのではないか。

古代人でも野生の犠牲獣と家畜との境界をはっきり認識していたのであり、それが犯されるたびに、時の政府は「牛馬屠殺禁止令」を出さずにはいられなかった。ましてや、人間を「犠牲」とすることを簡単に許容したとは思われない。野獣―家畜―人間（民草）といった秩序感はいつの時代にもあった（縄文時代にも、弥生時代にも、古墳時代にも）。

ついでにいうならば、戸矢の使用する「血祭り」という言葉も、誤解を生じかねない使用法である。「諏訪の神は、血を好む、血を求める――と、少なくとも諏訪人は信じているということになる。神は黙して語らないが、氏子たちは千年以上に亘って血を捧げてきたのだ」と戸矢は書く。しかし、これはいかにも農耕民的な、狩猟民としての精神を忘れた妄言にほかならない。「血祭り」という表現からは、〝血祭りにあげる〟といった慣用語で示されるように、ブラッディな画像や映像を思い浮かべてしまうが（月岡芳年〔一八三九～一八九二〕の無惨絵や、絵金〔土佐の絵師・弘瀬金造の略称。一八一二～一八七六〕の血みどろ絵のような絵画）、そんな血みどろ、血まみれの死を遂げるという意味ではない。

狩猟民としてのマタギが熊を仕留めた時に、その鮮血を真っ先に受け取るのは、山の神であり、その血は山の神へと捧げられる。次に、飲む資格があるのは、弓矢や鉄砲で仕留めた者であり、その狩りに参加した者すべてにその血を滋養強壮剤として飲むという儀式を行うということだ。

農耕民という草食系民族の子孫としての私たちが忘れているのは、肉食系民族の、動物の血を滋養のある物として、飲食の対象とする風習である。

マタギの習慣では、熊を撃ちとった後は、解体して背骨のところに残った血を柄杓で掬って容器に入れて飲用とするし、大腸を踏んで中身を出してから、血と脂肪を入れて腸詰とする処理方法がある。

鹿や猪の場合も同様である。

私は台北《タイペイ》の龍山寺の一角で、蛇や鼈《すっぽん》の生き血を杯に受けて飲ませる店が軒を並べていたのを見もしたし（現在は外国からの観光客の目を憚《はばか》ったためか、裏の通りに引っ込んだ）、こうした蛇料理店は香港のダウンタウンの市場でも多く見かけた。

韓国では牛の血を冷やして豆腐状に固めたソンジを牛骨スープに入れた、〝ヘジャン（解腸）クッ〟という料理として食べさせる（二日酔いの酔い覚ましによいとのことで、今では私の好物でもある）。臭みのない、柔らかなレバーを食べるような味と感触で、一般的な食べ物として市場でもよく売られている。

現在の私たちが、牛や山羊の乳を飲むように（動物の乳は血から作られる）、狩猟民や牧畜民は動物の血を当然の滋養物として摂していることは、ブラッドソーセージや、東南アジアの血豆腐を見れば明らかなことだ。

また、遊牧民が動物の肉はもちろん、内臓、爪や骨まで余すところなく使っているのに対し、近年まで私たちは動物の臓物を食品として認識することが少なかった。韓国では牛の尻尾（のスープ＝コリ・コムタン）や、鶏の脚（タッパル）を珍味として珍重するのに、私たちはそれらを〝食べられない〟ものとして、捨てて顧みなかったのである（豚骨や牛骨のスープでさえ、つい近年までは日本の料理では一般的なものでなかった）。

しかし、こうした「生け贄」や「贄柱」についての理解（曲解）は戸矢学だけのものではなく、たとえば、画家の水谷勇夫（一九二二〜二〇〇五）は、やや刺激的過ぎる題名の、その著書『神殺し縄文』（伝統と現代社、一九七四年十二月）で、こう書いている。

藤森栄一氏も著書『銅鐸』の中で、上社の旧御神楽大夫茅野氏を訪れ、話を聞いた時、茅野氏の談「神使に選ばれた御頭郷《おんとうごう》の十五才の童男のうち、祭後、ふたたびその姿をみたものがない例がうんとある。密殺されたものらしい。そこでその選をおそれて逃亡したり、乞食または放浪者の子を育てておいて、これにあてたことがある」とある。

年端のゆかぬ十五才そこその少年が馬上にくくりつけられ、逆待《ママ》されながら、果ては殺害される。こうした無惨な神事の痕跡を記しているのだが、それが御佐口神の主役、正体であると言うのである。

ここで水谷はいくつかの誤解をしている。御頭祭として祭祀するのは、あくまでも諏訪明神であって、「御佐口神（ミシャグジシン）」ではない。また、十五歳という年齢は昔ならば元服の年であり、決して「年端のゆかぬ」年ではない。菅江真澄も書いているように、八歳の童が、「神使《おこう》」となるのである。

水谷勇夫がこの記述の論拠としている藤森栄一（一九一一～一九七三）の『銅鐸』（学生社、一九六四年八月）には確かに茅野氏の語った言葉が引かれているが、そのこと（「神使」が密殺されること）について藤森氏自身は「馬鹿な、そんな話ってあるものか」と直ちに否定している。そして、神の依代としてのシャーマン的存在が虐待されている例を挙げ、神使虐待がそうした形式の祭式ではないかと論じている。つまり、それは降神して来た神を天上に返すために（神使を俗身に戻すために）、その依代とした身体を虐待するのであり、「生け贄」とか「血祭」といったこととは無関係なのである。

人身御供、人柱、生け贄として人間を屠るというのは、説話や伝説の中にあったとしても、実際の歴史上の事実として明証化されたものはないというのが定説だ。上社の神楽大夫の話には、「六部殺し」のような、〝異人排除〟または〝異人抹殺〟という伝承の伝聞が色濃く混じっていると思われる。幼老の弱者を〝間引き〟したり〝姥捨《うばすて》〟したりする風習が日本になかったとは思われない。しかし、それはそれらの者を「贄」として神前に捧げるということではなく、単に人口調節のメカニズムにほかならない。

生き神と生け贄とは似ているようでまったく違う。生け贄というのも、生きたものを犠牲として屠るものではなく、犠牲とするために、生かしておく（活かす）ことを意味している。料理のために魚や海老などを活かしておく生簀《いけす》といった用法と同じである。

諏訪大社では、上社、下社のいずれも「物忌令」を発令しており、神官の親族の死などによる「物忌」の期間を細かに規定している。忌引きの日数が場合ごとに示されており、いわゆる「黒不浄」を明神が忌避していることがよく分かる。そうしたなかで、あえて神官が「不浄」を犯す殺生に関わるとは思われない。もちろん、それは人間の場合と「生け贄」としての動物の場合ははっきりと区別されているからだ。

「祝《ほうり》」というのは、「屠《ほふ》る」すなわち屠殺する役割の人物のことをいい、時には解体処理までを行う人のことをいう。屠殺する人間が屠殺される動物の側に回ることはない。人と獣の間に明確な一線を画す事が「文化」の始まりだからだ。「神使《おこう》」としての童男がしばしば行方不明となるというのも、それはチベット仏教の活仏（ダライ・ラマ）である「転生霊童」が、その資質がない場合はひっそりと毒殺されるというのに似て、その資質に問題がある場合は、密かに追放されたということを意味しているのではないか。

こうした誤解は、現在の神長官守矢史料館で頒布されている『神長官守矢史料館のしおり』（茅野市神長官守矢史料館、一九九一年）の記述に問題があるからかもしれない。「御頭祭復元」として、藤森照信は、こう書いている。

こうした狩猟祭祀の部分のほかは、なかなか意味がとりづらく、謎にみちている。たとえば、おこうという紅の着物を着た子供を御贄柱とともに押し上げ、その後、立木に縄で縛りつけるのは何故か。かつてはおこうは殺されたと伝えられている。

また、御贄柱の頂部を神長が藤づるの皮を巻いた短刀（藤刀）で刻み付けるのは何故か。神長がミシャグチ神の神降ろしをしてその意向をうかがって占いをする時、剣先板と呼ばれる先のとがった板の頂部を短刀に刻みつけるが、それとよく似た行いである。突起物に刻みをつけ、そこにミシャグチ神を降臨させるということであろう。縄文時代の石棒信仰をしのばせる行いである。

「御神《おこう》」と呼ばれる「神使い」の少年が、贄柱《にえばしら》に括り付けられ、それを男たちが担いで「お宝だ、お宝だ」と言いながら走り出し、神の前庭をぐるぐる回ることや、鹿の生首七十五頭分を供犠とするという叙述が、この前段に記されているのだから、「かつてはおこうは殺されたと伝えられている」という伝聞は、あたかも歴史的な事実であるかのように思われてしまうが、これはあくまでもそうした伝承があるということと、「生け贄」として「おこう」の少年を供犠とするということとは直接的には結びつかない。この藤森照信の文章の根拠となったのは、「洩矢祭政体の原始農耕儀礼要素」（『日本原初考　古代諏訪とミシャグジ祭政体の研究』人間社、二〇一七年）と題される、諏訪信仰の研究者である田中基（一九四一～二〇二二）の研究論文であるかもしれない。その中で、田中基は、こんなことを書いている。

「葛ヲ以テ搦メ、馬ニ乗セ、前宮ノ西南ノ馬場ヲ引廻シ、打擲ノ躰ヲ為ス」（『信府統記五』）という描写によれば、植物霊は、オコウ様は打擲されたのです。そうして「神殿において死んだ者は」という前述の口碑から、内御魂殿（大祝の魂のコモル神殿）で弑殺されたのでしょう。また、『物忌令』の神長本の中だけにある一条「一、社内にて自然人をあやまつ事あらは地五尺掘て可捨也」（これは北村皆雄さんが見出しました。多分、稲魂弑殺の重儀が意味を忘れ去られた時、付加された一条でしょう）によれば、オコウ様の死体は大地に埋められたのです。

これらの事柄から、植物の衰弱する厳冬期を、土室でもって物忌した稲魂である大祝は、春を迎えて、盛大極まる饗宴の後、弑殺され、大地に埋められることによって、新たに大地より蘇生して農耕作物である稲そのものとなって芽を出してくる、と堅く信じられた原始農耕儀礼であったと考えられます。自然へのかかわりにおいてさしだされた原始農耕儀礼において稲魂である絶対少年を弑殺する、せねばならぬという断固たる信念は、僕らの近代的な倫理観で、推し量る事のできない、全く異別な感覚として、謙虚に深くその背景において理解すべきでしょう。

確かに、現在の私たちの倫理感や感覚から、縄文時代から伝統的に保持していた狩猟民の当たり前の感覚や、その精神（魂）を推し量ることには慎重であるべきだし、そうした原始的な思考が失われているということに私たちはもっと謙虚であるべきた。「生け贄」や「犠牲」といえば、ただちに残酷、無惨、血腥い、猟奇的といった形容詞を思い浮かべてしまうのが常識となってしまった時代において、原始的農耕儀礼の残酷さや無残さを評価してはならない。

だが、御頭祭の鳥獣の「生け贄」の献上が、五穀豊饒という豊作祈願の祭事とされているのは、狩猟神としての諏訪明神が、農耕神としての性格を重ね合わせられるようになったからだろう。その分だけ、鹿狩りなどの神事は形骸化され、その狩猟民としての魂は、忘れ去られてしまったのである。「文化」とは、先に示した、夜刀の神の神話で示されているように「山の神＝獣」の世界と人間の世界とを峻別するところから始まる。鹿や猪などの獣の生け贄の延長線上に、人柱や人間の生け贄があると考えることは、少なくとも「文明化（文化化）」した社会においてはありえないことなのだ。

鹿や猪の生首を供えるという「御頭祭」の本質は、農産物（五穀）の再生産のために、農耕神としてウケモチノカミ、あるいはオオゲツヒメを弑逆するという神話的世界の出来事を〝擬《もど》く〟ことであって、「神使い」を「生け贄」として〝屠る〟ということは、象徴的な祭儀として行われるのであり、あくまでも儀式として演じるものなのである。田植え祭の〝性交〟の踊りのように、そこで性交そのものが行われるのでなく、それは豊作の予祝としての〝擬《もど》き芸〟にほかならない。実際の性交や殺生（屠殺）が、〝不浄なこと〟として祭典においてはタブーとされていることは明らかなことである。

オコウが弑殺されるという儀式も、オオゲツヒメやウケモチノカミが、五穀を生み出すために〝殺され〟、五穀や牛馬や蚕《かいこ》として蘇生することと同義なのであり、あくまでもこれは神話の中の〝儀礼的な死〟にほかならないのである。神話的な〝弑殺〟を、現実的な殺人と混同してはならない。ウケモチノカミやオオゲツヒメの弑殺や解体は、象徴的な〝神の死〟であって、動物的供犠がその現実的背景となっており、その「贄」となるべき動物も厳格に規定されているのである。

13 「穴巣始《あなすはじめ》」と「御室御出《みむろおいで》」

ところで、「諏訪神権政治の中枢」であり「受肉の人間神」である「大祝《おおほうり》」の即位儀礼について、田中基は、「穴巣始と外来魂――古諏訪祭政体の冬期構成」（古部族研究会編『日本原初考　諏訪信仰の発生と展開』人間社、二〇一七年）という論文で、こう書いている。

大祝は神氏族の童児より選ばれて、神殿において30日の精進をする。最初10日が外清浄、次の10日が内清浄、最後の10日が己身清浄である。その10日ごとに火と衣服、器物、畳ら全てを交替する。即位（職位）の当日、神殿の西にあるカエデの宮の三本の樹の下、烏帽子状の小岩坐に葦を敷いて坐し、お歯黒など成人戒の化粧をほどこされた後、神長守矢氏より狩衣を着せられる。この時、童児は神になる。そして十三社に詣で土地神にアイサツを済ませた後に大祝の魂床である内御魂《うちみたま》殿に入って「我身は既に大明神の御正躰《ごしょうたい》と罷成候ひぬ、清器《きよつき》中給はりて定《さだか》なり、今よりしては不浄なる事あるべからず云々」（『旧記』）と宣言する。

この大祝と称する現人神の即位式が、天皇家の大嘗祭（践祚《せんそ》の儀式）に通じるものであることは、かねてから指摘されていることだ。大祝になるためには、これだけの精進と潔斎が要求される。何しろ、この職位にはあまたのタブーがつきまとっている。まず、諏訪の国の国境《くにざかい》から出ることが許されず、戦闘に参加することが許されない。潔斎の期間、百日間、日光を見ることがタブーとされ、土地に足を触れることもタブーである（即位式のカエデの宮から内御魂殿に至るまで簀《す》の子の上に白布を敷いて通路とする。足を土につけないのである）。もちろん、性交や婚姻も禁止であり、もし異性との交際を望むならば、大祝の職位から下りなければならない。大祝が童児の中から選ばれるというのも、これだけの精進、潔斎を実行し、禁忌に囲まれていては、成人男子には、それらを遵守することが難しいという意味もあっただろう。

即位式だけではない。年中祭礼の儀式のたびに、大祝には精進、潔斎が要求されるのであり、厳冬期には守屋山の麓、神原《ごうはら》の「御室《みむろ》」という茅で葺いた竪穴斎屋に、ほぼ三か月間、幽閉に近い蟄居《ちっきょ》を強いられる行事があるのだ。これを「穴巣始《あなすはじめ》」という。

この「御室」は、「大穴を掘りてその内に柱を立て、棟を高め、萱を葺きて、軒のタル木《き》土をささえたり」(『諏訪大明神画詞』)とあって、広さは十二畳ほどと考えられている。この「御室」という竪穴斎屋は、神原の一画、内御魂殿と前宮の間の空間に、十二月二十二日に建てられ、翌年の三月末日の「御室御出《みむろおいで》」まで、「大祝」の少年が籠もることになるのだ。その間、大祝は、「御左口神《ミシャグジ》」と、「ソソウ神」という神について祭祀を行う。「ミシャグジ」「ソソウ」とも、由緒も、その性格も不明な神であり、タケミナカタが諏訪明神として、この土地を支配する以前に、現地で崇拝されていた土着神、土地神であると思われる。

鈴木棠三《すずきとうぞう》(一九一一～一九九二)は「諏訪の古俗と祭祀」(『説話 民謡考』三一書房、一九七八年)という文章の中で、「御室」の祭儀についてこう書いている。

ここで行われた祭儀はまったく廃絶したが、もとは十二月下旬数日に亙って、甚だ神秘な一連の祭が行われたのである。祭儀の詳細については、絵詞には『恐レアルニヨリテ是委クセズ』と記し、諸書の記述も一致を欠くが、大体を想像すると、祭に当って出現するソソウ神を御正体として御室に入れ奉る作法が中心であった。ソソウ神の語義が明かでないが、畏ろしい神、或いは崇る神の意味ではないかと思う。大巳祭とも記してあるから、具体的には蛇体であった。

「ソソウ神」は、漢字では「祖宗神」であると推測される。しかし、神事の中でソソウ神が先祖神として意識されることはないと思われる。これは、あるいは『史記』に見られる「胙俎《そそ》」すなわち〝祭祀の際に捧げられる肉〟の意味のことかもしれない。「胙」は日本語としては「ひほろき（ひもろぎ＝神籬）となり、神に捧げる米や餅、肉などの供犠物という意味から転じて、〝神の降臨するための場所〟の意となっていった。

この縄文時代から弥生時代にかけての一般庶民たちの住んでいた竪穴式住居に類似した建物である「御室」の中で、どんな神事が執り行われるのか。従来は、秘事中の秘事とされていたものだが、今ではこんなことが分かっている。

十二月二十三日の夜、小蛇三体が御室内に導入される。これは大県、内県、外県より一体ずつ出され、飾りの麻、紙を出して御房を飾り、神霊をつける時に祝詞《のりと》を唱える。この小蛇三体は、御室の中の萩の座に右から入らせる。左側からは、御笹のミシャグジが入る。

二十五日には、やはり三県から一体ずつ出された大蛇が導入される。体長五丈五尺、太さ二尺五寸で、「又折《またおり》」というものがつけられている。本体（御正体）は、萱《かや》である。この大蛇体を導入し、「むさて」と呼ぶ粧り麻、紙をつけて神霊を付着させ、この精霊を迎えに出た神長、神使が祝詞を唱える。この祝詞が終わった段階で、大蛇は蟠を巻いた形におり重ねられて、榛の木で結び留められる。この一連の神事は夜を徹して行われ、「大夜明」の神事という。

このことから、鈴木棠三が言う通り、ミシャグジ神、ソソウ神は蛇体であることが推定されるのだ。大和の大神《おおみわ》神社のご神体が山そのものであり、また蛇が蟠を巻く円錐形から連想して、大神神社の祭神である三輪明神が蛇体であるというのは、イクタマヨリヒメ（活玉依姫）とオオモノヌシの神話にあるように、蛇と人との異類婚姻譚を示していると思われる（参照・吉野裕子『蛇　日本の蛇信仰』法政大学出版局、一九七九年二月）。守屋山をご神体とする諏訪大社も、諏訪湖に棲む龍蛇の神と考えられ、それが「穴巣始」の神事に反映されていると思われる。

一方、こんな考え方もある。「秘祭」といわれるものには、どこか淫猥なところがあり、それが秘匿、隠蔽される理由になっていることを考えれば、蛇体の「ミシャグジ」は、男性器（男根）を象徴し、「ソソウ神」は、「おソソ」（女性器）というのが俗語（方言）と推定することも可能だ。すなわち、「ミシャグジ」神と「ソソウ神」は、「御室」の中で〝合体〟（性交）するのであって、それが秘儀とされる所以なのである。

天台系の常行堂《じょうぎょうどう》に祀られる摩多羅神《またらじん》の秘儀において、摩多羅神の脇侍である二童子の丁礼多《ていれいた》は茗荷《みょうが》の葉を持ち、爾子多《にした》は笹の葉を持って「シシリシニシシリシ」「ソソロソニソソロ」と歌って、踊る。この唱え言が、女性器（オソソ）の俗語と、男性の臀部（シリ）の卑語であることは明白である。また、伊豆山神社の修正会《しゅうしょうえ》の五日の夜には、摩多羅神の祭りがあり、「マタラ神ノ祭ニヤ、マラニマヒヲ舞ハシテ、ツビニツヅミヲ叩カシテ、囃セヤキンタマ、チンチヤラ、チンチヤラ、チンチヤラ、チヤン」と歌い、踊るという（谷川健一『賤民の異神と芸能　山人・浮浪人・非人』河出書房新社、二〇〇九年）。（註八）

マラ、ツビ、キンタマが、何であるかはいうまでもない。秘儀、秘祭とされるものには、性器信仰や性力崇拝の素朴で原始的な信仰の痕跡がうかがわれるのである。

こうした「御室《みむろ》」と呼ばれる竪穴住居に、「熊子」の名前を持つ大祝が、三か月間、幽閉されるかのように籠もり続けるというのは、私には、熊の冬眠である「巣籠もり」を表現しているように思われてならない。もちろん、蛇類も冬季間、冬眠して過ごすことが知られているが、低温の土の下に蹲《うずくま》ったままで冬眠する蛇と較べて、茅葺きの「御室斎屋」に入って、精進・潔斎をする大祝の「穴巣始」は、洞窟のような穴の中で、何も食べずにうつらうつらしているという、熊の冬眠の姿を模していると考えられ、「御室御出」は冬眠から覚めた熊が、穴から這い出てくる様子をうかがわせるものだ。

雌熊は、この冬籠もりの間に、二頭から三頭の仔熊を産む。大祝の「巣穴」に籠もる儀式が「生まれ清まり」の意味を持っているとしたら、熊の巣籠もりは、まさに「新生」「再生」の意味を持ったものといえるだろう。この「穴巣始」から「御室御出」の神事には、諏訪明神以前、ミシャグジ神以前の、アニミズム、トーテミズムとしての熊神の信仰の記憶が残存されているのであり、きわめてプリミティヴで、縄文的な信仰心に基づいているように思われるのだ。

14 下社の遷座祭

下社だけの独自の祭事として、「芝船祭」がある。これは諏訪大明神が、諏訪湖を統《す》べる神であることを記憶させるための重要な祭事であると私には思える。八月一日に春宮から秋宮へと祭神の遷座祭が挙行される（春↓秋）。これは二月一日に秋宮から春宮へと移された（秋↓春）神輿を、今度は逆に移動させるもので、祭神を祀る神輿に続いて、柴舟が曳かれる。柴舟とは、長さ五尺、一尺角の欅の柱六本を使い、横板で幅五尺、縦一丈の長方形の筏のようなもので、青柴で形を整え、五尺の幔幕を張り、舟の舳先《へさき》と艫《とも》のように設《しつら》えたものだ。柴舟の上には、翁と媼《おうな》の等身大の人形を乗せる。翁は釣り竿を肩に担いでいるから、漁夫ということだろう。この柴舟も、御柱のように曳綱で曳いて移動される。これを伝承では、神功皇后の「新羅遠征」の時の模様を表したものと伝えているが、私は、これはタケミカヅチとコトシロヌシの「国譲り」の神話の場面の再現であると思う（神功皇后の神話がここで持ち出される必然性はない）。

よく知られているように、最初に「国譲り」を、タケミカヅチに迫られたオオクニヌシは、自分には異存はないが、二人の子供神に聞いてほしいとして、コトシロヌシとタケミナカタの名前を挙げた。

記紀神話を読むだけでも、オオクニヌシ＝オオナムチ＝アシハラシコヲ＝ヤチホコノカミと、様々な異名を持つオオクニヌシに子供の神が二柱だけとは解《げ》せない話だが、出雲の国を引き継がせるのは、この二柱の神と決めていたのかもしれない。

オオクニヌシは、自分のための神殿（出雲大社）を作ることを条件に、〝神隠れ〟した。また、国譲りの舞台となった伊沙の浜辺に、コトシロヌシは「熊野諸手船」でやってきたという伝承がある。そして「青柴籬《あおふしがき》」に囲まれて入水死する。

つまり、コトシロヌシを祭神とする下社の「芝船祭」は、この「熊野諸手船」に乗って現場にやってきたコトシロヌシが「青柴籬」を巡らした海中で入水する様子を再現したもので、そうしたコトシロヌシの無念を慰撫するのが目的の祭事であると思われるのだ。そして、「熊野諸手船」という名称から、これらの行事は、出雲の国の「熊野神社（熊野明神）」に関連する祭事であったと考えられる。

また、『日本書紀』の「一書」には、コトシロヌシは、「八尋熊鰐《やひろくまわに》」になって三嶋のミゾクヒヒメ（溝樴姫）またの名をタマクシヒメ（玉櫛姫）と結婚し、ヒメタタライスズヒメ（姫蹈鞴五十鈴姫）を生み、その姫はカムヤマトイワレビコホホノデノミコトの后となった。

「八尋熊鰐」となったのは、タマヨリヒメ（玉依姫）の場合もそうであるから、「八尋熊鰐」は、熊よりも、鰐（鮫）の性格の方が強いと思われるが、「国譲り」「天孫降臨」「神武東征」という一連の日本神話に「熊」という文字は散見されるのである。

伊勢神宮がそうであるように、聖地としての神社が昔から現在の敷地にあったとは限らない。伊勢神宮の場合は、元伊勢と呼ばれる神社（籠《この》神社）が丹後半島にあるし、そもそも倭姫が現在の地に伊勢神宮として宮居《みやい》を定めたのは、各地、各所を転々としたうえでのことだった（『倭姫命世記』〈鎌倉時代中期成立か〉）。だから、熊野大社が、現在の熊野三社の地に昔から鎮座していたと考える必然性

はない。出雲の熊野神社があり、熊野の熊野神社がある（京都には後白河院が勧請した新熊野社《いまくまのしゃ》があ
る）。「熊野諸手船」は、出雲の熊野という地名から名付けられたものにほかならないのである。

15　御神渡《おみわた》り

諏訪信仰でもう一つ、聖なる神事として特筆しておかなければならないのは、「御神渡り」である。これはよく知られているように、冬季間、諏訪湖の湖水が氷結し、氷の膨張によって湖面に亀裂ができ、大音響とともに氷が盛り上がるという天然現象である。

氷点下十度以下の気温が二、三日続くと、諏訪の湖《うみ》は全面氷結し、氷の厚さは一尺ほどにもなり、人馬も歩いて渡れるほどになる。これを、諏訪大社の上社の祭神、タケミナカタノミコトが、下社のヤサカトメノミコトの下に通った通路の跡だとして、諏訪大社の摂社である高島地区の八劒神社（祭神は、ヤチホコノカミ、ヤマトタケル、ホムダワケノミコトとする）の宮司や古役、氏子総代が羽織袴姿に、注連縄《しめなわ》を襷掛《たすきが》けに装い、氷上を歩くという神事が行われるのが「御神渡り」なのである。『諏訪大明神画詞』に、こうある。

毎年臘月中、日限ハサタマラス、極寒ノ時節、日夜ノ間ニ御渡アリ。当社神変不思議ノ専一トシテ、事未断絶セサル所ナリ。上下両社ノ中間ニ五十町湖水アリ。氷閇カサナリテ、厚キ事或ハ四五尺、或ハ三尺余ナリ、氷ノ上ニ雪フリ積ミテ凍彌アツシ、行人征馬ノ通路トシ、犬笠懸ノ馬トス、漁人網ヲヲロストテ、仮令五六尺切ヒラク時、十人計斧鉞ヲモテ、切テ魚ヲトル。然ニ神幸ノ跡ハ広サ四五尺、南北ハ五十町アキテトヲレリ、其水水底ニイラス、両方ニアカリテ山ノ如シ。又佐久ノ新開社ハ行程二日計リ也。彼明神ト郡内小坂ノ鎮守ノ明神ト、二神湖中ニ参会アリ。然ハ大小通

御神渡り（鳥居龍蔵『諏訪史』信濃教育会諏訪部会、より）

路三ノ跡、辻ノ如クニシテ歴然タリ。誠ニ人力ノ及所ニアラス。又神幸畢《おえ》テ、浜神ノ鳴動数十里ニ及フ、其声ヲ聞テ諸人群衆シテ是ヲ拝ス。

だが、諏訪大社のタケミナカタとヤサカトメが、あるいは甲賀三郎と春日姫（第四章、後述）とが、それぞれ別々の上社と下社の祭神として別れ別れになって祭られたのはなぜか（夫婦神が一所に祭られることは多い）、とか、他の併存する神々（下社のコトシロヌシ）との関係がどうなっているのかと考え始めれば、単にこれを、上社の男神が、下社の女神の下に通うといった、微笑ましいだけの神話伝承として納得するわけにはいかない。

『画詞』にある「佐久の新開《にいさく》社が今の「新開三社神社（佐久神社）」だとしたら、祭神はタケミナカタの子供であるオキハギノミコト（興波岐命）であり、「小坂ノ鎮守ノ明神」が「建御名方富命別神社」のことだとしたら、祭神はタケミナカタだから、自分が自分に会いにゆくのか、親子の出会いか、よく分からないこととなる。

諏訪湖を南北に走る一之御渡り、二之御渡りの下座と上座の地点を検分し、東西を貫く佐久之御渡りと交差する地点を確認し、「を神」と「め神」の夫婦神の行き来した所として祓い清める神事を行うのだが、そもそも諏訪明神の「御正体《みしょうたい》」を「龍神」とする言い伝えも多く、『画詞』の中にも蝦夷征伐の時に「或夜深更ニ当社殿ノ上ヨリ、明神大竜ノ形ヲ現在テ、黒雲ニ賀シテ、艮《ウシトラ》ノ方ヲサシテ向給ケル。諏訪ノ内、山河大地草木湖水、皆光明ニ映徹セリ」とある。「御神渡り」も恋の通路などではなく、龍蛇神ののたうつ痕とする見方もあり、また諏訪明神の眷属である「狐」の奔走した跡とする説もあって、簡単にはその縁起を定めることはできないのだ。

神事の縁起だけでなく、祭りの期日も不確定だ。湖の氷結自体が天然現象であるから、一年の行事であっても、何月何日に行うといったことは一定していない（平均的には一月三日頃に凍り始めることが多いという）。天和二年（一六八二）以来の「御渡帳」には、何月何日に御神渡りの神事を行ったかが、記録されて保存されており、それは記録者が変わっても、代々引き継がれている。

八劒神社は、もともとは諏訪湖のほとりの高島村に鎮座しており、「御神渡り」の神事を主宰していたが、神社が諏訪市小和田の地に移された後も（高島村の神社の跡地に築かれたのが、高島城）、拝観神事は八劒神社とそこの元住民によって担われてきた。

「御神渡り」の結果は、諏訪大社上社の神楽役茅野外記太夫に報告され（「御渡帳」に毎年の御渡りの日時などが記録される）、そこから諏方大祝に、そして高島藩の奉行所に届けられるという段取りとなっていたが、明治初年に茅野家が諏訪大社の職を退いたことから、一時中断されたが、それ以降は小和田の住民が、諏訪大社に直接報告するということで、現在までも繋がっている。「御渡帳」には、御渡りの記録とともに、農作物や、米価、災害や飢饉の記録まで記されており、農作物の作柄や天候などの占いなども記されるようになった。

しかし、近年は温暖化の影響により、諏訪湖が凍らない「明けの海」の年も多くなり、「御神渡り」の神事も存亡の岐路に立たされているといってもよいのである。

この神事が諏訪神社の上社・下社のいずれでもなく、摂社の八劒神社の祭官、氏子たちによって行われるのは、諏訪氏が一時諏訪地方を離れたことと、諏訪神社の祭事を仔細に記録した『年内神事次第旧記』や『諏訪神社祭典古式』（いずれも『諏訪史料叢書』巻二）にも書かれておらず（後者に「七不思議」の一つとして「湖水神事」とあるだけだ）、諏訪信仰の一部ではあっても、諏訪神社の執り行う正式の祭事ではなかったからだ。つまり、これはあくまでも摂社の執行する行事であって、直接的に諏訪大社に関わるものではないのだ。「御神渡り」の伝承は、タケミナカタや甲賀三郎の神話以前に、諏訪湖に伝わっていた伝承だと考えることができる。

16　諏訪武士王国という体制

古代、諏訪地方には「諏訪王国」が君臨していた。諏訪明神＝タケミナカタが、土着神＝漏矢《モレヤ》神＝ミシャグジ神の勢力を敗北させて以来、明神の現人神である「大祝」としての諏訪氏は、守矢氏などを配下に従え、神官＝武人としての諏訪王朝を築いたのである。彼らがその祭事として、合戦の模様を髣髴とさせる狩猟神事を伝統的に行い続けてきたのは、軍事体制、武力による「くに」の体制維持を究極の目的としていたからである。

中世の諏訪信仰は、神仏混交の本地垂迹説の影響を受け、上社のタケミナカタは普賢菩薩、相殿《あいどの》は薬師如来として本地仏が定められた。下社の本地仏は千手観音である。神仏分離令以前には神宮寺があり、そこに出入りする僧侶たちも少なくなかった。

だが、神官たちは殺生を嫌う仏教的信仰に影響されることなく、狩猟神としての諏訪大明神の狩りの神事を継続させることで、武士集団としての「諏訪軍団」（神党）を形成したのである。

『諏訪大明神画詞』には、国内外の敵との合戦に明け暮れる諏訪明神の活躍を描き出した。一つは、神功皇后による「三韓征伐」の合戦、二つ目は蒙古来襲の国難時、三つ目は東北の蝦夷（アイヌ）の叛乱時である。いずれも、諏訪明神＝大祝の軍隊は、神功皇后、坂上田村麻呂の戦陣にあって、賊軍と戦い、殊勲を上げたことが書き留められている。その意味では、諏訪王国は「ヤマト」の王権の軍門に下ったのである。

とりわけ、蝦夷の潜王・高丸との戦闘は、最終決戦ということではないが、ヤマト民族とアイヌ民族との熾烈な戦いがあったことを歴史上に証明している。

異民族の征伐に、諏訪大明神が関わっていたと見られることは、興味深い。記紀神話の天津神と国津神との抗争の背後に、天孫族である「ヤマト」王朝の勢力拡大を見ることは常識化しているが、隼人《はやと》、熊襲《くまそ》、国栖《くず》、佐伯《さえき》、土蜘蛛《つちぐも》、蝦夷《えみし》などが、「ヤマト」王権の側から見た「化外《けがい》の民《たみ》」であり、異族（異民族）にほかならなかった。だから、彼らは「隼」「熊」「蜘蛛」「蝦」といった非人間的な野鳥や野獣や虫魚の名前を冠せられたのである。

ただし、最も遅くまで「ヤマト」政権に服属することのなかった「蝦夷」の場合は少し事情が違うかもしれない。彼らは夷狄《いてき》として、半ば野獣視されながら、陸奥《みちのく》の世界を確実に支配していった。それらまつろわぬ「化外の民」に対しては、懐柔や欺瞞や攻撃などのあらゆる手段によって、征伐（征服）しようとしたのが「ヤマト」政権であり、それは鎌倉時代から江戸時代にかけてまで、「征夷大将軍」が日本列島の最高位の権力者として君臨することで、「征服王朝」としての性格を持ち続けていたのである（中世以降の諏訪氏の動静については、今井野菊〔一九〇〇～一九八二〕の『諏訪物語』〔国書刊行会、一九七五年〕に詳しい）。

註一　イギリスに熊がいない理由を寓話的に描いた短篇集『イギリスにどうして熊はいなくなったか』（ミック・ジャクソン〔一九六〇～〕、田内志文訳、東京創文社、二〇一八年八月）は、近代化、都市化の社会の中で「熊」がいなくなってしまうことを描いた連作短篇集である。また、イタリアのディーノ・ブッツァーティ（一九〇六～一九七二）は『シチリアを征服したクマ王国の物語』（天沢退二郎・増山暁子訳、福音館文庫、二〇〇八年）を書き、あまりに人間に近付きすぎた熊たちが、「山」へ帰ってゆくという、やはり寓意的小説を書いている（同題の長篇アニメーション映画がある）。人獣相姦譚として英文学史で有名な作品としてバーネットの『狐になった奥様』（安藤貞雄訳、岩波文庫、二〇〇七年）がある。

註二　歌舞伎踊りの演目の「連獅子」や「鏡獅子」では、赤と白の長い毛の鬘を被った踊り手が舞うが、これを赭熊《しゃぐま》という。もともとは赤熊（ヒグマ）、黒熊（ツキノワグマ）、白熊（コグマ）などの毛のことを言ったが、幕末に官軍が被ったことで、勤皇派の象徴となった。熊の毛ではなく、チベットなどの寒冷な高地に住むウシ科のヤクの毛である。

註三　十三社とは、諏訪大社と関係の深い、近在の十三か所の神社、神祠のことをいう。戸《ところ》大明神―戸政社。前宮大明神―上社前宮拝殿。磯並大明神―磯並社。若御子大明神―若御子社。柏手《かしわで》大明神―柏手社。楠井《くずい》大明神―葛井神社。大歳《おおとし》大明神―大年社。御座石《ござせき》神社。荒玉神社。千野川《ちのかわ》大明神―千野川社。瀬《せ》大明神―瀬社。溝上《みぞかみ》大明神―溝上社。穂謨《ほまた》大明神―穂股社。玉尾大明神―玉尾社の十三社である。

註四　「熊子（熊古）」という名前で、私が思い起こすのは、蘇我馬子のことだ。蘇我稲目―馬子―蝦夷―入鹿といった名前は、『日本書紀』の作者が侮蔑的な意味で付けた呼び名だろう。大化の改新によって中大兄皇子（天智天皇）や中臣鎌足側に暗殺された馬子の孫の入鹿は、日本史上の最大といっていい悪役であり、獣（馬、入鹿）や虫（稲目→稲子＝蝗）、異民族（蝦夷）と呼ばれたのは侮蔑語であり、貶称にほかならない。「熊子」の場合は、畏怖感とともに、その強さを強調したための呼び名であったと思われる。

註五　「千頭鹿」は、千頭の鹿という字を当てられるが、チカト神社、智賀都神社など、類音の名前の神社が、諏訪信仰圏の内外に存在する。諏訪神社の摂社や末社と考えられる。

註六　アメノヒボコについては、拙著『海峡を越えた神々　アメノヒボコとヒメコソを追って』（河出書房新社、二〇一三年）

で論じたことがある。肉食のタブーがもたらされたことと、金属器文化、稲作農耕文化は、起源を一にしているのかもしれない。

註七　この「蛙狩神事」を含めて、「諏訪の七不思議」といわれる伝承がある。それは、

①正月一日之蝦蟆狩之事。蝦蟆神成大荒神、悩乱天下時大明神彼ヲ退治御座し時。四海静謐之間、陬波ト云字ヲ波陬と誤り、口伝多し。望人ハ尋へし、于今年年々災を除玉ふ、謂ニ蟇狩是ナリ。

②寒気之御渡。忝も御神体之御通ある跡、御ヒハラノ。カンキ申せは疎なり。直ニ神体をおかみ奉る。望人ハ以参可□拝也。口伝有之。

③正月十五日筒粥。葦を切て束縛之、五穀を入之煮ハ其年之可豊饒ハ悉彼筒中ニ入る、不然一粒も不入也。土民等是を心得作也。

④楠井池幣・御穀・酒。十二月晦日夜寅刻ニ奉入レハ遠江いまの浦見付郡猿擲池ニ正旦卯刻ニ彼幣酒穀彼池浮宮人取上拝ス。楠井閑與猿擲池之間七日路あり、只一時に通する也。

⑤高野之鹿之耳之裂たる事。天竺鹿野苑より御供之鹿也。

⑥御作久田。六月晦日に苗をうゆれは一夜に熟味と成禽獣不服之成御穀。

⑦御射山ニ不種麻之おゆる事。此山を号理趣会山、此山不地振、無蛇蝎蚊虻下三宝会之暁説法砌にナリ。一度此地を踏ぬれは不随悪所、今此山社参人等生類必三会暁証法之砌ニ可出也。就然今調新衣服社参之儀是ナリ。惣而四七不思議在リ。望人ハ可尋。

⑧真澄鏡不思議　八栄鈴不思議　惣而二十八不思議御

　このうち、「御神渡」「元旦の蛙狩り」「五穀の筒粥」「高野の耳裂鹿」「御作田の早稲」は、それぞれ「御渡」「蛙狩神事」「筒粥神事」「御頭祭」「御田植祭」の神事・祭事に関わるものである。（『諏訪史料叢書　第三』に拠る）

註八　摩多羅神の秘儀については、拙著『闇の摩多羅神』（河出書房新社、二〇〇八年）の中に記述がある。密教や立川流密教の影響があると考えられる。

第二章　イオマンテの夜

1　熊送り

現代の日本人は、血の穢れ、赤不浄といった仏教や神道の宗教的な教えによって、「生け贄」「犠牲獣」についての敬虔な信仰心を持つことができないように教育され、ある意味では洗脳されていると思われる。

アイヌの「熊送り」（イオマンテ、イヨマンテとも）の祭儀では、諏訪大社の御頭祭《おんとうさい》が「生け贄の物忌《ものいみ》」とした熊の頭（頭骨）が重要な祭物となっている。

北方民族誌の研究者の佐々木史郎（一九五八〜）は、「北方諸民族におけるクマ送り儀礼」という論文で、熊送りには、「山グマ儀礼」と「飼いグマ儀礼」という二つのタイプがあると述べている。「山グマ儀礼」とは、山の狩りで撃ち取った熊をその場で解体し、毛皮を剝いで、その肉を狩人全員で共食する時の儀礼をいい、「飼いグマ儀礼」とは、仔熊をわざわざ生け捕りにして、一、二年、食餌を与えて飼育し、ある程度育ったその仔熊を、村の中で殺してお祭りするというものだ。後者の儀式を「イオマンテ」といい、前者は「オプニレ（ホプニレ）」といってはっきりと区別される。

熊がまだ冬眠から覚めない時期に、春の穴熊狩りがあり、長い冬籠もりのために秋に喰いだめした栄養が消費され、体力の衰えた熊を穴の前で待ち伏せて、狙い撃ちをする（穴熊狩りである）。その仕留めた熊をその場で祭壇を作り、毛皮を剝いで解体し、天の世界へ送り届けるのが「オプニレ（ホプニレ）」である（加藤公夫〔一九四六〜〕編『十勝のアイヌ民族』北海道出版企画センター、二〇二二年）。

後者のイオマンテは、アイヌの各集落で行われるが、それだけではなく、ニヴフ（昔、ギリヤークと呼ばれていた北方少数民族）の場合も、「飼いグマ儀礼」があり、それは冬の間に冬眠中の雌グマの巣穴の中から仔熊を連れ帰り、それを一年ほど飼育して、儀礼を行うとしている。ただし、狩りがあまり得意ではないニヴフ（もともとは、海獣の狩猟や漁撈中心の生業を営む民族とされている）は、儀礼用の仔熊を購入してくる時もしばしばあるようだ（これはアイヌの熊送りではありえないことだ）。

最初に、熊送りが始まる前に、ニヴフの人たちは輪になって、ぐるぐると踊りまわる。手をつないだ踊りの輪が切れて、先頭の二人が門を作り、そのなかを人々が抜けてゆくと、くるっと裏返ってまた輪となり、踊りを続ける。

祭りの主人の家で、熊送りをする熊のお披露目がなされる。それから熊を外に連れ出し、柱を太鼓として叩き、そのリズムに合わせて、みんなは熊を連れて踊る。この後、弓矢を熊の胸に打ち込み、殺す。その時、わざと急所をはずし、儀式を長引かせ、最後に正確にとどめをさす。それから、熊を解体して、熊の頭付きの死体を家の中の梯子状の木の祭壇に架けるようにする。最後に、熊の肉をみんなで食べる儀礼を行い、頭骨以外の骨は丁寧に集めて、村の中に埋葬する。頭骨は、皮を綺麗に剝いで、白樺の幹で作った祭壇に安置するのである。

ニヴフの熊送りでは、アイヌのイオマンテのように、イナウ（木幣＝木を削った祭具）で飾った祭壇（幣棚＝ヌササン）は作らないが、熊の頭骨を重要なものとして、祭壇に安置しておくということは、アイヌのイオマンテと共通していると、佐々木史郎は前記の論文で書いている。

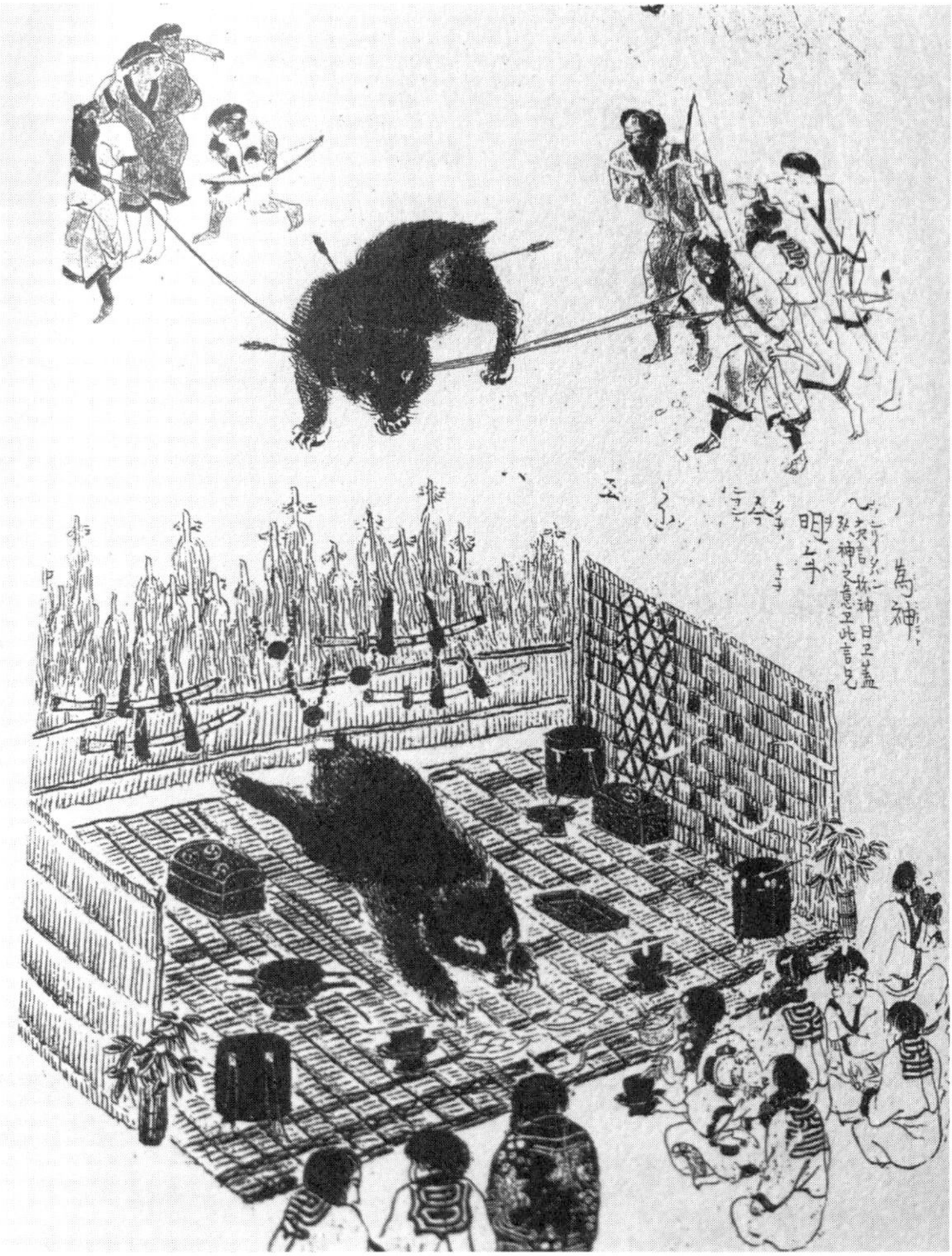

イオマンテの図

もう一つ、やはり北方少数民族のハンテ人の熊祭の様相も見ておこう。ハンテ人は、シベリアのタイガに住む、ハンガリー人と同系のフィン・ウゴール語派の人々で、アジア系である。現地調査を行った、民俗芸能研究家の星野紘（一九四〇〜）は、「西シベリアの熊祭り」（『暴れ牛と神さびる熊　供犠と霊送りの民俗誌』国書刊行会、二〇一七年）で、一九九八年十二月に現地で見た祭りについて、こんな風に記述している。

祭りの対象となる熊は、巣穴などで猟師に捕えられ、撲殺され、解体され、頭部だけが村の中に運び込まれる。祭場となる家の中に、それは安置され、それから数夜にわたって飲めや歌えやの饗宴が始まる。その時、すでに殺害されている熊は、赤ん坊として生き返らされる。そして、自分が誕生してから、死んで、今のように祭られることに至るまでの生涯譚が、「熊の歌」として、縷々、歌い続けられる。この間、踊りや仮面の寸劇、森、湖沼、河川などのさまざまな精霊たちの演目が延々と繰り広げられるのである。

「熊の歌」は、熊の霊が憑依したシャーマンが歌うもので、熊自身の語りであると信じられている。たとえば、それはこんなものだ。

ペリムの神様がその懐の中で、金の糸玉を寵愛していた。神が眠っている間に、その金の糸玉は仔熊に姿を変え、川の上流を遡った。一歳となり、二歳となり、三歳になると、仔熊は獰猛な、図体の大きい獣に成長し、人間の納屋を襲ったり、トナカイの群れを襲ったりして、人々に危害を加えるようになった。はては、ペリムの神様に歯向かうようにまでなった。そんな折、熊は猟師に見つかり、仕留められるハメとなってしまったのだ……。

祭壇上にある熊の頭が、珠玉のように可愛かった仔熊の時代を懐かしみ、成獣となってからの自分の乱暴な振る舞いを、反省するように物語るのである。

この伝承を紹介している星野紘は、こうした熊の自分語りが、亡霊が出現して、自らの怨念や愛着の残る心の中を物語る、能楽（謡曲）の複式夢幻能の形式と近接していることを指摘している。ワキとツレの前に、シテとしての亡霊が現れる。前シテとして生きている人間として登場した者が、後シテでは、亡霊としての本性を現す。こうした展開の構造は、確かに「熊の歌」の表現方法と似通っている。

しかし、それよりも前に、ハンテ人と同様な熊送りの習俗を持つアイヌとの比較が重要であると思われる。

アイヌのイオマンテについては、現在までも祭りの際のカムイノミ（祝詞《のりと》）が伝わっている。「アベヘコテ」はイオマンテの前日に、最初の火の神へ捧げる祝詞であって、祭りの当日にも火の神への祈りの言葉は捧げられる。「ヌサコロカムイ」は外の祭壇を司る神への、「ハシナウゥカムイ」は、狩りを司る神へのそれぞれの祝詞である。「チセコロカムイアノミ」は、家の守護神への、「ワッカカウシカムイ」は、水の神への祈りだ。それらのカムイノミの中で、森の神に対する「シランパカムイ」は、こんな具合だ。

樹木の神　森の神　遠慮と供に　ではあるけれど　熊の神様　神の子供を　育てていたので　あったけれど　仔熊の神は　神の父や　神の母の　ふところへ　帰りたい　ようす　なので　おいしいお酒　それと合わせて　エカシの手元　手元の上へ　降ろされた　垢の着かない清いイナウ　少なからず　揃えました　団子なども　山ほどに　つくりました　このようにして　今日の日に　神の国へ　帰らせる　お互いの神　言葉をかわし　いいことづけを　天の国へ届けてください　神の子供が　静かに遊び　ゆっくりと走る　ように　いい聞かせて下さいませ　最も位の高い神　森の神

様が　ほめそやされる　ことでありましょう　私は礼拝いたします

（萱野茂『カムイノミ祝詞集』二風谷アイヌ資料館、二〇〇〇年）

祭りの前日からカムイノミは始められ、当日は仔熊を中心に置きながら、「家の神」「火の神」「水の神」「祭壇の神」「狩りの神」「森の神」などへ次々と神に捧げる祝詞が朗唱される。「捧酒箸《イクパスイ》」で酒を捧げながら、イナウで飾られた祭壇の前で厳粛なイオマンテは行われるのである。（註一）

2　精霊としての熊

熊送り（イオマンテ）において、アイヌの場合、またはニヴフ、ハンテ人の場合も、熊の頭部、頭骨を大事にしていることが共通している。熊の肉、熊の毛皮は食用、着用として有用なものであり、熊の胆《い》のような内臓も薬用になるものだ。だが、熊の頭部は精霊的な価値を持ち、熊送りの儀式において象徴的な意義を担っている。このことについて、星野紘は、こう書いている。

この部分（熊祭の演目が尽きると、熊も果てるということ――引用者註）の説明としてチモ・フェイ・モルダノフは「熊は死ぬ」「熊が埋葬される」と、人間の死、葬儀のアナロジー（類推）のように記していた。ここの理解がむずかしい点で熊祭りの意義の肝要なところである。この後、熊の霊魂の一つが居住民の守護霊と化し、また別の霊魂が、ハンテ人が天界の最高神とみなすヌミ・トルムの坐す天界へ持ち去られる。

つまり、熊は殺され、祭られることによって、肉体から離れ、霊魂、精霊となって、人々の守護霊となったり、最高神の住む天上の世界へと移り住むことができるのだ。アイヌの場合も、イオマンテは、単に犠牲としての熊を殺害するだけのことではなく、殺害することによって、その霊魂を熊という肉体から離れさせ、その霊魂を高い山の上の世界、すなわち天上界、霊界（あの世）へと送り込む儀式なのだ。

ネリー・ナウマン（一九二二〜二〇〇〇）は、その著書『生《いき》の緒《を》　縄文時代の物質・精神文化』（檜枝陽一郎訳、言叢社、二〇〇五年）に、こう書いている。

（動物の頭骨を並べた遺跡には——引用者註）今日では、少なくとも一定の「祭祀および儀式上の意味」があった点は了解されている。ユーラシア北部や北アメリカの森林地帯に住む狩猟民の習慣ならびに信仰を比較すると、意図的に置いたこれら熊の頭骨はほぼ確実に、動物の骨、わけても頭骨といわゆる「自由霊」とが関係するというひろく分布する信仰の最古例であるのがはっきりする。骨を（または頭骨だけでも）適切に尊敬をもって埋葬すると、「自由霊」は全生物が出生した場所へ戻っていき、その動物はその場所から再生してくる。

熊、すなわちアイヌにとってのキムンカムイ（良い神）は、部落の人々に熊肉と熊の毛皮を土産に持ってきてくれたのであり、だからアイヌの人々は、祭壇を多くのイナウで飾り、酒でもてなして熊の霊魂（自由霊）をこの世から送り出してやるのである（なお、人を襲ったり、食人をするような熊は、ウェンカムイ〔悪い神〕であり、荘厳な熊祭をしても「あの世」に送ってやる必要はない。マタギの熊猟の実態については、小説内の描写であるが、熊谷達也の『ウェンカムイの爪』〔集英社文庫、二〇〇〇年〕や『邂逅の森』〔文春文庫、二〇〇六年〕などに詳しい）。

前述の引用文に続けて、星野紘は、こう書いている。「動物としての熊が何か霊的存在に転生して行くというこの構造はハンテ人の場合もアイヌ人の場合も共通する。つまり、双方の熊祭において熊は、生理的な死と霊に昇華して行く死のいわば二度の死の道を辿るものと言え、その二度目の死に至る過程において歌や踊りの演目が欠かせない存在となっている」と。

この熊送りについて、トナカイが供犠とされることがあることは注目される。なぜならば、熊が弑殺されるのは、「山の神」のような神霊に対する供犠ではなく、熊の精霊そのものに対する〝魂送り〟であり、トナカイはそうした〝熊の魂〟を送る祭事のための「生け贄（動物的供犠）」にほかならないからだ（こうした熊以外の動物を供犠とすることはアイヌのイオマンテでは見られない）。

ここでハンテ人の熊祭で、犠牲とされた熊が、自身の生涯を顧みて、「熊の歌」を延々と歌い、語るという演目があることにもう一度、着目せずにはいられない。なぜならば、アイヌにも熊自身がイオマンテに至るまでの来歴を語る「熊神」の神謡（カムイ・ユーカラ）があるからだ。

アイヌ文化の研究者の久保寺逸彦（一九〇二～一九七一）編訳の『アイヌの神謡』（草風館、二〇〇四年）には十編の〝熊の神の自叙〟の神謡（カムイ・ユーカラ）がある。

その一つ、「山（熊）の神が狩人に護られて、妻と共に祭られる話」と副題の付けられた話がある。「私は山岳を領有する神である」と名乗り上げ（この時、自分が熊すなわち、キムンカムイであることを絶対に言挙げしない）、自分が大切に扱っていた妻が、自分が留守をしている間に、仔熊を家に閉じ込めたまま、人間の村に遊びに行って、帰ってこないことを聞かされる。あわてて家に帰ると、仔熊は泣きわめきながら、窓や戸口を引っ掻いているところだった。

「私」は仔熊を背中におぶり、人間の村を破壊してやろうと、村へ下りていった。そこに狐が飛び出してきて、じゃれあうようにしている間、立樹の陰から二人の狩人が引き絞った弓矢の先がちらっと見えたと思うと、「私」の体にずぶっと突き刺さった。その時、矢に塗られた附子《ぶし》の毒は、「私」の身体を駆け巡っていった。狐に足をとられた「私」はどっと斃《たお》れざるをえなかった。そして「私」は、意識がなくなり、うつらうつらと夢の中を漂うようになった。この場面を、アイヌ語学者の久保寺逸彦の文語自由詩風な別の訳文で示せば、

ふと目覚むれば／かくありけり、／一本の立樹の枝の上に／手をだらりと下げ／脚をぶらりと下げて／我ありたり。／その傍に／我蘇生したるなり。／我が下を見れば／大いなる老熊が／神さびて／神々しき姿にて／身を横たへて／ゐたりけり。

これは、熊の側から見たイオマンテの儀式である。熊は広場の真ん中に連れてこられ、弓矢で射殺されて、毛皮を残して解体され、架け木の横棒に両方の前足を架けて、だらんと吊るされるのである。神謡は、次のように続く。「私」が下を見ると、どこの熊だろうか、大きな熊が神々しい姿で身を横たえている。その雄熊の上には一匹の仔熊が遊び戯れていた。老熊の身体はその場で解体され、熊を射た二人の狩人の兄が、皮を付けた熊の頭を背負い、村に持ち帰る。また、他の人間たちはその仔熊を村に連れて帰り、飼い熊として二歳ほどになるまで育て、イオマンテの対象とするのである。

山の中で弓矢によって射殺された「私」は、「ホプニレ」の儀式によって天の国に送り届けられるのだが、精霊となった彼は、自分だけではなく、自分の妻や息子の仔熊も人間の世界で歓待を受けている状態を知るのである。妻熊は、こういう。「私は、人間の酒や人間の木幣が欲しくて堪らなくて、人間の村里へ遊びに出掛けたところ、私の侍《かしず》く夫の神は、それを怒って、人間の村を破壊しようと思って山を下られたと聞きました。もし、一度、その様な禍事をし出来《でか》したら、熊の神がどんなに

重い神であっても、陰湿の冥府《ティネ・モシリ》―地獄の底《ポックナ・モシリ》へ堕されるに違いないと、狐の神＝脚軽彦・脚速彦が危ぶみ惧れて、あなたをうまく騙し欺いてくれました。そのお陰で、やっとあなたは穏やかな心になれました」といい、自分より先に、夫の熊神を熊送り（ホプニレ）してもらい、後に残す熊夫婦の仔熊を懇切に育ててくれるように、よく頼んで、土産に酒や粢《しとぎ》を貰って帰ってきたというのだ。やがて、いつもと変わらずに暮らしている自分たち熊夫婦の下に、仔熊も、土産の酒や木幣（イナウ）・粢などを山のように貰って人間のところから帰ってきたのである。

　これはもちろん、〝仮装〟である熊の姿（熊の毛皮、熊肉）を人間の世界に置いてきて、霊の世界において夫婦、親子として暮らしていることを意味している。つまり、雄・雌の夫婦熊とその仔熊の三頭とも、人間の手にかかり、殺害されたことを、この神謡は、熊の視点、立場からそれを物語ってみせたのである。それは熊にも霊魂があって、熊祭（イオマンテ）は、その外側の毛皮を脱がせ、肉を剝落させせて、まったくの霊魂的存在となった「私」を一人称語りで語ってみせたのである。それは私たちの人間としての優位性や、独りよがりの自負心といったものを打ち砕く。熊と人は、祭る者と祭られる者、殺す者と殺される者との、いつでも反転しうるような精神のカラクリを密かに持ち続けているのである。

3　熊送りの起源

　ところで、アイヌのイオマンテ（熊祭、熊送り）は、いつ頃から始められていたものだろうか。もちろん、はっきりした開始の時期が分かるはずもないが、遺跡の中から熊の頭蓋骨、頭骨が見られる場合、そこで熊送りの儀式が行われていたという可能性が高い。宇田川洋（一九四四〜）の「考古学から探るクマ送りの起源」（木村英明・本田優子編『ものが語る歴史13　アイヌのクマ送りの世界』同成社、二〇〇七年）によれば、考古学の観点から、五つの認定条件を満たせば、その遺跡で熊送りに限らず、「送り儀礼」とか「動物送り」が行われていたと考えることができるとしている。

① 頭骨、頭蓋骨があること。
② 特定の部位（四肢骨など）が複数まとまって出土すること。
③ 骨が配列されたような状況にあること。
④ 配石や溝・壇などの施設（遺構）を伴うこと。
⑤ 脳髄をとり出すために頭に穿孔されていたり、骨が焼けていたり骨に加工が行われていること。

この五つの条件のうち、最低二つ以上を認めることができたならば、そこで「動物送り」の儀式が行われていたと考えることが可能である。動物の骨は、熊、鹿、猪、犬、オットセイ、シャチなどが考えられる。網走市にあるオホーツク文化の代表的な遺跡であるモヨロ貝塚の10号竪穴からは累々と配置された熊の頭骨が出土している。網走市内の理髪店の店主だった米村喜男衛（一八九二〜一九八一）が、網走の海岸で発見し、コツコツと発掘していた遺跡であり、オホーツク文化、オホーツク人の存在を日本列島の歴史の中に定着させたという意義を持っていた。

また、常呂町の栄浦第二遺跡からは、熊の頭骨十四個体が出土している。竪穴住居の跡の片隅にまとめて置かれたということは、単に狩猟の獲物の（食用に）不用で不向きな部分を廃棄したというより、やはり何らかの儀式的な要素があり、そこに原始的な信仰的なものがあったと考えられる。これらの遺跡を残したのは、オホーツク人といわれる人たちで、オホーツク文化の担い手として知られる。アイヌとは異なった北方少数民族で、ギリヤークといわれていたニヴフの人たちのように、主に海洋動物（セイウチ、アザラシ、オットセイ、トドなど）の狩猟と漁撈とを生業としていた人々のようだ。

湧別《ユウベツ》町の川西遺跡からは、セイウチの牙製の熊の彫り物が発見されている。また、枝幸町のホロベツ砂丘遺跡からは熊の座像が出土している。アイヌは木製であれ、骨角製であれ、基本的に熊の彫り物のようなものは作らないとされているから（北海道土産としてよく知られている木彫りの熊の置き物は、明治時代に八雲の徳川農場の和人たちによって制作が始められた（註二））、これらのオホーツク人は、アイヌとは直接的には繋がらないものと考えられる。

オホーツク文化は、サハリン（樺太）や北海道オホーツク海沿岸（道東、道北）、千島列島の島々に広まった文化で、五世紀から九世紀にかけての時代で、日本史の分類でいえば、古墳時代から飛鳥、奈良、平安時代に相当する。オホーツク文化は、擦文《さつもん》文化に続き、道南地方の続縄文文化と並列的に進行していたと考えられる。

日本「内地」の縄文文化の遺跡からも、動物の頭骨を祭祀のために並べたと思われる出土品が見られることが多い。日本各地の遺跡において、鹿や猪をはじめとした動物の頭骨や各部位の骨が出土されている。もちろん、その中にはツキノワグマの骨も混じっている。たとえば、栃原岩陰遺跡からはニホンジカ、イノシシ、ニホンザル、ノウサギ、ツキノワグマ、ムササビ、テン、ニホンカモシカの骨が見つかっており、また珍しいものとしてはキツネ、イヌ、リス、オオカミ、カワウソの骨もあった。また、遺跡によっては、シャチ、イルカ、アザラシ、トド、オットセイ、クジラなどの海棲哺乳類のものもあった。

ただし、動物の骨は酸性土の中では溶けてしまうことが多く、貝塚のようにカルシウム分の多い土中では骨角器のようなものも比較的残される。この遺跡の出土品としての動物の骨では、動物送りの儀式が行われていたのか、単に食用できない部分を廃棄したかは判別できない。

明らかに祭祀的なものとして考えられるのは、オホーツク文化の遺跡の猪の頭骨、鹿の頭骨が複数並べられるように埋められていたケースである。

諏訪湖周辺の遺跡では、縄文中期から晩期の石棒や石皿、土器、土偶が多く、動物祭祀の痕跡ははっきりとした形では見つからない。もちろん、これは動物祭祀がなかったことを証明するものではなく、それが火山灰地の地質の多い日本の内地の遺跡では残りにくかったということを表しているだけだろう。縄文遺跡から出土する土偶や土器の文様や形態を見ても、それらが単に生活用として実用に使われただけではなく、何らかの祭祀的な用途に用いられたことは明らかであり、そこに動物的供犠があったことは当然というべきなのだ。

4　フレイザーと熊神

ところで、アイヌのイオマンテのように、熊自体を神として崇めながら、それを弑殺《しいさつ》し、肉や毛皮を重宝するというこうした「熊送り」の考え方を、〝肘掛け椅子の文化人類学者〟ジェイムズ・フレイザー（一八五四〜一九四一）は、やや理解しがたいものとして認識していたようだ。

彼の大著『金枝篇』（第四巻、永橋卓介訳、岩波文庫、一九五一年）の第五十二章「神的な動物の屠殺」の、その五「神聖な熊を殺すこと」において、フレイザーは、バチェラーの論文を基にしてイオマンテについて書いているのだが、彼には熊を山の神として絶対的に崇拝することと、それを殺し、血や肉をみんなで分け合い、食用とすることはあまり納得のゆくことではなかったようだ。彼はこう書く。

日本のエゾまたはエッソという島と、サハリン（カラフト）および千島列島南部に住む原始的民族であるアイノもしくはアイヌの執り行なう熊の供犠に対しても、ちょっと見たところ疑問が抱かれる。熊に対するアイヌの態度を解釈することは決して容易ではない。彼らは一方において、「カムイ」すなわち神という名称を熊に与える。ところが、彼らはこれと同じ語を異人に適用すれば、これは超人間的な力、あるいはせいぜいのところ異常な力を賦与された者、くらいの意味しかもたないであろう。

さらにフレイザーは、アイヌの宗教では熊が主役をつとめ、諸動物のうちで特に偶像的な尊崇を受け、「熊が彼らの主である」のに、「他方において彼らは可能ならいつでも熊を殺すのである」と、不審そうに書いている。フレイザーが典拠としたのは、ジョン・バチェラー（一八五四〜一九四四）の書いたものだが、バチェラーは「かつては熊があるアイヌ氏族のトーテムであったかもしれぬ」という仮説を取り上げているが（註三）、「しかし、仮にそうであるとしても、これは全アイヌ族が熊に対して示す尊崇を説明しつくすものではなかろう」といってる。つまり、トーテミズムからの説明では不十分であるといっているのだ。

アイヌにとって、熊が単なる動物供犠の対象であるならば、フレイザーも、何も疑問を持つことはなかっただろう。だが、アイヌにとって、熊自体が神として崇拝の対象でありながら、その肉をみんなで喜んで食べるという宗教的慣習が、フレイザーにとって奇妙で、不可思議なものと思われたのである。

私はインドの東ベンガルのコルコタ（旧カルカッタ）のヒンドゥーのカーリー寺院で、山羊を供犠に付す儀式を見た。首のところを抑える枷《かせ》のなかに、頭を突っ込まれた犠牲の山羊は、「ヤッ！」という掛け声とともに、一刀の下、その首を斬られるのである。その瞬間に、ヤギは目も閉じずに、きょとんとした表情をしていた。メエと一声叫ぶ暇もなく。

生首と血を好む、黒面の女神のカーリーは、毎日一匹ずつの山羊の「生け贄」を必要としているのである。女神に捧げられた山羊は、解体され、犠牲台のそばにある幾軒もの料理店で山羊汁料理として参拝客たちに振る舞われるのである。

悪神の生首をネックレスのように首から下げ、手には剣と刺股《さすまた》を持ち、足の下に夫神のシヴァ神(破壊神、死の神)を踏みつけにするカーリー女神は、いかにも血塗られた殺戮の神としてふさわしいが、本殿の奥に鎮座するのは、原色の花々で飾られた(参拝客は、手に手に一輪の花を持ち、それを女神に捧げる)、香気高い神である。

ヒンドゥー教から仏教に取り込まれてきた神々は、あまり黒不浄とか赤不浄とかいった不浄観を持たないようだ。たとえば、大黒天となったマハーカーラは屍体を喰らおうというし、鬼子母神のハーリティーは、人間の子供を喰らう鬼女であった。

こうしたヒンドゥーの神々に対する私の不可解な気持ちは、アイヌの熊祭を目にしたバチェラーや、それと向き合ったフレイザーの逡巡さと似通ったものかもしれない。

私がもし、古式のイオマンテを見ることができたとしても、それを厳粛な宗教的な儀式として受け入れるより、フレイザーのように、矛盾した、原始的精神の表現として、自分の感性とは随分、距離のあるものと感じてしまうことは充分ありえることなのだ。

これはフレイザー流の「熊」と「人」との関係と、シベリアから樺太、北海道へと至る北方民族の「熊」と「人」との関わりが本質的に違っているということに起因しているように思われる。アイヌの捉え方は、熊と人とは絶対的な距離にあるものではなく、往還可能な生き物であって、人語を解する熊もいれば、熊語を解する人もいるということで、その間のコミュニケーションは可能なのだ。そこでは、熊だけではなく、鳥や魚や木々との「自然」との対話が可能であり、人間もそうした「自然」のなかの一生物にほかならない。
フレイザーは、こうも、いっている。

こうして、彼らが日常追まわし、殺し、そして食べているこの動物を尊崇してほとんど神格化するという、これら諸民族の慣習上の明らかな矛盾は、一見してわれわれが感じるほどはなはだしいものではない。人間はその行動に対しては理由をもっており、ある者は実際的な理由をもっている。未開人はともすれば皮相な観察者の眼にうつるほど非論理的で非実際的なものでは決してないのである。彼は自分自身に関係をもつ諸問題について深く考え、それに理論づけをなし、その結論はしばしばわれわれのそれとは著しく異なることはあるけれども、人生のある根本問題に対する辛抱強くて長い沈思の能力をもっていることを否定することは出来ない。

もちろん、近代人としての私たちの考え方は、生粋の英国人（ヨーロッパ人）としてのフレイザーの方に近くなっているかもしれない。彼らの考え方のなかでは、自然と人間の世界を截然と分け、動物を神格化することと、食用とすることの間には千里の逕庭《けいてい》があるのだ。家畜は家畜であり、聖なる動物はあくまでも神聖なものなのだ。だが、原始的な日本人の考え方では、そもそも自然と人間とは対立的なものではない。ある種の動物は、人間とその位置を交替できるものであって、動物にも魂と肉体との二元論というものは通用するものなのだ。

しかし、現在の私たちでも、そうした原始的な野生の思考といったものを、まったく理解できなくなっているわけではない。たとえば、次のような童話は、「熊」と「人」とが未分離の、対話が可能だった〝遥かな昔〟を思い起こさせるものだ。

5 「なめとこ山の熊」

宮澤賢治の「なめとこ山の熊」は、さだめし熊が人を〝イオマンテ〟（霊を送る）する話であるといえよう。

なめとこ山は、熊がたくさんいることで知られていたが、最近ではあまり熊の姿を見ることがなくなった。それは、熊捕りの名人といわれている淵沢小十郎が、片っ端から捕ってしまったからだ。小十郎は、菩提樹の樹皮でこしらえたケラを着て、はむばき（むかばき）を履き、大きな重たい鉄砲をかついで、大きくて黄色い猟犬を連れて、山から山へと縦横に歩き廻ったのだ。それで、なめとこ山の熊は少なくなった。小十郎は熊を撃ち殺して、解体して熊の胆《い》を取り、毛皮をくるくると丸めて、町の荒物屋へ売りに出るのだ（狡賢《ずるがしこ》い商人に、安く買い叩かれてしまうのだが）。だが、そんな小十郎だが、なめとこ山の熊は、みんな彼が好きなのだ。

小十郎は、熊に出会うと「熊の月の輪をめがけてズドンとやる」、すると「森までががあっと叫んで熊はどたっと倒れ赤黒い血をどくどく吐き鼻をくんくん鳴らして死んでしまうのだった」。すると小十郎は、熊のそばに寄ってきて、こう言い聞かせるように言うのだ。

「熊。おれはてまえを憎くて殺したのでねえんだぞ。おれも商売ならてめえも射たなけぁならねえ。ほかの罪のねえ仕事していんだが畑はなし木はお上のものにきまったし里へ出ても誰も相手にしねえ。仕方なしに猟師なぞしるんだ。てめえも熊に生れたが因果ならおれもこんな商売が因果だ。やい。この次には熊なんぞに生れなよ。」と。

強い熊が、もっと弱い鹿や兎や鮭に言い聞かせるように、小十郎は自分の因果な商売――猟師という――を嘆くのだ。森の食物連鎖の頂点にいる熊も、小十郎の鉄砲には敵わない。小十郎は町の商人には頭が上がらず、商人は森で熊に遭ったらたちどころに喰い殺されてしまうだろう。狐拳《きつねけん》のような話だが、実際には熊と商人が出会うことはないだろう。だから、熊は小十郎に負け続け、小十郎は商人に負け続けるのだ。

つまり、熊と小十郎とは、負け続けることによって、〝敗北者同盟〟を結んだ仲間なのだ。だから、ある日出会った熊が小十郎に、撃って殺すのを二年間待ってくれ、二年後にはきっとお前の手にかかって死ぬからと、言われた時、小十郎はその言葉を信じたのだ。二年の間、その熊はいったい何をしていたのだろうか。熊は生後、二年ほどで成獣となる。その熊にはまだ世話をしなければならない赤ん坊の仔熊がいて、その成長を見守らなければならなかったのだろう。約束通り、その熊はちょうど二年後に、小十郎の家の前で倒れていた。熊と小十郎とは「因果」によって結びつけられていたのだ。

「なめとこ山の熊」のエピローグは、こうだ。小十郎は、山の中で大きな熊と遭遇した。突然のことだったので、鉄砲を構えて撃ったが、熊は倒れずに飛びかかってきて、小十郎の頭がガウンと鳴って、熊がこんなことを言っているのを聞きながら、意識を失っていった。「おお小十郎おまえを殺すつもりはなかった」と。小十郎は、思った。「これが死んだしるしだ。死ぬとき見る火だ。熊ども、ゆるせよ」と。最後は、こう締めくくられる。

山の上の平らに黒い大きなものがたくさん環になって集って各々黒い影を置き回々教徒《フィフィ》の祈るときのようにじっと雪にひれふしたままいつまでもいつまでも動かなかった。そしてその雪と月のあかりで見るといちばん高いとこに小十郎の死骸が半分座ったようになって置かれていた。（中略）ほんとうにそれらの大きな黒いものは参の星が天のまん中に来てももっと西へ傾いてもじっと化石したようにうごかなかった。

これは熊が〝熊送り〟ならぬ〝人送り〟をしている場面だろう。人間の熊送りでは、死骸となった熊の頭部を人間の環の中心に置いて、その周辺を取り巻いた人々は、熊の魂が無事に天の国に行けるようにと祈り続けるのである。多くの熊を屠《ほふ》って、熊送りをしてきた小十郎が、今度は熊に殺されて、その霊魂が天に届くようにと、熊たちに祈られているのだ。ここでは熊と人とは本質的な差違はない。殺す者と殺される者、喰うものと喰われるもの、祭る者と祭られる者との間には、本来、互いに交換が可能なのであり、それが同じ「山」に生きているもの同士の真実の関係なのだ。

ここに、熊と人との主体を交換し、互いに相手の身になって物事を考えてみるという「山の思考」が、おぼろげながらにも実現できているといえるだろう。

ところで、この最後の場面で語り手である宮澤賢治が、「大きくて黒いもの（たち）」と表現していることに私は注目せざるをえない。もちろん、ここまで作品を読んできた読者が、これを「熊」たちであると読み取ることにほとんど苦労があるとは思えないが、この二箇所において、小十郎の遺骸を真ん中に「大きな黒いもの」という表現がなされていることに、私は宮澤賢治の「山の思考」の深さを見るような気がする。「山」では、熊を「熊」と直接に名指しすることは避けられる。もちろん、それまでに何度も「熊」という言葉を「なめとこ山の熊」（タイトルにも「熊」は使われているが）は使っているのだけれど、最後には（小十郎の死を悼む場面）それは「大きくて黒いもの」という原初の〝現われ〟によって表現されるのである。熊神は、原始の時代、「黒くて大きく強い」生き物として人間たちと対峙するものとして存在していたからである。

先ほど書いたように、ハンテ人の熊祭の間中、「熊」という言葉自体が、タブーとして忌避されているということは重要であるだろう。星野紘は、ハンテ人の熊祭を見物する際にうっかり「熊」と口走ってしまい、関係者からきつく叱責されたという失敗譚をその著書の中で書いている。「おじさん」「おじいさん」などと呼ぶべきで、「熊」は禁句となっているのだ。熊祭の踊りの場で女性たちが顔をショールで隠しているというのも、「熊」に顔を見覚えられ、野イチゴ摘みに森に入った時、熊に襲われないかと心配があるためだ。

「密猟者」で第十回の芥川賞を受賞した作家・寒川光太郎（一九〇八〜一九七七）の書いた「シカリコタンの熊」（『熊』日本交通公社出版部、一九四九年）では、うっかりと「熊の剝製」などと三度まで口走ってしまった主人公の「私」は、コタンの老人に、北海道方言で「タクランケ！（馬鹿者！）」と叱責されてしまう。熊が聞き耳を立てているような山の中では（そうでなくても）、「ヲヤヂ」あるいは「ゴインキョ」などと、直接的に名指しするのではなく、婉曲に呼ばなければならないのだ。

ここでは、熊と人との間には、それなりの緊張関係が保たれているのである。「山岳を領有する神」すなわち「山の神」として、熊が自称するのは、それがタブーであるからだ。そもそも、アイヌ語で熊をキムンカムイと呼ぶが、これは「山の神」と同じ意味であって、直接的に動物としての熊を意味するものではない（アイヌ語では、仔熊、老熊、穴なし熊などを呼ぶ語彙は豊富だが、日本語の「熊」に当たる動物名はないか、自然に滅んでいったりしたか、なのである。

このことを考えると、〝なめとこ山の熊〟たちが「大きくて黒いもの」と表現されることの思考の深さに私は何度も感嘆せざるをえない。宮澤賢治は、イオマンテの思考をはっきりとその作品に跡付けているのである。

6　熊祖《ゆうそ》神話と虎

イオマンテの儀式の背後に、「熊」を自分たちの祖先とするトーテミズムがあることは明らかだろう。文化人類学者の大林太良（一九二九～二〇〇一）は、その「朝鮮の檀君神話とツングース族の熊祖神話」（『東アジアの王権神話』弘文堂、一九八四年）という論文の中で、シベリア、アラスカなどに居住している北方少数民族の間に「熊祖《ゆうそ》神話」が見られることを博捜して、記載している。熊と人との人獣婚姻譚がこれらの民族の民俗的な神話の中にあり、そうした特別な出生を持つ主人公の英雄が、やがて美しい姫を娶《めと》り、王様になるという王権の物語に繋がってゆく。その神話のレガリア（神器）として、常人には持つことのできない鉄棒であるとか、剣であったりすることは、ほぼそれらの各神話に共通している。また、主人公を助ける助手として、それぞれの特技、特徴のある人物が道中一緒になるというエピソードも、ほとんどの神話で絡み合っている。

ただ、これらは「熊祖神話」としてもやや発展した形であり（これは後述する「ヨーロッパ流の〝熊のジャン〟民話となる）、もっとプリミティヴな話から徐々に派生してきたものだろう。大林太良が、アニシモフの採集したイェニセイ・エヴェンキ族の伝承として記述しているものは、もっと単純で素朴なものだ。

熊が一人の少女を遊牧民の野営地からさらい（ある異伝によれば、地上に生活した最初の女であり、他の異伝によれば、河岸でゆりの根を掘っていた何人かの少女のうちの一人である）、そして彼の妻にする。後になって彼は森の中の野営地の火のそばで彼女の兄弟に出あったが、彼は矢をもって熊を傷つけて殺す。死にながら、彼は死の歌の中で、彼は彼を殺した男の義兄弟であることを告白し、そしてその狩人によって葬られる（つまり皮を剝がされる）のではなく、熊氏族、つまりはこの狩人の義兄弟の誰かによって葬られることを希望する。

つまり、「熊」と「人」とは、女を通じて義兄弟なのであり、親戚、親類なのである。大林太良の紹介しているもう一例は、オロチョン族のものである。（註四）

昔、庫爾浜《クアルピン》河の上流に一人のオロチョン族の女が住んでいた。ある時、女は一人で森の奥に山菜や野生の果物を採りに行って、採ったものを食べながら、夢中で採集した。帰ろうと思った時にはすでに日は落ちていて、彼女は方向が分からなくなり、森から出られなくなった。彼女は大樹の木の洞《ほら》を見つけ、そこに住むようになり、故郷のオロチョンの部落のことも、身内のことも忘れてしまい、最後には一頭の熊になってしまった。

ある日、一人の狩人がこの熊女を見つけ、弓矢で射ろうとしたが失敗して、反対に熊女に捕らえられてしまった。彼女は、彼を害することなく、傷の手当をし、食物を与えてくれて、養ってくれたのである。一緒に住んでいるうちに、熊女は半獣半人の子供を生んだ。狩人は一日中樹の洞《ほら》にいて、母熊は仔熊を連れて外で食物を集めた。

しかし、故郷を忘れることのできなかった狩人は、傷が完全に癒え、樹の洞から弓矢を持って逃げ出し、川辺に至り、そこで筏流しをしている人々にあって、筏《いかだ》に乗せてもらって逃げ去った。狩人が脱走してから間もなく、母熊は仔熊を連れて巣穴に帰り、彼の脱走を知って、まっしぐらに川辺に追っていった。しかし、彼はこれに取り合わない。母熊は、もはや川岸から離れた筏に跳び移ることはできず、地団駄を踏んで、怒りのあまり仔熊を二つに引き裂き、半分を河に投げ、半分を自ら抱きかかえて、川べりの大岩に坐って、大きな声で咆哮したという。

裏切られた熊女の壮絶な〝子殺し〟のシーンである。仔熊の半分は「人」、半分は「熊」であるのだから、河に投げたのは「人」の半分であり、抱いていたのは「熊」の半分であるだろう（これを逆に受け取っても構わないだろう。母熊の仔熊への愛情は、これと逆のストーリーとなるのだが——母熊が満身創痍となっても、あくまでも仔熊を救おうとする——椋鳩十（一九〇五～一九八七）の短編「月の輪グマ」などによく示されている）。

熊女の悲劇だが、これが一歩、シベリアの熊祖神話から、檀君神話の熊女に近づいてきたことは明らかだろう。桓雄天王《ハンヌン》と婚姻して檀君王倹《タングンワンゴム》を生んだ熊女は、暗い洞窟の中で何日間にも亘る苦行、苦難に耐えなければならなかった。男に逃げられた熊女は、男との忘れ形見である仔熊を半分に引き裂いて、その怒りと悲しみを表現した。熊となった女には、試練は必要なのだ。そして、その試練に耐え得たもののみが、人間たち（この場合、オロチョン族）の始祖となることができたのである。

檀君神話で興味深いところは、熊と虎とが、桓雄天王の寵愛をめぐって競い合ったということだ。虎と熊とが、生物学的分布において、どのように棲息地域が重なるのか、重ならないのかは分からないが、神話や民話上でも、この両者がライバル同士であるというのは、あまりないことと思える。

私は、中国の最北部、黒龍江省と吉林省にわたって広がる興安嶺《シンアリン》を横切って、白頭山《ペクトゥ》頂上の天池に至る森の道を車で走ったことがあるが（一部は空路）、途中、シベリア虎を放し飼いにする自然動物園（サファリパーク）を見学した。そこには半野生の虎たちが、公園の森のそこかしこに寝そべったり、ゆっくりと歩いたりしていて、見物客の方が頑丈な車の中に閉じ込められるように乗って、野生の生態に近い虎たちの生活ぶりを見物するのである。

森の入り口の木柵を抜けると、そこはもう虎たちの領域だ。人間たちは遠慮深く虎たちの生態を見る。ジロジロと人間たちを、視線鋭く見ているのは虎の方だった。少し前に、飼育員が誤って柵の内側に閉じ込められ、虎に食害されたという事件があったことを聞かされた。虎に餌を与えにいって、自分が虎の餌になってしまったのである。

ゆっくりと走る車に向かって来たり、車の窓に脚を掛ける虎もいて、スリル満点のサファリ・コースなのである。

サファリの見物を終えてから、自然動物公園の一画を見ると、動物サーカスのための訓練コーナーがあり、そこで真っ黒な熊に自転車乗りの訓練を受けさせていた。口輪を嵌《は》められ、台の上に固定された自転車のペダルに脚を縛り付けられ、後部サドルに乗った熊使いが、熊の後ろからペダルを漕げば、熊の脚は必然的にペダルを漕ぎ続けることになる。飽きずにそうした訓練を繰り返していたら、補助者がいなくても、熊は、ひとりで自転車を漕げるようになるのだろう。

野生のままに悠々と生きている虎に対して、人間に芸を仕込まれて、舞台の上に立つ熊。虎は容易に馴らすことはできないが、熊は人のように擬人化した行動を取らせることができる。完璧な肉食獣の虎やライオンのような、ネコ科の大型獣に較べて、木の実や果実や昆虫類や魚類や小動物を食べる雑食性の熊（クマのプーさんのように、蜂蜜が大好きだ）は、人の側から見れば、親しみやすく、感情移入がしやすい相手ということになるだろう。

その分だけ、熊は人に使役され、ロマ（いわゆるジプシー）たちに連れられて見世物とされなければならなかったのかもしれない（ジプシー一座の熊の芸についての思い出は、西欧の文学者たちに共通した郷愁を唆るものであった）。虎と熊とは、人との距離において重大な懸隔をもたらしているのである。

ところで、アルセニエフの紹介したウデヘ族の起源神話には、人間の始祖の兄妹から生まれた女の子と男の子が、それぞれ少女は雄熊と、少年は雌虎と婚姻したという話がある。熊と結婚した女からはウデヘ族が由来したが、少年と結婚した虎らには子供ができなかった。だから、虎を祖先とする一族はこの世界にはいないのであるが、ウデヘ族にとって、虎と熊とは不可侵なものとされているのである。

このあたりの神話から檀君神話が生まれてきたことは理解できるが、いずれにしても熊の方が人間の祖先として優位にあることは否定できないだろう。朝鮮では、虎を「山の神」の乗り物として崇敬するが（虎自体が「山の神」でもある）、神話では熊が優位なのは、北方の民族の神話的記憶の遺伝子が働いているためだろうか。こうした「熊祖神話」や「虎祖神話」（これは少ないが）が、一旦、朝鮮半島と日本列島との間の朝鮮海峡（玄界灘）を越えると、日本列島の側には「虎祖神話」はおろか（日本列島には虎はいなかった）、「熊祖神話」も、姿形を見せなくなってしまうのだ。タタール海峡を通じて、シベリア、沿海州と交通のあった北海道、東北の一部を除いてのことだが。

虎と熊とが「獣の王」であることは間違いないが、その「王」としての性格は異なっていると考えられる。「森の神」であり、「狩人の守護者」としての性格が明白なのは虎であり、熊の場合は人間との間に〝明らかな交換関係〟があると語るのは、『北方諸民族の世界観』（草風館、一九九六年）を書いた荻原眞子（一九四一〜）である。つまり、熊は山の産物を人間たちにもたらし、人間は飼い熊を丁重にもてなし、その聖霊を厳粛に天国に送り届けるという関係を取り結んでいるのだ。

もちろん、こうした熊と人との関係は、熊送りの儀礼を行う人間集団との間でのみ成立している。それはイオマンテを行うアイヌであり、サハリン、シベリアへと北上してゆく地域に分布する少数民族であり、アイヌのイオマンテの影響を受けたと思われる日本の東北地方の続縄文文化を担った人々であったと思われる（マタギの熊の祭り方に残存している）。それらの人々（民族）にとって、虎は畏怖すべき「山の神」そのものであるのに対し、熊はもう少し人間の側に近づいた、原始的な〝交換様式〟に基づく関係なのである。

7　北越の熊譜

日本にも「熊祖神話」「熊人婚姻譚」が発生する余地があったことは明らかである。たとえば、越後の国・塩沢生まれの鈴木牧之（一七七〇〜一八四二）がまとめた『北越雪譜』（岩波文庫、一九三六年）には、「熊、人を助《たすく》」としてこんな話がある。

「人熊の穴に墜て熊に助られしといふ話諸書に散見すれども、其実地をふみたる人の語りしは珍ければこゝに記す」という書き出しで、「余（鈴木牧之）若かりし時、妻有の庄に（魚沼郡の内に在）用ありて両三日逗留せし事ありき」として、そこで主人と酒宴を開いているところに「一老夫ここに来」た。主人は彼を呼び止め、「此叟父《おやじ》は壮年時熊に助られたる人也、危き命をたすかり今年八十二まで健《すこやか》に長生するは可賀《めでたき》老人也」という。

そこで「余」は、その老人の昔話を聞くことになる。彼が二十歳の年、薪を採ろうと橇を引いて雪山に入った。薪《たきぎ》をいっぱい採り、橇《そり》に乗せて、自分も橇に乗って山を下ろうとした時、誤って谷に転落した。幸い傷はなかったものの、雪中で寒さは寒く、帰り道は分からず、今はただ寝所を確保しようと歩いて行くと、風と雪が防げるような岩穴があり、これ幸いと入っていった。暗がりを手探りで這ってゆくと、手先に触る温かいものがある。「猶も探りし手先に障《さわり》しは正しく熊也」。

肝も潰れるほど驚いたが、逃げる道もなく、死ぬも生きるも神仏任せとばかり、熊に「熊どの我は薪とりに来り谷へ落たるもの也、皈《かえる》には道がなく生て居には喰物がなし、とても死べき命也、擘《ひきさき》て殺ばころし給へ、もし情あらば助たまへ」と、こわごわ熊を撫でれば、熊は起き直り、男を尻で押しやる様子。熊のいた所に坐ってみると、炬燵にあたっているようにぽかぽかする。熊に礼をいおうとすると、熊は掌を男の口に柔らかく当てるので、舐めてみると甘くて少し苦い。舐め続ければ、心爽やかになり、喉も潤せた。熊は鼻息を鳴らして寝入るようだ。さては自分を助けてくれる心かと、少し落ち着いて、二、三日をその熊穴で過した。

ある日、穴の入り口に日の光が当たる晴天の日に、熊が穴から出て、男の袖を銜《くわ》えて案内してくれる模様。熊についてゆくと、道が開けて、人の足跡のある所まで連れて行ってくれると、熊は元の道を引き返してゆく。男は、その後ろ姿に合掌して見送り、日のあるうちに村に帰れたのである。

主人は老夫に、その熊は牝熊ではなかったかと、冗談をいうのだが、まさにこうした話は、民話伝承としては、牝熊が若い男を遭難から救い、子供まで成して、やがて男は熊の妻を裏切って人間の世界に戻ってくるといった、オロチョン族の神話としてある伝承に限りなく近付いてくるのである。

鈴木牧之が語るこの話は、あくまでも実話であり、その当事者から直接に聞いた話として記録しており、その信憑性はきわめて高い。『北越雪譜』には、この他に「熊捕」の話と「白熊」の話があり、いずれもリアリティーのある、ノンフィクションの文章となっている。「山家の人の話に熊を殺すこと二三疋、或ひは年歴《へ》たる熊一疋を殺も、其山かならず荒る事あり、山家の人これを熊荒といふ。このゆゑに山村の農夫は需《もとめ》て熊を捕事なしといへり。熊に灵《れい》ありし事古書にも見えたり」と、鈴木牧之は書いている。稲作農耕民の世界では、「熊」は山に、「人」は里にと、完全にその棲息地域を異にして、妄《みだ》りに交わらないことが双方にとっての幸いだったのである。熊はまさに「縄文（文化）の記憶」（室井光広）としてだけ、人里に伝えられ続けるものとなっていたのである。

こうした鈴木牧之の伝える「実話」から、「熊人婚姻譚」の神話、民話にまで成長してゆくことは、きわめて近いものと考えられる。いや、これはすでに雪深い里の囲炉裏端《いろりばた》で語られるような民話に限りなく近づいている。神話に歴史的、あるいは現実的な背景があると私たちは考えている。しかし、そうではない。神話的思考が、すでに現実の出来事に侵食して、それを単なる事実、現実から真実の見える物語として再構築される。そうして民話的伝承は、民族的な精神伝承として形を持って語り続けられるのである。

ヨーロッパでは、早くから熊という動物は絶滅させられて、その分だけ、ミック・ジャクソンの『イギリスではなぜ熊はいなくなったのか』で書かれたように寓話化され、前述の、A・A・ミルン（一八八二〜一九五六）の『クマのプーさん』（これは熊のぬいぐるみ人形だが〔石井桃子訳、岩波少年文庫、二〇〇〇年〕）に童話化され、民話化もされたのである（前述のイタリアのディーノ・ブッツァーティの『シチリアを征服したクマ王国の物語』の話のように寓話化と民話化が同時に行われる）。アメリカでは、まだ野生の熊が生き残っているが、ウィリアム・フォークナー（一八九七〜一九六二）の短篇「熊」（や「熊狩」）（ともに『熊 他三篇』加島祥造訳、岩波文庫、二〇〇〇年）のように、アメリカン・インディアン、黒人、白人のアメリカを構成する各民族が、熊狩りに対する各人各様の姿勢を保っていることを示している。

つまり、実在の熊の恐さが薄まり、なくなってしまったので寓話化、民話化、童話化に拍車がかけられるようになったのだ。それに引き換え、日本では熊の脅威はまだまだ強いものがあった。北海道では数年に一人ほどの熊による襲撃の被害者が出るし、家畜、農産物（熊は木の実や果実を好む）の被害も笑い事ではすまないほどの金額を示しているのだ（害獣、駆除といった言葉が通用しているのだ）。

こうした地域で、熊の「物語化」は一概には進まない。日本の熊の童話といえば、いぬいとみこの『北極のムーシカミーシカ』（角川文庫、二〇一四年）などがよく知られているが、これは北極熊の兄弟であり、物語の舞台が日本から遠い、北極圏であることはいうまでもない（この物語は、本来的にクマの天敵は、人であることを語っている）。

直木賞を受賞した小説には〝熊文学〟の系譜があり、志茂田景樹の『黄色い牙』（第八三回、講談社文庫、一九八二年）、熊谷達也の『邂逅の森』（第一三一回）、河﨑秋子の『ともぐい』（第一七〇回、新潮社、二〇二三年）があり、それぞれ野獣としての熊と猟師（マタギ）との生死を賭けた闘いが描かれている。日本列島は、幸か不幸か、熊と人とはまだまだ共棲的に（あるいは敵対的に）棲息している地球上でも珍しい地域なのである。

8　マタギの「死送り」

マタギの世界でも、熊狩りの獲物（サツ、サツモノ）は丁重に扱われる。まず、仕留めた熊を解体するために、ハッケ（頭）を南向きに寝かし、マタギは右手で熊の左前肢を摑んで仰向けにする仕草をするが、これは儀式的なものであって、片手では実際には熊の体は重く、容易に仰向けにすることはできない。両手か、仲間といっしょに仰向けにするのを「寝せおこし」という。このあと仰向けになった熊の死骸の足元に立ち、「死送り」のために「オカベトナ」という呪文を唱えるのだが、それはこんなものだ（マタギの集団によってこうした儀式のルールは異なる。

これは下北の「畑」のマタギ集団のルールである――根深誠『山の人生　マタギの村から』（日本放送出版協会、一九九一年）。

ひんがし（東）ハめいごさんがい（三界）みんなみ（南）ハ
せかい（世界）弥んぶつ（念仏）西ハさい方ぢゃうど（西方浄土）
きた（北）ハみたにぉらい（阿弥陀如来）中のぢゃうど（浄土）
おくるべし仏に成る事うたがい（疑い）なしと三辺唱へ左りの耳の

穴へふきこみ申もの也

意味の取りにくいところもあるが（該当すると思われる〝振り漢字〟を施した）、西方浄土や阿弥陀如来の浄土へと、熊を送る文句が唱えられているのである。これは人間の死に際の読経と同じ意味で、死後の成仏を約束するものだ。皮を剝いで、解体する時には、また別な呪文を唱える。

われらがさしたるたち（太刀）は
がくやがきためしたちなれば
ぼんじ（梵字）をきりつけふどう（不動）
くりから（倶利伽羅）さゆふ（左右）にふれや
志ぞくなるものふどうのけん（不動の剣）
このさちものあぶらうんけい
そわか（薩婆訶）と三辺唱へひあたま（頭）のとうげより
はなさき（鼻先）の方へ刃物さき指向けて
右の通り唱へ其後皮はぎ申者也

これは『山立狄木之秘宝之大事』という一子相伝のマタギ文書にあるものだが、熊の狩猟、解体、処理に関しては、こうした呪言、儀式が行われるのが通例だ。呪文を唱えながら、山刀で鼻先から刃を立てて毛皮を剝いでゆく順序は、決して違えてはならない儀式的工程なのである。
新潟県北魚沼郡湯之谷村〔現・魚沼市〕に伝習する「熊ノスワノモン」は獲った熊の耳元で唱える

もので、「リヘウエン　ゴウゼン和尚　セイジンニンテン　ホウショウ仏果／野にすむけだものは吾に縁あらば長く思わざりけり　アビラケンソワカ（三返）」とは、「諏訪乃大事」の偈文《げもん》「業尽有情《ゴウジンウジョウ》。雖放不生《スイホウフジョウ》。故宿人天《コシュクニンテン》。同証仏果《ドウショウブッカ》」を意味不明のまま耳で覚えた偈文ということだろう。

もちろん、熊だけでなく、猪や鹿を送る呪文や儀式もあるのだが、熊の場合はとりわけこうした厳格な解体儀式などが重要視されるのである。

「山の神信仰」における「熊」の位置について、山神信仰に一生を賭けたともいえる民俗学者の堀田吉雄（一八九九～二〇〇二）は、こんな風に書いている。

> 一体に熊は、霊獣と考えられ、丁重に祀らないと、祟るものとの信仰が狩人の間には、濃厚であった。伊予や土佐で熊の祟りを封じるために、熊封じということをやった。熊の首を切り落し、頭を二つに割って、その半分づつを川の向こう側と、反対側とに埋める。その時、大豆を真黒に煎って添える。その時の呪文が、「この熊は祟りをなせ、この頭が寄り合い、煎豆に花が咲いたなら祟りをなせ」というのである。（中略）
>
> 熊は位の高い毛物といい、サカサガケということもする。熊を狩るものは熊祭の作法を熟知していなければならぬとされていたものらしい。熊を取れば絶対に動かさず、そのままで祭をするべきものとされ、剝いだ熊の皮を逆さに着せかけて、祀るのが作法であったという。これをサカサガケといった。

熊の獲物が何人《だれ》のものか、帰属を熊自身に問うたら、死んだ熊が三足ほど山形村の方へ飛んだという話が伝わっている。アイヌの熊祭のことも考えられ、狩人の信仰は現代人の想像も及ばぬものであることが察せられる（「山の神の口承文芸」『山の神信仰の研究』伊勢民俗学会、一九六六年）。

アイヌのイオマンテの場合、捧酒箸《イクパスイ》で神酒を捧げ、熊の頭骨を安置する幣棚（ヌササン）を飾るイナウ（木の幣）を盛大に飾れば飾るほど、送られる熊を大切にしていることになるわけだが、下北のマタギの場合は、男熊（オス熊）と女熊（メス熊）のそれぞれに「クマ旗」を準備し、祭壇に安置する熊の項に立てる。これは半紙を二つ折りにし、それをさらに二つ折りにしたものに、それにくさび型の小さな切れ込みを入れたもので、正月前に仕留めた熊の場合は「枯木旗」、正月後の場合は「うぐいす旗」という。この紙の旗を割り箸や木の枝に挟んで貼り合わせ、熊の首のところに立てるのだ。それとは別に木の枝を鳥居のように組み合わせ、地面（冬の場合は雪面）に立てる。これを「カクラ神」といい、熊を捕獲した場合の重要な儀式となる。いずれも、アイヌのイオマンテに似て、精霊化した「熊」の魂をあの世に送り届けるための重要な儀式にほかならない。熊の胆《い》や熊肉や熊の毛皮は、そうした手厚い「熊送り（死送り）」の祭儀に対する、熊神からの報償なのである。

新潟県朝日村三面《みおもて》地区のマタギ集落には、「山崎五法事」という狩猟作法書が伝わっている。この中に「熊の鹿うんとうがけの覚」とされるものがあって、こういう祭文がある。

はな松の方にさしこまじ　かくかまかたなてちきるまち　やすの上にひからがすまち　とく鹿あく
鹿さんみょう鹿　りうし（猟師）にあたいない鹿三つあると申　三つ　ある鹿りうしにあたいてた
もるや　十二前大さと山神　このこと奉願ゆいおとしあるときもききおとなしく　さん明なるへら
まちぎ　ふんるむともばちあてててたもるや　十二前大さと山神奉願　おんあらかみつんめそわか
この鹿をあらたておき申事　山をにあつらいおき申事　ちんそわか

よく分からない言葉があるが、意味不明でも、口伝えのまま代々伝承されてきたものなのだろう。「熊の鹿」というのは「熊のしし（肉）」ということで、「とく鹿、あく鹿、さんみょう鹿」という三種の熊が獲れるようにと、十二山神に祈願をする呪文であると思われる。この作法の中には「熊の鹿川ながれ鹿　となぃ　さんご鹿」という言葉もあって、「川ながれ鹿」は、川流れで死んだ熊、「さんご鹿」とは、産後の鹿、すなわち身ごもっている熊の場合に唱える唱え言なのである。

つまり、熊の狩猟の場合は（鹿猟や猪猟と違って）特別な呪文、特別な儀式が必要とされるのであり、それは秘儀的なものとして、マタギ間に伝わっているのである。

ところで、普通、私たちが〝獲物としての熊〟の種類を思い浮かべる時には、「大きな熊（親熊）」とか「小さな熊（小熊）」、「オス熊」とか「メス熊」といった分類になると思うが、「とく鹿」「あく鹿」「さんみょう鹿」「川ながれ鹿」「さんご鹿」というのは、そうした分類の仕方ではないようだ。

山田孝子の『アイヌの世界観』（講談社選書メチエ、一九九四年八月）によれば、アイヌ語では、ヒグマの種類を表す言葉として、生まれたばかりの仔熊は「ヘペレ」、二年目のものは「リヤプ」、三年目のものは「チスラプ」と呼び、この場合、雌雄の区別はないという。四歳以上は性別によって名称も区別され、今度は同じ大人のメス熊でも、妊娠中の熊は「キロロ・パセクル」、一歳仔を持つ母熊は「ペウレ・コロ・ペ」、二歳仔を持つのは「リヤプ・コロ・ペ」というように、細かく分類される。オス熊は五歳以上が成獣で、「シ・ユク（ほんとうの・えもの）」といい、五歳以下は「アシカ・クチャン」であるという。人間の世界と関わりの深い分だけ、分類が細かく、詳細になることは当然だが（日本語では魚の名称が細かくある。出世魚の例がある）、その分だけ、アイヌの世界では、人と熊との間が近いのである。

イオマンテの前日、檻に入った「エペレ（ヘペレ＝仔熊）」に対して、こうした祈りの言葉を唱える。

エペレよ、私たちはお前を神として敬い、子として大切に今日まで養育してきたが、明日はいよいよ天なる親神さまの許に送ってあげるよ、土産の品々もたくさん持たせてやるから、今日は機嫌よく、私たちといっしょに楽しく過ごしておくれ。

「エペレ」や「リヤプ」というのは、年齢による分類だが、その他に「ノ・ユク（良い熊）」「ウェイ（ウェン）・ユク（悪い熊）」、「エ・ペン・クワ・ウシ（前足の長い熊）」「エ・パン・クワ・ウシ（後ろ足の長い熊）」といった分け方もある。これらは、あくまでも狩猟者の側から見た、熊の種類であり、「とく鹿」「あく鹿」「さんみょう鹿」「川ながれ鹿」「さんご鹿」というのも、その種類によって、狩猟者側の態度や熊の遺体に対する扱い方を異なったものにするということだ。

五歳以上のオス熊が「シ・ユク」であり、「ほんとうの・えもの」なのだ。こうした「ほんとうの・えもの」として熊を重視する思考法は、アイヌとマタギの精神世界では共通に存在している。マタギ間で行われる「熊の送り」と「イオマンテ」とは、こうした意味で地続きのものと思われるのである。

註一　「イオマンテ（イヨマンテ）」のことが日本全国に知られるようになったのは、一九五〇年にレコード発売された『イヨマンテの夜』（菊田一夫作詞・小関裕而作曲・伊藤久男歌唱――ラジオドラマ『鐘の鳴る丘』の挿入歌）によるところが大きい。ラジオののど自慢などによって声量豊かに歌い上げられるこの歌は、歌詞・曲ともアイヌの伝承、伝統文化とはほとんど関わりはないが、「観光アイヌ」の目玉芸能として披露され、しばしば民族差別事件を引き起こした。

アイヌを主題とした歌謡曲としては、同じく菊田一夫歌詞・古関裕而作曲・織井茂子歌唱の『黒百合の歌』（ラジオドラマ『君の名は』の挿入歌）がある。

註二　北海道土産の定番としての木彫り熊は、大正十年（一九二一）に、八雲の徳川農場の主人だった徳川義親（一八八六～

一九七六）が、欧州旅行の際に、スイスの民芸品として買って来た木彫り熊の制作を、八雲の農民に冬季間の副業として奨励したことから始まった。大正十三年（一九二四）、第一回八雲農村美術工芸品評会に伊藤政雄が木彫り熊を出品し、これが第一号となった。大正十五年（一九二六）から旭川で上川アイヌの松井梅太郎（一九〇一〜一九四九）が木彫り熊を製作し、アイヌの彫ったものとして一躍有名となった。鮭を銜《くわ》えたものや、鮭を背中に担いだもの、親子熊、スキーをする熊など、さまざまなスタイルの木彫り熊が作られ、名匠と称せられる作者も登場した。本文にあるように、箸や小刀の鞘のような彫刻技術の発達したアイヌだが、熊やその他の動物などをモデルとした彫刻は伝統的にはなかった。

註三　ジョン・バチェラーによる英文のアイヌ関係の著書は『The Ainu and their Folk-Lore』（一九〇一年）と『Ainu life and lore』（一九二七年）がある。これらの本を参照するには、フレイザーの『金枝篇』の初版は間に合わないが、増補版、簡易版は充分間に合ったはずだ。

註四　オロチョン族は、アルタイ諸語のツングース系の北方少数民族。エヴェンキ族の一派とされることが多い。もともとはトナカイの飼養や狩猟をしながら移動するという生活をしていたが、現在は定住化が進んでいる。私は、十数年前に中国東北部の「鄂倫春族《オロチョン》」自治区を訪ねたことがあったが、林業、農業で生計を立てている住民（オロチョン、エヴェンキ）が多かった。村の集会所の建物に、山口百恵のポスターが貼ってあったのを印象深く覚えている。エヴェンキのシャーマンの老人が、戦時中に覚えたという「愛国行進曲」を日本語で歌ったのには、日本人の「戦争」の罪深さを思わずにはいられなかった。網走で行われる「オロチョンの火祭り」は、観光のために戦後、オロッコ（ウィルタ）、ギリヤーク（ニヴフ）の人たちが始めたもので、オロチョン族の文化や習俗とは関係がない。

第三章　ミシャグジ神とは何か

1　ミシャグジ神

タケミナカタが出雲の国から逃げてきて、諏訪明神として居座ることになる以前に、諏訪地方の土着神として崇敬されていたのは「ミシャグジ神」と呼ばれる神であった。この神はまた「洩矢《モレヤ》神」とも「守屋《モリヤ》神」とも呼ばれ、諏訪湖、諏訪の地をめぐってその支配権を、タケミナカタと争ったのである。『諏訪信重解状』の「守屋山麓御垂迹事」には、「右謹検旧貫、当砌昔者守屋大臣之所領也」とあり、その守屋大臣の所領に、(諏訪)大神が天降りしてきて、そこを住処としようとしたのを、大臣(守屋)が制止し、争論となり、合戦となった。しかし、なかなか雌雄を決し難く、そこで明神は「藤鎰《ふじかぎ》」を持ち、大臣は「鉄鎰《てつかぎ》」を持って引き合いをすると、明神が勝利を得て、大臣を追罰することとなった。

この「藤鎰」と「鉄鎰」がどんなものであるかは不詳だが、明神の持つ「藤鎰」が、『諏訪大明神画詞』の「藤島明神」の由来と関連したものであることは明白である。「抑《そもそも》コノ藤島明神ト申ハ、尊神垂迹ノ昔、洩矢ノ悪賊神居ヲサマタケントシ時、洩矢ハ鉄輪ヲ持シテアラソヒ、明神ハ藤ノ枝ヲトリテ是ヲ伏シ給フ」とある。武器としての「鉄」が、石器時代の「石」や「木(植物)」などよりも、武器として優位にあることは論をまたないが、それが逆になっているところが「鉄器時代」となっても、「石器時代」の武器に郷愁を感じていたのが、明神側の傾向だったのかもしれない。「藤」には

「蛇」の暗示が込められているという指摘がある。蛇の呪力が「鉄の剣」を凌駕したというのである（谷川健一『蛇　不死と再生の民俗』冨山房インターナショナル、二〇一二年）。

ただ、守屋山の頂上には「守屋大臣宮」があり、諏訪明神の現人神である「大祝《おおほうり》」に奉仕する神長官には守屋氏が代々世襲しているから、（諏訪）明神側と（守屋）大臣側とは結果的に和睦したことになる（この守屋を、崇仏派の聖徳太子と戦った、崇神派の物部守屋と関係づける伝説があるが、これは牽強付会に過ぎないだろう）。

各地で、こうした土着神（国津神）と、新参の天津神（記紀神話の神）との支配権をめぐる抗争があった。播磨の国では、アメノヒボコ（あるいは伊奈大神）とアシハラシコオ（葦原醜男＝オオクニヌシの別名といわれる）との〝国争い〟の抗争があり、『播磨国風土記』に記されている。

ここでは「ミシャグジ神（＝洩矢神＝守屋神）」について考察しよう。御左口神《ミサグチシン》、ミシャクジ、シャクジ、ミシャグチ、シュグウ、サゴジン、サクチガミなどと名称さえ揺れ動いているこの神は、古来、由緒不明の神として知られているが、タケミナカタが諏訪明神として祀られるようになる以前に、諏訪地域の土着神として存在していた神であるということは定説といえそうだ。

ミシャグジの神というのが一番ポピュラーだとしたら、「ミ」は「御」という接頭語だとして、シャグジは「石神」ということになるだろう。前に諏訪の「七石七木」を取り上げたが、その中でも上社本宮の境内にある硯石は、神の依代として信仰されてきた。

京都の八坂神社を中心とする祇園信仰においても、その最も原初的な形態は、石や木を依代として、姿なき神が顕現するものであった。

祇園精舎の後には　よもよも知られぬ杉立てり

昔より　山の根なれば生ひたるか杉　神の験《しるし》と見せんとて

この今様歌（『梁塵秘抄』巻一　二句神歌）で歌われているように、日本の祇園精舎＝祇園感神院《かんじんいん》（八坂神社）の信仰は、山の麓に立っていた杉の神樹から始まったようだ。祇園社には、社殿の近くに「瓜生石《うりゅういし》」という聖なる岩があり、半ば以上地に埋もれているが、これを祇園信仰の聖地としている伝承がある。比叡山には「祇園石」がある。各地の神社に、聖なる石や岩が、「御神体」として崇敬されている例は数多いのである。

熊野の新宮の摂社である神倉神社は、神倉山の中腹にあるゴトビキ岩をご神体としているし、出羽三山の湯殿山神社のご神体は、てっぺんから湯が沸きだす大岩である。

同じく熊野大社の那智宮は、那智の滝そのものが御神体だ。富士山や立山、白山などは山岳そのものが「神南備《かむなび》」とされ、神聖視されていることは有名だ。

岩、木、山、滝、といった自然物を崇拝する自然神道、原始神道の実態を現在の私たちが想像することさえ難しいものとなっているのだが、神社神道となっても、磐境《いわさか》や神籬《ひもろぎ》など、その原始的な部分が残っているのが、日本の神道という宗教なのである。

2　石神と道祖神

柳田國男は、その『石神問答』（『柳田國男全集15』ちくま文庫、一九九〇年）で、「シャクジ」について、こう書いている。

文字はあて字にて度々書改めあてにもなるまじく候へ共、新編武蔵風土記稿には小生の勘定では二十五箇所のシャグジ有之候処、石神と書くもの六、石居神《しゃごじん》一、石神井社二（外に石上《いしがみ》と称するもの三社有之候）、残り十六のシャグジは、釈護子、遮軍神、遮愚儞、蛇口神、社宮司など丶かき申候。御地の駿河志料には九十五のシャグジを挙げたる中に、石神とあるもの僅に十、其他は社宮司、左口司など最多く又、山護神、左久神、射軍神など丶も有之、石護神と云ふのも一所見え申候。尾張志には六十六のシャグジを挙げたる中に、石神とあるのは唯三つにて、其他の多くは仮名にてシャクジ又はサグジと有之候、大字小字の地名には石神と書きてイシガミ又はイシカミと云ふもの諸国に少なからず候へ共、其処にシャグジを祀れるものは多からずと被存候。

『石神問答』という題名なのだから、柳田國男自身は、「シャグジ」は、漢字で「石神」であると考えているようだが、統計的には「石神」と書くのは十例にしかすぎないと否定的な口吻も見せる。口で話され、耳で聞いたものが転訛してゆくのは当然のことで、漢字表記が一定しないのは、その神の「御正体《みしょうたい》」がやっぱりはっきりとしないからだろう。しかし、それはこの神「シャグジ」が一般の民衆から遠くあったからではない。むしろ、あまりありふれすぎていて、目に慣れ、耳に慣れたものだから、転訛するままに、皆はてんでに「ミシャグジ」だの「シャグジ」だの「ミシャグチ」だのと、言い伝えたのだ。それで、他の神と誤解されるおそれはほとんどなかったからだ。「ミシャグジ神」を神秘めいた、「御正体」のわからないものとしたのは、諏訪大社の神官たちだったと思われる。「恐レアルニヨリテ是委《くわし》クセズ」と彼らは「穴巣始《あなすはじめ》」の祭儀を神秘化して、秘儀化する。そのことによって、「大祝」以下の諏訪神社の神官たちは自分たちを特権化する。「ミシャグジ神」「ソソウ神」の〝御正体〟を見れば、それは単なる、茅（萱）で作った三体ずつの小蛇と大蛇でしかない（男女の性器を象徴していると思われる）。そしてそれはもっと古式のものに遡れば、諏訪大社の前宮のある地域から発掘されたフネ遺跡のような縄文の遺跡から何体も発見される男根を模した石棒、あるいは女陰を模した石皿（岩の裂け目）のようなものでしかない。それは男根崇拝、性力崇拝と呼ぶまでもなく、多産、豊饒を祈念するプリミティヴな原始的な宗教感情に基づくものにほかならないのだ。

石神は、道祖神である。またの名を「塞《さえ》（斎）の神」ともいい、都邑や村落の境界を示す道標のような神だった。道祖神といえば、和泉式部との関わりで、こんな面白い話が『宇治拾遺物語』にはある。

今では昔のことだが、道命阿闍梨《どうみょうあじゃり》という、道綱殿の子で好色な僧がいて、和泉式部のところに通っていた。読経がうまく、ほれぼれとするほどだった。ある日、和泉式部のところに行き、二人で寝たのだが、目を覚ましてから法華経を心澄まして読んだ。八巻まで読み、明け方、もう一眠りしようとした時、人の気配がしたので、「あれは誰ぞ」と問いかければ、「おのれは五条西洞院のほとりにいる翁である」と答える。「こは何事ぞ」と道命がいうと、「このお経を今夜、お聞かせいただいたのは、世々生々《せぜしょうじょう》、忘れがたく思います」という。

道命が「法華経を読むのは常の事で、今日に限ったことではないのに、なぜそういうのか」といえば、斎の翁（道祖神）、曰く「清浄な身で読めば、梵天や帝釈天始め、神々しい神たちが聴聞していて、翁ごとき者が近づく事など及びません。今夜は、（和泉式部と寝たまま）、行水もしないで、読経したので、梵天も帝釈天もいないので、翁が間近に近寄って聞くことができたのでありがたく思っている」といったのだった。

道祖神、塞《さい》の神は、梵天や帝釈天などのそばにも寄れないほど身分の低い、卑しい神だったのである。

これは、今でも韓国の村落の入り口や田舎道に立てられている「天下大将軍」と「天下女将軍」の一対の長栍《チャンスン》を彷彿とさせる。荒淫で有名な和泉式部と、好色な道命法師の組み合わせだから、こんな艶笑譚も生まれるのだが、道祖神＝賽の神が性神であることを、この話は示していると考えられる。

それともう一つ、道祖神自体が性神だった。塞の神の始めは、都の四つ辻に立てられた、一対の木の柱で、そこには顔と、男根と女陰の性器が彫刻されていたという。

『本朝世紀』の天慶元年（九三八年）の項にはこうある。

近日、東西両京ノ大小ノ衢《ちまた》ニ、木ヲ刻ミテ神ノ形ヲ作リ、相対シテ安置ス。凡《およ》ソ厥《ソノ》躰像《スガタカタチ》タルヤ、丈夫ニシテ髣髴タリ。頭上ニ冠ヲ加エ、鬢ノ辺リニ纓ヲ垂レ、丹ヲ以テ身ヲ塗リ、緋衫《ヒサン》ノ色ヲ成セリ。起居同ジカラズ。遆信《タガヒ》ニ各ノ皃異ナレリ。或ヒハ又、女ノ形ヲ作リ、丈夫ニ対ヒテ之ヲ立ツ。臍ノ下、腰ノ底ニ陰陽ヲ刻ミ絵《エガ》ク。几案ヲ其ノ前ニ構エテ坏器ヲ其ノ上ニ置キ、児童ラ猥雑《ミダリガハシ》ク拝礼スルコト慇懃ナリ。或葉幣帛ヲ捧ゲ、或ハ香花ヲフ。号《なず》ケテ岐《クナド》ノ神ト曰ス。

「岐《くなど》の神」とは、『日本書紀』の「一書」にある、イザナギが黄泉の国から遁走する時に、追いかけてくる雷神を退散させるために投げ捨てた杖のことを「来名戸《くなと》之祖神《のさえのかみ》」という。黄泉の国と地上の国との境にある路上、路傍の神ということになる。

縄文遺跡から出土する石棒と土偶は、道祖神のように、長栍《チャンスン》のような木の柱と変化した。石器時代から（青銅器時代を経て）鉄器時代へと変遷してゆくうちに木を伐採したり、削る鋸《のこぎり》や鉈《なた》や鉞《まさかり》が生まれていったのだ。それによって樹木を切ることも削ることも容易になったのだ。

3　石神・百神・御射山祭《みさやままつり》

諏訪信仰のミシャグジ、ミシャグチ、シャグジ、シャグジン、シャグンは、道祖神としての「石神」に帰結するものと私は考えているが、もう一つ考えているのは、「百神（ヒャクジン、ヒャクシン）」のことである。シャクジンとヒャクジンの音が似ていることがその根拠の一つだが、もう一つある。平安時代晩期の碩学・大江匡房《まさふさ》（一〇四一～一一一一）の『傀儡子記《くぐつし》』には、こんな記述がある。「夜は百神を祭って、鼓《こ》舞《ぶ》喧嘩《くわんくわ》して、もって福助を祈る」と。また、『傀儡子記』の姉妹作ともいえる『遊女記』には、「ことに事《つかまつ》る百大夫《ひやくだいふ》は、道祖神《さへのかみ》の一名である。個人ごとに、別々にこれを掘って持っていれば、数は百千に及ぶだろう。よく人の心を蕩《とろか》す。また古風なものである」とある。

「百神を敬重し、夜において欠くる事有る無し」と山上憶良（六六〇～七三三頃）の『沈痾《ちんあ》自《じ》哀文《あいぶん》』にはあるが、この場合の百神は、道教における百もの、雑多な神々ととることができる。『抱朴子《ほうぼくし》』などの道教経典に見られる神々の類だ。こうした様々な神々としての百神が、あたかも固有名としての「百神」という名前の神として考えられるようになったのは、いわば必然的なものであった。

大江匡房の『傀儡子記』『遊女記』の百神、百太夫となれば、固有名の神の名に限りなく近づいてくるように思える。異邦の、異風の神という属性が強まり、見慣れた神仏とは異なった異教徒の奉侍する神というイメージだ。

「遊女」はまた「傀儡女《くぐつめ》」といい、傀儡子の男たちは、狩猟や奇術や曲芸や人形廻しをやって生計の道を立て、女たちは夜は川べりの水駅や船宿において媚《こ》びを売る。大江匡房の筆によれば、傀儡子も遊女も同類のものだから、彼（彼女）らが信仰する「百神」あるいは「百太夫」とは、同じ神であり、それは一名「道祖神（さへの神）」とも呼ばれるものなのだ。

もともと「百神」とは、いかなる神かを同定せずに、「もろもろの神」として、多様な神のことを意味していたが、ここでは「百神」という固有名的な名を持つ「神」へと変化している。

『梁塵秘抄』には「男の愛祈る百太夫」とあるから、遊び女（傀儡女）たちが、持仏として「百太夫」を持ち、自分の商売の千客万来の繁盛を祈願する神であることが分かる。それが道祖神であることを考え合わせれば、その「御正体」は、江戸時代の遊廓の神棚に祭られていたという「金精（金勢）様」、すなわち男根を模した棒状の木の彫り物であると考えられる。

「百神」と「百太夫」とは本来同一のものと考えられるが、「白神」「白太夫」と変化し、「はくしん」「はくたゆう」から「しらかみ」「しらたゆう」と転訛して、東北地方の「おしらさま」へまで繋がってゆくと考えられている。西宮戎《にしのみやえびす》（恵比寿）として知られる西宮神社には境内に百太夫社があって、傀儡子たちの守り本尊としての百太夫が祀られている。これはもともと神社近くの散所（被差別部落）に祀られていたものを移したもので、傀儡子たちの扱う木製の人形「手くぐつ」から転訛して「でくる」「でく」となり、「木偶《でく》の坊」へと変化したと思われる。西宮戎の「百太夫」は「道念坊」なる名前を持つが（百太夫社のお札にある）、これは「でくのぼう」の変化だろう。これ以外に「くぐつ廻し」「ほとけ廻し」「ゑびす掻き」といった言葉で傀儡子の生業である人形戯を称するが、淡路島に本拠を持つ人形浄瑠璃の各座は、西宮戎社を参拝することを旨としているのだ。

宇佐八幡宮の摂社ともいえる八幡古表《こひょう》神社（福岡県築上郡吉富町）と古要《こよう》神社（大分県中津市）には、相撲人形という人形が御神体として奉祀されており、古朴な人形が相撲を取り、住吉様（住吉神）がもろもろの神に勝つという人形芝居が行われる祭儀がある。宇佐の八幡神が、隼人を多数殺戮したことの供養のための鎮魂の儀式ともいわれ、四年に一度（潤年）の放生会《ほうじょうえ》として実施されるのである（宇佐神宮の近辺には、隼人《はやと》塚や化粧井戸、首塚など、隼人との戦闘を記念するような遺跡がある）。

相撲人形は、片足が長く、棒状になっており、褌《ふんどし》に丁髷《ちょんまげ》という裸体の木製の人形で、衣装はなく、素朴で原始的な古型の人形といえよう（隼人や熊襲《くまそ》などの先住民の征伐には、伝承として、人形を用いるという詭計の戦術が取られる場合が多い。薩摩の弥五郎《やごろう》人形にも、そうした信仰の痕跡が見られる）。

ミシャグジは、これまで語ってきたように、多くは陰陽石であり、あるいは男根型の石祠であることが知られている。とりわけ、信濃地方にはそうした石祠が多く、塞の神、路傍の境界神、馬頭観音の石仏のようなものとして、土着の民俗神として現在まで尊ばれ、崇《あが》められて、近辺の住民に大切に奉仕されてきたのである。

それらが非定住民としての傀儡子（傀儡女＝遊女）集団が木製のものとして持ち運ぶようになり、小型化して「百神」となったと考えられるのだ。定住農耕民と被定住の〝道々の輩《やから》〟も、本質的には同じ神を祀っていたといえるのである。

もちろん、「石神」と「百神」とが、直線的に結びつけられるということではない。特殊階層の放浪民としての傀儡子や遊女（傀儡女）たちの奉祀する「百神」と、信濃の国の草深い田舎の路傍に置き忘れられたような「石神」とを同一視することは少し飛躍したものかもしれない。しかし、百神には芸能神、技芸神、遊戯神などの性格もあって、傀儡子の生活容態から、狩猟神の意味合いを持っていることも、「百神（ヒャクジン）」と「石神（シャクジン）」との思いがけない近さを示すものであるといってよい。

大江匡房の『傀儡子記』によれば、「傀儡子」は、「定まれる居《をりところ》なく、当《まも》る家なし。穹廬氈帳《きうろせんちやう》、水草を逐《を》ひてもて移徙《いし》す。頗《すこぶ》る北狄の俗《ならひ》に類《に》たり。男は皆弓馬を使《わきま》へ、狩猟をもて事と為す」とある。こうした彼らの生活習俗から、柳田國男は「ジプシーの片割れか」とも考えたほどだが、これは一般的に「山の民」とされた狩猟民の習俗と考えて別段不可解なものではない。弥生時代から稲作農耕を中心としてきた「里人」からして見れば、奇妙で異様な生活様式として見えたかもしれないが、竪穴式住居ではなく、移動式の天幕の住居に住み、弓馬を使って狩猟をもっぱらとするのは、別に渡来系の異民族に限らず、この頃の日本列島には、関東、東北には多くこうした「狩猟民族」がいたのである。

諏訪信仰に関わることとしては、御射山祭《みさやままつり》があった。これは狩立神事《かりたてしんじ》の一つと思われるが、後には、大祝、神官、祭官、氏子たちなどによる神事、祭事ということよりも、庶民を巻き込んだまさに祝祭的空間と化していったことは、その祭の展開を見ても明らかなことであると思う。御射山祭は、本来の狩りの神事よりも、麓の原で行われる祭の方が拡張されることになる。そこでは、大祝や神官たちのために桟敷席が設けられ、上層部の人々はそこで流鏑馬《やぶさめ》や猿楽などを見物し、多く集まる庶民たちのために、手品や曲芸のような大道芸や、人形廻しや奇術や魔術の見世物芸も、ふんだんに行われ、まさに傀儡子や傀儡女たちの活躍する移動祝祭の空間が、御射山一帯には現出したのである。

郷土史家の伊藤富雄（一八九一〜一九六八）は、諏訪大社下社の御射山祭について、『御射山祭の話』という小冊子を書いている。それによれば、祭祀期間は七月二十六日から前後五日間で、こんなことが行われる。

七月二十六日　登満《ノボリマシ》　饗膳　宿泊
七月二十七日　一之御手幣《ミテグラ》　狩猟　饗膳　宿泊
七月二十八日　二之御手幣　狩猟　宿泊
七月二十九日　三之御手幣　狩猟　宿泊
七月三十日　下御《クダリマシ》　饗膳　上ゲ矢の奉奠

最初の日は、大祝以下、大小の神官と多くの氏子や御頭役らが早朝、本宮前から出発し、旧御射山に向かう。御射山祭は、諏訪大明神が親しく狩猟に臨む神事なので、神長官が黄金の御札に神名を書いて、これを捧持する。途中、酒室社に詣で、ここで饗膳の儀式が行われる。これは神人共餐式でいわゆるあいなめの儀式である。つまり、神を祀る人々が神前において神と酒食を共にし、神慮をいさめ奉るもので、神前に供物を供えるとともに、祭祀関係者全員が饗膳に与《あずか》るのだ。この饗膳の費用はすべて御頭役が勤仕するもので、神幸の鞍馬、武具、小袖などの引き物は豪華を極め、人々の目を驚かすものであったので、御頭役の負担は決して軽いものではなかった。

すべては山中で行われるものなので、一行は仮屋を作って宿泊した。その仮屋は、尾花をもって葺かれた。この季節には尾花はすべて穂が出ていたから、これを「穂屋」と呼んだ。霧ヶ峰の旧御射山の遺跡には、この「穂屋」の土壇の跡が残っている。

二十七日の早朝には、山宮に奉幣が行われた。山宮とは御射山の本宮で、狩猟神を祀った社である。そこで一之御手倉として大祝以下の大小の神官が榊を奉じて、山宮に詣でる。この時の祝詞はこんなものだ。

かけはくもかしこし、つねのあとに□つかゑまつる御射山の御狩山にあゑちの御手幣を申ししはこそうむしとてこむし給あに、政所はくつはのもとにしゝ（鹿）むらかた（肩）をならへ。のさは（野沢）をわたるとも、いやる（射遣）やまにあてさせ給はす、しゝのこのふとはらにやかけ（矢懸）させ給へ、やかけのなかににこ（柔）いけにあら（荒）いけ、あらいけに　にこいけ、ゑら（撰）ふことなくとらせ給へ、かしこみも〳〵ぬか（額）つか（突）申し。

まさに狩猟神たる諏訪大明神に捧げる祝詞《のりと》としてふさわしいものだ。そのあと、揚馬の儀式が終わり、御狩りに出発し、山中に分け入ることになるのだが、この時の山中狩猟の様子を『諏訪大明神画詞』は、こんな風に描写している。

大祝は時に至って望見し、狩奉行が山口を開いて、すなわち狩りの面々が競い争って狩場に出ると、千種の花が高く茂って人馬を隠す。わずかに弓の筈や、笠につけた花などが見える程度だ。この時、禽獣は、あるいは飛揚しあるいは馳走して、狩人たちは妄《みだ》りに騒がしい。伏木や岩石などの障害物ものとはせずに、数百騎が轡《くつわ》を並べて、山中から一切を漏らさず立ち塞がる。……

七月二十九日の饗膳の時には、矢抜きの儀が行われる。これは三日間の狩猟での成果を検証するもので、見事、鹿を射止めた者には褒賞が出た。尾花を取り揃えた尖矢を大祝から授かるのである。その数は、大鹿を射止めた者、八筋、中鹿六筋、妻鹿・鹿子鹿は各三筋であり、これはこの上ない名誉とされた。いかにも、狩猟神を祀る御射山祭にふさわしい競技なのである。

4　ミシャグジ・宿神・夙神・荒神

こうした神事から始まった信仰行事が、本来の祭儀本質的な意味を忘れ、フェスティヴァル、ページェントの色彩を濃くしてゆくことはありがちなことだった。たとえば、京都の祇園祭は、もともと祇園感神院（明治以来、八坂神社）の西の間（頗利采女《はりさいじょ》、少将井）、中の間（牛頭《ごず》天王）、東の間（蛇《じゃ》毒気神《どくけしん》、あるいは八王子神）の三つの神輿の渡御がメインの祭儀だったのに、今ではそれの付属の行事にしか過ぎなかった山鉾巡行が、すっかりメインの祭事となっているのが、その例だ。町衆の行う

山鉾曳きに、基本的に祇園感神院は関与しないのである。それは祇園信仰の神事とは別のものであるからだ。（註一）

諏訪大社でも、主要な狩りの祭事として、年に四回の神事があった。五月二日から四日までが「五月祭」の「押立御狩神事《おしたてみかりしんじ》」、六月二十七日から二十九日が、「御作田」、すなわち「御作田押立狩神事」、七月二十六日から三十日は、「御射山《みさやま》」、すなわち「御射山御狩神事」、そして九月下旬の秋大祭前に「秋庵」、すなわち「秋庵祭（秋山祭）」である。

これらの祭事も、最初は神官たちによって厳粛な狩猟の神事が行われていたはずだが（もちろん、神事そのものは継続されているが）、付属の祝祭的な部分、つまり〝お祭り騒ぎ〟的な側面が拡張され、膨張してきたことは否めない真実であると思う。

伊藤富雄が『御射山祭の話』で引く『画詞』には、こうある。

凡そ諸国の参詣の輩、伎芸の族は、七深山から群集して、一山に充満する。今夜参看の貴賤さまざまな面々は、信を起こして掌を合わせて祈念する。諸道の輩は衆芸を披露する。また、乞食や非人などもここに集まり、参詣の施行にはさらにいとまがない。都鄙の高客は所々に市をなすほどで、盗賊退治のために社家の警固の者が目を光らす。巡人の甲士は昼夜を怠らない。

「伎芸の族」とは、白拍子、巫女、田楽、呪師《のろんじ》、猿楽などの大道芸人のことだと、伊藤富雄は註している。『傀儡子記』や『遊女記』、そして『新猿楽記』に書かれたような「道々の輩」の大道芸が、平安の時代から鎌倉の時代に至るまで、子々孫々を通じて伝承されていたとみるべきだろう。

それは祇園祭が、本来祇園神の三台の神輿の神幸はそっちのけで、壮麗な山車《だし》が行列する山鉾巡行に代表されるものとなり（これは町衆が采配する）、祭りの期間中、五条河原では傀儡子や遊女たち、歌舞伎者たちがさまざまなパフォーマンスを展開する祭事空間となったことと同様である。

つまり、それは、諏訪大社四社の「御射山祭」にも典型的に見られるものだ。石神と百神とが単純に同一神として伝承されてきたものとは思われないが、諏訪信仰のもっとも基層的な部分にある「ミシャグジ」神＝石神と、傀儡子、傀儡女たちの持ち歩いた百神＝百太夫＝木偶の坊の信仰が、民衆たちの間で信仰されてきた素朴な神であるということで、共通した精神を表現しているのである。

宗教人類学者の中沢新一（一九五〇〜）は、『精霊の王』（講談社学術文庫、二〇一八年）の中で、やや強引に「ミシャグジ神」を「シュグウシン（守宮神）」へと引きつけ、「シュクシン（宿神）」へと導いてゆこうとする。蹴鞠や猿楽能などの芸道・芸能の神としての「宿神論」を展開するのだが、その幻術（目眩し）めいた論理の根拠としてあるのは、ただミシャグジ＝宿神＝後戸《うしろど》の神、という連想ゲーム的な中沢氏一流の思い込み、ないしは誤解にほかならない。

なぜなら、中沢新一のミシャグジ神＝守宮神＝宿神という補助線の引き方では、諏訪信仰のお膝元である信州の各地に数多くあるミシャグジと呼ばれる小祠や、道祖神、石仏、賽の神（夫婦神）、馬頭観音などのあることを説明することができないからだ。

中沢新一の父君である中沢厚（一九一四〜一九八二）が『石にやどるもの　甲斐の石神と石仏』（平凡社、一九八八年）で示しているように、街道の辻や道端にある馬頭観音や地蔵神も含めて、素朴で飾り気のない「石仏」が、アーカイックな微笑を湛えて、日本の街道筋に多数、祀られているのはよく見かけられるものであり、「石神」＝ミシャグジは、日本の神信仰のもっとも基底にある信仰にほかならないからだ。

また「宿神」には「夙《しゅく》の者」、すなわち大きな寺院や神社などに所属し、清め（清掃）や祭事芸能、雑用に奉仕した賤民たちの存在と切り離しえないものがあり、いわゆる被差別部落の人びとの関与を避けて通るわけにはゆかないものだ。ただし、諏訪信仰や熊野信仰のような、京洛から離れた辺陬の地にあった寺社には神人《じにん》などと呼ばれた賤民階級の存在は確認されていない。

被差別民のもっとも主要な業務である動物の屠殺や解体などの仕事を行っていたのは、諏訪大社の場合、「祝《ほうり》」＝屠りといわれた神官たち自身なのであり、諏訪大社の重要な祭事である狩猟が、そうした事柄を伴うものであったことは自明なのである（もっとも、狩猟で鹿を射った場合、その獲物の解体や肉や皮革の活用などは、配下の者に任せていたことはいうまでもないが）。つまり、諏訪信仰は、中世・近世に起源を持つ、被差別民の発生以前の信仰なのであって、弥生時代、古墳時代の古代王権の成立以前に（つまり、縄文の古墳時代に）発生したものと考えてもよいのである。宿神＝夙神＝荒神といった信仰の系列は、ミシャグジ信仰（道祖神＝塞の神）とは直接的には結びつかないものと思われ、常行堂《じょうぎょうどう》の「後ろ戸」の神としての芸能神である摩多羅神《まだらじん》とは、一線を画したものと考えた方がよい。秘仏、秘神である摩多羅神へと繋げてゆくことは、方向違いといわざるをえないのだ。

吉野裕子は、その著書『蛇　日本の蛇信仰』の中で「ミシャグチ神」という章を設け、諏訪信仰のミシャグジ神を取り上げている。吉野の説では、「シャクチ」は、「赤蛇《しゃくち》」であり、蛇信仰そのものだと説いている。吉野は、諏訪神社にご神宝として伝わる「サナギ（佐奈伎）の鈴」も蛇であって、神使（おこう）たちがミシャグジ神の神降ろしを行う時にこの鈴を振って使ったのは、蛇神としてのミシャグジ神を降ろすためのものだといっている。「サナギ」は「小蛇」の意味であり、その頭部は蛇の頭（蛇頭）、鈴は尾部（蛇尾）を表しているというのである。「御室神事」で明らかに蛇の作り物が使われることを考え合わせても、こうした蛇信仰が、諏訪信仰の基層に大きく関わっているということは頷けることだ。吉野裕子は、こうも、いっている。

かつて盛行をきわめた諏訪上社の一連の古伝祭は蛇祭祀と推測されるのであるが、おそらく縄文時代までさかのぼるその蛇信仰とその祭祀の原型は、上社の古伝祭とはかなり異なったものだろう。その変化の推移の大筋を私は次のように考える。

巫女の手中にあった蛇祭祀は、いつの世にか男性によって奪取された。男性によって奪取された祭祀権はさらに、ミシャグチ神の憑依者、現人神としての大祝《おおほうり》と、ミシャグチ神の神降しをすると同時に、深重にこの神に奉仕する神長官の両人に分掌されることになる。

ミシャグジ神が「赤蛇《しゃくち》」というのはいささか無理があるし、なぜ、蛇祭祀権が巫女から男性祭官に奪取されたのかは、この説明だけではよく分からないが、ミシャグジ神が蛇信仰に基づいていることは、道祖神としてのファルス信仰ともそれほど矛盾や齟齬はなく、概《おお》ね承認できることだろう。シャクジンに、「赤蛇」という宛字がないことが逆に確立が高くなるという逆説というのは、牽強も甚だしいが、そんな無理筋ではなく、蛇信仰を主張することは可能だろう。こうした蛇信仰が縄文時代にまで遡ることは、縄文式土器の縄文自体蛇を象《かたど》っていたり、土偶には蛇のような髪をしたメデューサのような髪型があることからも証明することができる。すべての文様や象徴を「蛇」だとする、吉野裕子流の〝汎（蛇）神論〟にはいささか疑問を持たざるをえないが、諏訪信仰の祭祀に蛇祭祀が関係していることは間違いないと思われるのである。

5　御柱祭

諏訪大社の御柱祭は、六年に一度行われる。上社と下社の二社の境内に、樹皮を剝いだ樅の柱が四本ずつ、計十六本が立てられるのだが、それが寅と申の年、六年に一度、新しい柱に立て替えられるのだ（ただし、御柱となる樹種が樅と限定されるのではなく、杉、檜、樫、椹《さわら》、唐松などがこれまでに使われていた）。信濃の諏訪の森から伐られた大樹が、大木の丸太となって山から諏訪社にまで柱に綱をつけて曳きずられ（里曳きという）、運ばれてくる。その途次、切り通しの崖を滑り落とす「坂落とし」が、一つのハイライトの行事となっているのだ。

氏子の男たちが、柱に跨《またが》るが、その先頭で幣《ぬさ》を振り立てて音頭を取る勇み肌の男がいる。崖を滑り落ちるまでに、柱から振り落とされずにいるのを競い合うのが、この祭事の眼目だ。男っぽさ、危険をものともしない勇敢さを示す晴れの舞台なのだ。

今では諏訪大社といえば、御柱祭を無視して語ることができないものとなっているが、諏訪信仰という面からすると、これは信仰の本来の中心にあったものとはいえない。寺田鎮子（一九四〇～）・鷲尾徹太（一九五五～）著の『諏訪明神　カミ信仰の原像』（岩田書院、二〇一〇年）によれば、「御柱」については、これまで八つほどの説が唱えられている。それは、

（一）住居の四隅柱の象徴
（二）聖域（神殿）結界
（三）土地神鎮撫
（四）諏訪明神（あるいはミシャグジ神）神体の表象
（五）神霊降下の依り代
（六）陰陽思想の表現（四神、四季）
（七）仏教思想の表現（四天王、四菩薩、慈悲喜捨の四心、など）

（八）「聖なる樹木」（宇宙樹、中心樹、御神木）の変形

といったものだ。これらはいずれも可能性があるが、いずれもこれだという決め手に欠くものだ。本質的には、宇宙樹、世界樹といわれる樹木信仰、大樹信仰という世界的普遍性を持つ信仰の象徴物であると思われるが、具体的には、諏訪明神、すなわちミシャグジ神の依り代として表象化されたものというのが一番妥当なところだろうか。

御柱祭は、次のような行事の過程を経て、行われる。

①見立て。これは山の中で御柱とする樅の木を探し、見立てることである。
②担当する柱を籤引で決める。綱を縒《よ》る、その他の付属品を準備する。
③斧・鋸の火入れ式。御柱は、斧と鋸で伐採される。そのための道具を用意する儀式だ。
④伐採。実際に山の中で「御柱」となる木を切り倒す。
⑤山出し。切り倒した木を山中から麓へと運ぶ。
⑥御柱休め。一時的に「御柱」を休所に安置する。
⑦里曳き。諏訪大社の四社まで、人々が綱を曳いて来る。
⑧建御柱。御柱四本をそれぞれ四隅に立てる。
⑨御柱固。しっかり地面に掘った穴に御柱を埋め込み、固定する。

そもそも「御柱」を森の中から伐り出し、それを坂落としにしたり、里曳きにしたり、そしてそれを神社境内に立てるということ自体が「祭」であるわけではない。それはあくまでも祭事のための準

備や段取りの問題であって、現在のように、観光客が何十万人も集まるようなメインの祭事でなかったことは明らかなのだ。

祭が本質的な部分ではなく、むしろ付随的なところが拡大され、膨張的に拡張してゆくということはよくある現象だろう。たとえば、青森の「ねぶた」といえば、武者絵、歌舞伎絵の中から飛び出した立体的な紙貼りのねぶた人形の雄渾さが売り物となっていが、実はねぶた人形が大型化していったのは、近年（戦後以降）のことであり、それまでは弘前の「ねぷた」が示しているように、扇形の提灯に武者絵を描いたような小型のものだった。

もっとはっきりしているのは、札幌の雪祭で、大通り公園に市民たちが小型の雪だるまのような雪像を作ったのがきっかけで、現在は自衛隊の部隊が一、二か月もかけて作る大型の雪像が、雪祭のイメージを決定づけているのと同様である。

現在の「御柱祭」は、むしろ昔の「御射山祭」のイメージを復元したもののように思える。富士裾野の巻狩りは、『曽我物語』によってよく知られているが、この大々的な巻狩りが「御射山祭」の原始的なイメージを担っているもので、諏訪の支配者層と民衆とが、共同で盛り立ててきた祝祭といえるのである（なお、京都の祇園祭の山鉾の中には「御射山」という山車《だし》がある。これは京都の御射山町〔元・諏訪町〕に諏訪神社があり、この町衆が出している山鉾なので「御射山」なのである）。

6 韓国の別神祭《ビョルシンジェ》

韓国には、古くから伝わる「別神祭《ビョルシンジェ》」と呼ばれる郷土祭がある。「ビョル」は、「別」という漢字が当てられるが、朝鮮語の固有語（漢字語ではない）で「星」という意味であり、「ビョルシン」は星神とも解釈されるが、「別神」という神の名とされることも多い。城隍神《ソナンシン》というのは、もともと中国の城郭の中の土地神のことだが、韓国では山神のことも城隍神と呼ぶ。老翁の姿とされる山の神の乗り物であり、後には山神そのものとされたのが虎ということになる。

韓国で、もっとも古くから続けられているということで、恩山《オンサン》別神祭は昔から有名だが、これは忠《チュン》清南道《チョンナムド》扶余郡《プヨクン》にある恩山で、旧暦五月五日に、四年に一度行われる村の祭である。別神祭の一般的な祭典の式順は次のようなものだ。

朝早く、村の中心にある城隍堂《ソナンダン》の前のマダン（庭）で、中年女性の巫堂《ムーダン》と、白装束に冠《カッ》姿の祭官（村人）が集まり、行列を作って裏山の森（林）に入る。

巫堂が神の降りる適当な木を見つけると、枝や葉をつけたまま切り倒し、神竿とする（神官一人が肩で担げる程度の木である）。神竿とされた木には、干し魚や色布などをくくりつけ、祭官がそれを肩に掛け、巫堂を先頭に山を降りて、村の城隍堂に帰り、神竿を祭場に立て、巫祭が始められるのである。（註三）

東海（日本海）に面した、江陵道の江陵《カンヌン》の端午祭《タノジェ》の場合は、旧暦の五月五日、巫堂と祭官の数人が、江陵の町に近い大関嶺城隍堂《テガンリヨンソナンダン》の山に入り、やはり神の降りる神樹を伐り出してきて、その樹木には白い布、色紙の飾り、干物の魚などを括り付け、その神樹を、大関嶺の麓にある大関嶺女城隍堂《テガンリヨンヨソナンダン》へ行き、そこで男神と女神を出会わせ、祭事が行われる江陵市内の南大川《ナムデチョン》の河原敷きの祭場に運び込む。

そこには、すでにテントの祭場が作られ、老若男女の観衆が集まっている。色紙の花や、龍船や吹き流しのような飾りで飾った祭壇に、神樹を立ててから、巫堂の踊りや歌、神降ろしの語りなどの巫祭が三日間に亘って実施されるのである（花郎《ファラン》〔もともとは新羅時代の戦士団的青少年たちのこと〕と呼ばれる、太鼓や杖鼓《チャンゴ》、鉦などのお囃子がつく）。巫堂と花郎とは親族関係にある。

祭場の周囲には、屋台の食べ物屋や露店がびっしりと軒を連ね、見せ物小屋やサーカスの大テント、鞦韆（クネテギ）や、韓国相撲（シルム）の砂場、江陵仮面戯（タルチュム）が催され、大々的な祝祭空間が繰り広げられるのである。

同じく、東海に面した漁業の村（ワカメ、イシモチなど）、日光《イルグァン》で行われた別神祭は、海辺に近い堂山木《タンサンモク》のある祠《ほこら》の前に神竿を立て、彩《いろどり》の鮮やかな、昔の武官の衣服を巫女《ムーニョ》の衣装として着た巫堂が、花郎のお囃子を伴い、巫儀を開始するのである。

周囲には老若男女、村のほとんどの住民が、クッ（巫儀 굿）を見るために蝟集している。山から下ろしてきた神竿は一旦は海辺にまで下りて、海で亡くなった漁夫や船乗りのための鎮魂の行事を行う。それから村のマダン（広場、庭）で別神祭が数日間にわたって行われるのである。

山から木を下ろして、それを祭場に立てて祭事を行うという意味において、この別神祭の神竿、神樹は、御柱祭の「御柱」と同じ意味合いを持っている。つまり、別神祭で祭官が神竿を担いで山道を下る道程が、御柱祭では祭そのもののプロセスとして表現されるのである。

御柱祭と別神祭を実地に体験した私にとって、この二つの祭は、その規模の大きさや、参加者、見物客の多寡を別にすれば、同じような信仰心から出てきているように思える。目に見えない神は天から降臨する。それは樹木の先、木の枝の頂点に降りてきて、私たちの住む里へと運ばれてくる。別神祭の祭壇に立てられた木の下で歌舞賽神を行うのは、まさにこの世に降りてきた神を歓迎し、喜ばせるためであって、祭りが終わった後は、神竿や紙花などのつくり物を含めて燃やし、気持ちよく天に帰すことが求められているのだ。

7　熊神籬《くまのひもろぎ》

記紀神話の神々の中で、明らかに朝鮮渡来の神として知られているのは、アメノヒボコである（天之日鉾、天日槍と書く）。日光感精神話で生まれた妻のヒメコソ（姫神）の神を追って、朝鮮から日本へと渡ってきたことが明白に記されているのだから（『古事記』と『日本書紀』ではその経緯は異なっているが）、天津神でも国津神でもない、いわば〝海津神《あまつがみ》〟というべきアメノヒボコが持参してきたのが、七種《ななくさ》、あるいは八種《やくさ》の神器である。日本の天皇家には、歴代の天皇が継承する〝三種の神器〟がある。伊勢神宮にある八咫《やた》の鏡、熱田神宮の草薙《くさなぎ》の剣、皇居にある八尺瓊勾玉《やさかにのまがたま》の三種である。『日本書紀』本文では、アメノヒボコの持ってきた神宝は「羽太玉一箇、足高玉一箇、鵜鹿鹿《うかか》赤石玉一箇、出石の小刀一口、出石桙一枝、日鏡一面、熊神籬《くまのひもろぎ》一具、あわせて七草《ななくさ》」であり、「一書《あるふみ》」では「新羅の王の子天日槍来帰り。将て来る物は、羽太の玉一箇、足高の玉一箇、鵜鹿鹿の赤石の玉一箇、出石の小刀一口、出石の桙一枝、日鏡一面、熊の神籬一具、幷せて七物あり。則ち但馬国に蔵めて、常に神の物とす」とある。『古事記』では「その天之日矛の持ち渡りし物は、玉津宝と云ひて、珠二貫。また浪振る領布《ひれ》、浪切る領布、風振る領布、風切る領布。また奥津鏡、辺津鏡、幷せて八種なり（こは伊豆志の八前の大神なり）」とある。

これらの神宝・神具が、朝鮮でシャーマンである巫堂《ムーダン》（巫女《ムニョ》）が、その儀式（巫祭）を行う時に、使う物と類似していることは、夙《つと》に指摘されている。前章で韓国の別神祭《ビョルシンジェ》について、その概略を説明したが、もう少し詳細に語ると、巫堂はクッ（巫儀）の儀礼次第で、剣や領布《ひれ》を左右の手に持って踊ることや歌うことがある。朝鮮時代の武官の服装を模したといわれる巫女服には、玉のついた飾りがあり、帽子には鳥の羽根が飾られる。また、祭壇の神竿には、鏡が取り付けられていたり、紙の切り花によって飾られる（日本においても、榊の木に鏡、剣、玉を飾りつけ、神木とするという例が記紀神話には書かれている）。

つまり、朝鮮から海峡を渡ってやってきたアメノヒボコは、故郷の地で行っていた神事の道具一式を携えて、日本にやってきたのであり、彼が卑弥呼《ヒミコ》や臺与《トヨ》のような巫王であって、シャーマニズムを基盤とする権力者であり、支配者として人々の上に君臨した神官的人物だったのである。

だが、刀や鏡や玉や領布は、分かるとしても、「熊神籬《くまのひもろぎ》」とは何だろうか。この疑問は昔からあった。本居宣長と論争したことで有名な藤貞幹《とうていかん》（一七三二〜九七）はその著書『衝口発』でこう書いている。


「神籬は、後世の神祀也。何にても、其人の体として祭る主を蔵る物也。此を比毛呂岐と訓ずるは元新羅の辞にして、それを仮りて用いるものなり。

たとえば鏡を鋳て、此を其人の体として、常に殯《もがり》に侍する如く供奉するより、仮用いたる辞也。天日槍が携来《たずさえきたりし》、熊神籬も、日槍が父祖の主なること知べし」。


神籬《ひもろぎ》とは、神の依代としての神木、神竿があり、それが立つ地を聖域として包囲する垣のようなものを周囲に廻らすことをいう。神域であり、聖所である。古社には、必ず禁足の地や池があり、そこはその古社の本来の神が天降りしてきた場所として神聖視されるところなのだ（沖縄の「御嶽《うたき》信仰」を思い出してもよいだろう）。四方を榊や竹で囲み、注連縄《しめなわ》によって聖別された場所である。

もちろん、たとえ狭小の地面であっても、聖地そのものを運んでくることはできない。だから、この場合の神籬とは、「一具」とあるところから、そうした神祀として斎《いつ》き守るための一式の道具そのものを意味するのであり、祭具用具一セットといった意味なのだろう。新羅の王子が行う祭事・神事なのだから、朝鮮式となることは疑いない。

「神籬」は、それでよい。しかし、「熊神籬」というのはなぜだろうか。韓国の民俗学者の任東権《イムドングォン》（一九二六〜二〇一三）は、「天日槍：その身分と神宝について」（『比較民俗研究』第十四号、一九九六年九月）という論文の中で、「「熊」や「一具」を切りはなして、神籬だけを意識する解釈は、妥当とは言えない」として、朝鮮の古俗では「山の神」を祭るということや、熊女を母とする檀君神話を持ち出し、熊を神格視する宗教がシベリア、樺太、北海道にまで広汎に分布することを持ち出して、神格化された「熊」との関わりを強調している。しかし、それは一般論にとどまっていて、アメノヒボコが「熊神籬」を持参してきたことの直截的な理屈とはなっていない。朝鮮の家屋には父祖を祀る「祀堂《サダン》」があるが、アメノヒボコが直截的に檀君《タングン》の家系に連なっているのならともかく（その場合でも、女系の先祖を祀ることには違和感が残る）、先祖霊としての「熊」の入った龕《がん》（位牌や仏像などを収めた逗子のようなもの）のようなものをわざわざ日本にまで持ち運ぶ理由は見つけられないのである。

こう考えてみよう。山から神木、神竿に降臨してきた神は、聖別された聖所の「神籬」に移される。神はそこで「熊女」が巣籠もりするように何日間かを「穴」の中で過ごさなくてはならない。それはまさに「御室行事」と同じ意味を持つ。つまり、「熊の巣籠もり」と「熊の神籬」とはまったく同じことなのであって、人あるいは熊が、「神」として生まれ変わるための通過儀礼なのであり、それはどうしても通過しなければならない、必然的な儀式にほかならないのだ。「熊神籬」とはそうした神事を準備するための祭具一式を取り揃えたものであって、人々を精神的に支配するための必需品であり、それは天皇位を践祚するために、鏡、剣、玉の〝三種の神器〟を必要とするように、絶対的に必要とされるものなのである（後鳥羽天皇は、剣璽を継がずに天皇となったことに深いコンプレックスを抱いていたという）。

つまり、「熊神籬」は、「真床追衾《まとこおうふすま》」の目に見える「体」なのであり、「熊神籬」で荘厳された聖所に籠もることによって、支配者としての霊魂を身に着けることが出来るのである。「熊の場所」は「隈（奥）の場所」であって、天下の支配者は、一旦は世界の〝隅《くま》〟の場所に引きこもることによって、本当のマナを身に纏わせた祭祀王として再生するのである。「熊神籬」とは、そのための再生装置にほかならなかった。

8　ビッキの「四つの風」

私は、諏訪大社各社の御柱祭の「一之柱」から「四之柱」までの四本の柱を見ながら、札幌市の「芸術の森」美術館の野外彫刻として展示されている「四つの風」という彫刻作品のことを思い浮かべた。アイヌの彫刻家、砂澤ビッキ（一九三一〜一九八九）の一九八六年の作品である。

この「四つの風」という作品について、作者の砂澤ビッキは、こんな詩（？）を書いている。

風よ
お前は四頭四脚の獣
お前は狂暴だけに
人間達はお前の中間のひとときを愛する
それを四季という
願はくば俺に最も激しい風を
全身に
そして眼にふきつけてくれ

風よお前は四頭四脚なのだから
四脚の素敵な
ズボンを贈りたいと
思っている

そうして一度抱いてくれぬか
（1988年　秋　ビッキ）

札幌の郊外にある「芸術の森」の野外美術館のほぼ中央の、小高い丘の緩い斜面の中腹に立てられたこの作品は、材質が木であることから、最初から風化や腐食、倒壊の虞《おそ》れがあることが指摘されていた。現に、一本の立木が腐食して、倒れてしまった時、残りの三本をどうしようかという根本的な討議が行われた。美術館、博物館側としては、展示品、作品の保持が絶対的条件であり、保存環境の悪い野外に、木彫品をそのまま野晒しにして展示することは論外のことであった。

しかし、砂澤ビッキは野外の展示にこだわった。風が吹き、雨に濡れ、鳥が巣を作り、虫が樹皮を齧り、雪に埋もれる野外でなければ、この作品を展示する意味はなかったからだ。立ててから三十数年の間に、一本の木が倒れ、二本目の木が倒れ、三本目の木も倒れて、現在は、一本のみが辛うじて立っている。

四本の「御柱」は、春夏秋冬の四季を表し、東西南北の四方向を表し、青龍・白虎・朱雀・玄武の四神を表す。ビッキの彫刻も、五・四メートルのアカエゾマツの生木を四本立てたもので、木の中央部分に切れ込みを入れ、凹みを作ったところだけが、手を加えた部分だ（樹皮は剝がしている）。

砂澤ビッキがあえて野外展示にこだわったのは、自然の森や林野に立っている樹木が時を経て、枯死し、倒れ、腐食してゆくことは自然界において当然のことだからだ。ビッキにおいては、自然の樹木と、自分の創る彫刻としての芸術品とは、本来的な区別はなかった。自然の樹木をただ切り倒し、樹皮を剝がし、切る、削る、刻む。こうした自然な工程のみが、ビッキに与えられた手段であり、方法であって、それは芸術家というより、木挽《こびき》や木樵《きこり》や木地師《きじし》たちの手仕事のようなものだ。

丸太、木の枝、木の幹、木の根を、チェーンソーや鑿《のみ》や鉈《なた》、斧《おの》や鉞《まさかり》、彫刻刀のような刃物で樹皮を剝がし、削り、彫るだけの「手」による仕事だけが彼の本領だったのであり、それ以上の加工は自然に背くものだったのだ。

砂澤ビッキがアメリカ先住民のトーテム・ポールに影響を受けたことはよく知られている。トーテム・ポールは、自分たちの氏族のトーテム（伝説上の父祖神）である鷲や熊や渡鴉《わたりがらす》やシャチといった動物を柱上の樹木に刻んだものだが、ビッキの彫刻のポールは、こうした偶像崇拝的な具象的な動物面は彫らない（だから、アイヌの芸術はデザイン的なもので、抽象的な模様の集成として表現される）。前にも述べたように、アイヌは、昔は熊の木彫りやウポポ人形のような具象的な彫り物は行わない。それは和人たちが、近代のアイヌ観光の土産品として造り始めたものであって、本来のアイヌの工芸品ではないアイヌの彫り物技術は、飾り箸や小刀の鞘に彫ったものであって、それは抽象的な文様に限られていた。

砂澤ビッキの彫刻も、そうしたアイヌ芸術を体現していて、人工的な、具象的なものを極力排して、「自然」そのものの樹木に、雨や風や雪や時の〝鑿〟が刻みつけるような、最低限の「手」が加えられているだけなのだ。

だから、「四つの風」という作品が、虫に喰われ、キツツキの巣とされ、蟻や微生物によって中味からボロボロにされて、風倒木となったとしても、それが自然そのものである限り、厭う必要はなかったのである。

これを六年ごとに立て替えるという御柱祭の御柱と較べると、一見正反対の方向と見えるかもしれないが、その根本的な精神は同じであると思われる。自然のままにしておけば、いつのまにか倒れるはずの御柱《おんばしら》と、倒れることを見込んで（予想して）立てた「四つの風」は、「生―死―再生」という自然のプロセス（サイクル）を十分に意識したものだ。風は四本の柱の周りを駈けめぐる。そして四本の柱の中を、互いにぶつかりながら、抜き抜けてゆく。砂澤ビッキは、そうした風、そして自然そのものである四本の「柱」そのものに「抱かれる」ことを望んでいる。そこには、ビッキと自然との性愛的な交歓があり、それが彼が彫刻作品を創る意義にほかならないのだ。

もちろん、諏訪大社の「御柱」と、ビッキの「四つの風」に直接的な影響関係があるわけではない。だが、天なる神が天から降りてくる柱と、風の通り道として四本の柱が、立てられるということと、そこに共通した何かの思考があることは予想される。生まれ、死に、さらに再生するという、巡り来る四季のような「自然」のサイクルが、自然界にも人間の世界にもあって、それが「四本の柱」を見る私たちに自然との共生感を抱かせるのである。

なお、ビッキというペンネームは、東北地方などの方言で「蛙」を意味する言葉で、ユーモラスであると同時に、強い生命力と庶民性のようなものを表現していて、まさに砂澤ビッキにふさわしい名前であると思われる（熊野新宮の高倉山のゴトビキ岩の「ビキ」である）。もちろん、諏訪大社（上社）の「蛙狩神事《かわずがりしんじ》」のように一種の犠牲神となった存在のことを思い起こしたとしても、まったくの的外れとは思えない。それは芸術の永遠性などは信じず、自然の中の樹木のように、いつかは立ち枯れし、風雪に倒れる運命であることを否まないことだ。この時に、作者のビッキは、風雪の側であり、四本の木の側であり、鳥や虫や微生物の側に存在している。季節は死に絶え、回帰し、輪廻することによって「自然（四季）」は存続する。そこに「モノ」としての芸術品は必要ない。ただそこに、風の廻《めぐ》る四つの空間があったことを記憶するだけでいいのである。

註一　祇園祭の原型は、神泉苑で行われていた御霊会《ごりょうえ》だといわれている。そこに牛頭天王と蘇民将来の伝説が関わっていることは、拙著『牛頭天王と蘇民将来伝説』(作品社、二〇〇七年)に詳しい。

註二　御柱祭は、もともと数年、あるいは数十年ごとに神殿を建て替える「式年遷宮」の代わりに行われるようになったといわれる。六年ごとに建物を全部建て替えるには多大な費用と人力を必要とすることは明らかで、それに引き換え、四本の御柱だけを立て替えるのは、随分の節約となるのは明白だ。そうした経済的な理由も、そこには働いていたと思われる。

註三　諏訪神社は、信濃国だけではなく、日本全国に分布しているが、京都の諏訪神社も有力なものの一つである。御柱祭、御狩神事、山車巡行が各地の「おすわさま」で行われている。龍(蛇)踊りなどで有名な「長崎くんち」は、長崎諏訪神社の大祭である。

註四　インドネシアのバリ島では、聖山のアグン山の麓でバリ・ヒンドゥーの神に、結婚の報告をしにきた若夫婦に会った。粽《ちまき》などのご馳走を用意して、親族で宴会をしていたのだが、その側に地面に刺した細い木の枝があり、ベンジョールといって、聖なる場所の標だという。バリ・ヒンドゥーの神々も、木の枝の先に降りてくるのである。

第四章　甲賀三郎の謎

1　甲賀三郎の物語

古代（縄文、弥生時代）の諏訪信仰がミシャグジに形象化されるとしたら、古墳時代は、記紀神話にも登場するタケミナカタ、中世になると今度は諏訪明神は現世では甲賀三郎とされる信仰が広まってきた。説経節、説経浄瑠璃では「諏訪の本地」として知られるものである。

神仏習合時代の諏訪信仰の主人公となったのが甲賀三郎だが、それは祭神自体が変わったということではない。タケミナカタが諏訪神社の主祭神であることは確かだが、中世の諏訪信仰では祭神として甲賀三郎の伝承が大きな意味を持ってくる。「すわの本地」として知られる諏訪神社の縁起譚は、説経浄瑠璃の重要なレパートリーとなっているが、この甲賀三郎の地獄廻りの物語は、説経節、浄瑠璃、歌舞伎などにおいて、「中世神話」として、繰り返し演じ続けられてきたのである。

まず『神道集』巻第十の第五十「諏訪縁起事」は、こう始まる。

ソレ日本秋津嶋ト申ハ、僅ニ六十余箇ノ国ナリ。其ノ内ヲ諸国七道ト名ツケテ、合坂（逢坂）ヨリ東ニハ東海道・東山・北陸道トテ、三国ノ数ハ三十余ケ国ナリ。合坂西ニハ山陽・山陰・南海道トテ、四道ノ国ノ数葉三十余ケ国ナリ。此ノ中ニ畿内トテ、山城・大和・和泉・河内・摂津国トテ、五ケ国ハ帝都明理ノ地ナレハ君王ノ鏡町トテ佐ヲ置ヌ。東山道ノ道初、近江国廿四郡ノ内、甲賀郡ト云フ所自《ヨ》リ荒人神顕レ給ヒ、其ノ御神ヲ諏訪大明神申シ、此ノ御神ノ神応示現ノ由来ヲ委《クワシ》ク尋レハ、人王第三代ノ安寧天王ト氏、此ノ帝ヨリ五代ノ御子孫ニ甲賀ノ権守諏胤ト申スハ甲賀郡ノ地頭

……

秋津嶋、すなわち日本全体を鳥瞰するかの如く始まるのだが、畿内より北は「東海・東山・北陸道」の三道しかなく、蝦夷などの蟠踞《ばんきょ》する〝みちのく〟の地、東北地方など「化外の地」として、『神道集』の作者などには視界に入っていなかったのである。諏訪大明神などと書きながら、諏訪地方をはっきりと認識していたのかも疑わしい。まさに、甲賀三郎の名前通り、甲賀地方と畿内を中心に甲賀三郎譚は、展開するのである。

福田晃（一九三二〜二〇二二）の論文「諏訪の中世神話」（『諏訪信仰の中世　神話・伝承・歴史』三弥井書店、二〇一五年）などに倣って、甲賀三郎の物語の梗概を示してみよう。

（1）甲賀三郎は、安徳天皇の子孫である甲賀権守諏胤《よりたね》と春日権守の娘の三男として生まれる。太郎（長男）・諏致《よりむね》、次郎（次男）・諏任《よりただ》、三郎（三男）・甲賀三郎諏方《よりかた》と名付けられる。

（2）末子の三男でありながら諏方が家を相続し、家の重宝を譲られる。成長してからは弓取の名手となる。春日権守の孫娘春日姫を娶《めと》る。

（3）三郎が、北の方、春日姫を伴い、伊吹山の麓において七日間の巻狩りを催した時、児と変じた魔物（天狗）が、春日姫を攫《さら》って逃げる。三郎は、兄の太郎、次郎の二人とともに、魔物を尋ねて日本の諸国の山々をめぐる。信濃の蓼科山に、魔物が潜んでいる岩屋（人穴）を発

見する。
（4）三郎は、一人でその深い人穴に入り、そこに春日姫を見つけて、救い出す。しかし、春日姫が忘れた鏡を取りに、三郎はもう一度穴に戻る。
（5）兄の次郎が、春日姫に懸想して、我がものとするために、三郎を地底につき落とす。三郎は、地底のなかの七十三の人穴を巡り、最後に、老翁が鹿を追う維縵《ゆいまん》国にたどり着く。三郎が事情を話すと維縵国の国王の翁は同情し、歓待する。
（6）三郎は、維縵国の乙姫（維摩姫）と結婚するが、十三年後に故国に帰ることを目指す。三郎は、鹿狩りに忠節を尽くし、維縵の翁は、帰国を認め、一千枚の鹿餅を用意してくれ、三郎は、それを一日一枚ずつ食べ、やがて浅間嶽の麓に出て、甲賀に帰国する。故郷に帰った笹岡の釈迦堂において、蛇体になって姿を現わす。その釈迦堂の講に集まった老僧たちの昔語りで、蛇体を脱することを知り、維縵国からの着物を脱ぎ、人間として蘇生する。
（7）三郎は、春日姫と再会し、ともどもに震旦の南にある平城国に赴き、神道の法を受ける。
（8）三郎と春日姫は、平城国から本朝に戻り、信濃の諏訪に赴き、三郎は上宮、春日姫は下宮の大明神として示現する。

これは『神道集』にある「諏訪縁起」のあらすじだが、『室町物語集』の「諏訪の本地」になると、三郎の名前が「諏方《よりかた》」ではなく、「兼家《かねいえ》」となっており、「甲賀三郎」の本文は、大きく分けると、「諏方」本系統と、「兼家」本系統とに二分される。「兼家本」では春日姫は登場せず、三人の維縵国の姫君から一人を選ぶという設定となっている。地名も異なっており、伊吹山は若狭の高懸山、維縵国は鹿狩国、また、エピローグでは、甲賀三郎は震旦（中国）ではなく、天竺（インド）へゆくといったような異同がある。また、春日姫を攫《さら》うのは、美しい稚児に姿を変えた「天狗」の仕業ということだが、「兼家本」の一本である『諏訪御由来之絵縁起』（綜文館、一九九八年八月）では、麒麟丸という名前の怪物である。「そのたけ（丈）五ちやうはかりたち（立ち）あかる八つおもて（面）八はう（方）に打当り十六の眼を見ひらき百のつの（角）をふりたてほんふの人むしにあひてな（名）のらしとおも（思）へともよくき（聞）けわれはいかなるものとおもふかきまんこくのぬし八面大わうの三男麒麟王とはみつか（自）らの事なり」と名乗るのである。

わざわざ「三男」としたのは、甲賀三郎（三男の諏方）に合わせたのである。霊獣である「麒麟」という名前を魔物が持つのは解しがたいことだが、珍奇なものであれば何でもよかったのだろう（ただし、「獅子」は使うわけにはいかなかったのだろう。別の伝本の中では「鬼麟丸」とする写本もある）。ただし、「諏方」本系統と「兼家」本とでも、おおまかなストーリーは同様であり、浄瑠璃や歌舞伎の「甲賀三郎もの」においても、基本的な構図そのものは変わっていない。

この甲賀三郎の伝説からは、さまざまな神話的、民話的要素が抽出される。安徳天皇の子孫である甲賀権守諏胤《よりたね》の三男として生まれ、兄たちを差し置いて家の相続者になるということには、貴種流離と末子相続というパターンが見られるし、また英雄の地獄巡りと再生という意味では、同じ説経浄瑠璃の演目の一つである小栗判官の説話と共通している。さらに、人間が甚大な苦難の果てに神仏となり、同じような苦難に陥っている衆生を救うという、中世神話の典型的な寺社縁起の構造を、甲賀三郎の物語はしっかりと備えているのである。

2　さまざまな甲賀三郎物語

柳田國男は、『物語と語り物』（角川書店、一九四六年）の中の「甲賀三郎の物語」で、「諏訪大明神御本地」として知られる甲賀三郎の物語の様々な写本を掲げ、その異同について拘《こだわ》った発言をしている。安居院《あぐい》の『神道集』の「諏訪縁起」を基としていることは確からしいのだが、口承で語られているうちにさまざまに変化し、それが筆録されることによって、大きな変化をもたらすことを指摘している。そして「信仰史の資料としては、惜しいと思ふやうな部分の省略でも改訂でも、文芸の立場からいへば成長であり、又は進歩と認めなければならぬ場合がある」といっている。つまり、諏訪信仰についての探求の中での「甲賀三郎の物語」と、語り物文芸としての「甲賀三郎の物語」では、当然その価値観は変わっているのであり、物語的粉飾や説話的変更も、語り物文芸の立場からは可とされるべきものだということだ。これは逆に言うと、どんな物語的変化があったとしても、「諏訪信仰」としての「甲賀三郎の物語」は、その骨格（構造）をどこまでも保ち続けているということだ。

すなわち、前節の「甲賀三郎の物語」の（一）から（八）までの物語（神話）の骨格（ストーリー）を持つものならば、それは諏訪大明神としての「甲賀三郎の物語」と考えてもよいということなのである。もっとも、（一）から（八）までの要素を、何一つ欠かすことなく備えていなければならないということではない。

極端にいえば、①甲賀三郎が生まれ、家を相続した。②三郎が、攫《さら》われた春日姫を尋ねて日本の山々をめぐり、人穴を発見する。③三郎は、その深い人穴に入り、春日姫を見つけて、救い出す。④その途中、三郎は地底につき落とされる。⑤三郎は、地底の人穴を巡り、老翁に救われるが、故国に帰ることを望む。⑥三郎は、穴から出て、故郷に帰るが、蛇体になっていた。⑦三郎は、蛇体を脱することを知り、地底国からの着物を脱ぎ、人間として蘇生する。⑧三郎は、諏訪に赴き、大明神として示現する。

こういう①から⑧までの要素があれば、諏訪大明神の縁起としての甲賀三郎の物語は成立する。もちろん、春日姫という固有名詞さえ変化していてもかまわない。甲賀三郎という名前と、最終的に「諏訪」という地名が残れば、その他の要素はすべて可変的なのである。

柳田國男は、こう言っている。「神道集が書き留めている山の名と嶽の名を点検すると、当時の地誌の知識は不精確と言はうよりも、寧ろ皆無に近かつたのである。歌や文章によく出てくる富士筑波、浅間甲斐の白根、さては都に近い比叡山春日山、白山・立山・日光・羽黒などの十幾箇所を取りのけると、他の多くの国々では僅かな連想により、又は全く自由な思ひ付きを以て、どし〳〵嶽の名をこしらへて、別に気が咎めたやうな様子も無い」のである。

たとえば、豊後ノ国ニハ伏兎ノ御嶽 詐《タバカリ》ノ山、肥前ノ国ニハ議御嶽罷《マカ》リ山、肥後ノ国ニハ誇ノ御嶽贄田《ニエタ》山、日向ノ国ニハ嘲ルノ御嶽粽《チマ》キ山……といった具合である。この語り手が、九州地方の地理に明るくなかったことと、やや話に飽きて、退屈な様子を見せた聴衆に、話を面白くして楽しませようとする形跡が見られるのである。

付論：『諏訪御由来之絵縁起』

諏訪円忠（一二九五〜一三六四）がまとめた『諏訪大明神画詞』は、諏訪大明神（諏訪神社）の縁起を記録したものだが、もともとは絵巻であったものが、今ではその「画詞」の詞書しか残されていない。甲賀三郎が、魔物に攫《さら》われた春日姫を探して日本全国の山々を巡り、人穴の底に下りて、春日姫と再会を果たしたものの、兄の奸計にあって地の底の国にとどまり、地底の国々を巡歴し、地上へ戻ったが、三郎の姿は蛇となっていた。ようやく人間の体に復帰した三郎は、春日姫と再び結ばれ、三郎は上社の、春日姫は下社の祭神となって人々の信仰を受けることになるという物語である。

これはもっぱら『神道集』の「すはの本地」にある展開であり、『諏訪大明神画詞』は、田村麻呂の活躍や、蝦夷征伐の話も含んでいて、もっと複雑で、重層的なものとなっているが、基本的には同じ構造の説話となっている。甲賀三郎譚といわれる「諏訪明神」の縁起の物語は、主人公の名前によって、「諏方《よりかた》本」と「兼家《かねいえ》本」の二つの系統の写本に分けられるが、前者は信州各地を主に分布し、後者は近江の甲賀地方を中心として分布している。

『諏訪御由来之絵縁起』は、現在の鹿児島県始良《あいら》郡にあった新山寺（大隅国筒羽《つつは》野《の》村）に伝わったもので、書写されたのは天文十二年（一五四三）で五百年以上も前の製作である。『南方神社縁起』と標題があるが、内容的には「奥書」にあるように『諏訪御由来之絵縁起』とする方がふさわしい（ただし、南方神社は諏訪神社系統なのだから、「南方神社縁起」＝「諏訪神社縁起」として甲賀三郎譚が、『南方神社縁起』として物語られるのはありえることだろう）。この写本の特徴は、『諏訪大明神画詞』がとっくに失った「絵」を伝写していることで、色彩鮮やかな七十点以上の絵が保存されており（絵師として酒井宗清の名前がある）、本文と合わせて、上巻十三・四メートル、下巻二十二・四メートルの絵巻として仕立て上げられている。

これが『画詞』の絵を模写したものか、絵師の酒井宗清のオリジナルのものかどうかは分からないが、その画風を受け継いでいるのは確かであると思われる。

南方神社は、諏訪神社系の社で、戦国時代から存続しており、現在は鹿児島県始良郡湧水町川西に鎮座する神社で、萩原家が神主となっていた。祭神はタケミナカタとヤサカヒメで、諏訪信仰が信州だけではなく、九州地方まで広がっていたことが分かる。内容的には、甲賀三郎兼家が主人公となっており、いわゆる「兼家本」の系統であることは明らかだ。

三郎と婚姻する姫君の名前がはっきりせず、魔物の名前が「麒麟丸」となっていることなどが「兼家本」の特徴である。

① 甲賀の権守・兼貞は、嫡子の甲賀太郎兼昌、二郎兼光、三郎兼家の三人の息子を集め、所領を三人に分け与えたが、重宝していた菊水の種と、死人を蘇らせる手坂杖の杖は、末っ子の兼家に与えた。

② 三人の息子が集まり、山と海とではどちらに恐ろしいものが棲むだろうかと語り合い、それを調べるために山々を尋ねてみようということとなった。

③ 日本全国の山々を尋ねたが、魔物に遭うことはなかった。三郎の所に翁がやってきて、若狭国高懸山に「不入谷不帰谷」とする魔物が棲んでいると聞かされる。

④ 高懸山に行くと、荒野があり、楠の大木に三つの櫓《やぐら》があって、太郎・二郎・三郎はそれぞれの櫓に陣取った。鹿の群れが現れて、三十三人の狩人たちがそれぞれ一匹ずつを仕留めた。

⑤ 真夜中に天上の雲の中から、大音声がして、三郎が弓を射ると、腕が一本落ちてきた。

⑥ 腕の主を尋ねてゆくと、魔物が現れた。五丈の体に、八面の顔、十六の眼を持つ魔物で、「鬼万国の主八面大王の三男、麒麟王とは、おれのことだ」と名乗った。

⑦ 三郎は、仁王立ちになり、剣に法を結んで、麒麟王に投げかけると、麒麟王の首を打ち切った。剣は十八回突き刺さり、麒麟王は遂に倒された。

⑧ 麒麟王のいた山中の岩屋があり、中に入ってみると、座敷には大きな穴があり、深くて底も見えないほどだった。山の葛《かずら》で籠を編み、三郎が乗って穴の底へするすると下ろされた。

⑨ 穴の底に着いてみると、そこには御所造りの建物があり、広い、豪華な部屋に美しい姫君がい

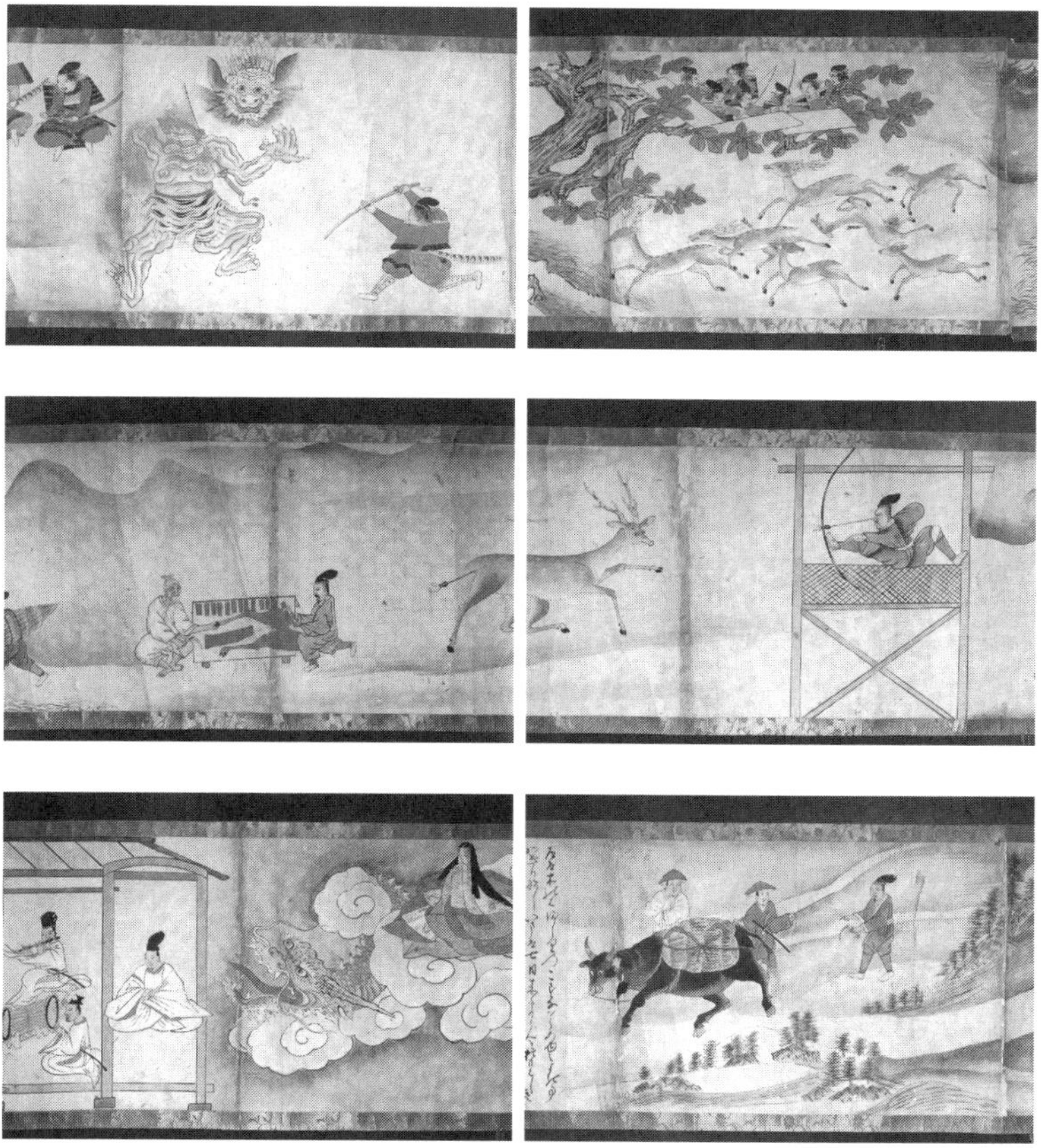

『諏訪御由来之絵縁起』（林ミチ訳・訳／文、綜文館、1998）より。

て、「私は、麒麟王に攫われてきた、花の都の一条の大納言の嫡女である」と名乗った。
⑩姫君を葛の籠に乗せ、地上に戻そうとした時、穴の底に唐鏡を忘れてきたといい、三郎はそれを取りに穴の底に戻った。
⑪地上では、太郎が姫君の美しさに眼が眩み、三郎を穴の底に置き去りにして、姫を手に入れようとする。
⑫三郎は、籠が下りてくるのを待っていたが、遂に籠は下りてこなかった。三郎は絶望して、穴の底の座敷にあるさらに深い穴を見つけ、そこに身を投げた。
⑬ずんずん落ちてゆき、とうとう砂原に着いた。その先を歩いてゆくと、一人の翁と出会った。翁は、粟を荒らしにくる鹿を追っているといい、日本に帰りたいと思うのなら、この国の食べ物を食べてはならない、と戒《いまし》める。そして鹿を射て、その鹿の皮を鞣《なめ》すようにいう。
⑭翁の話では、日本に帰る道はいくつかあるが、熊野権現を通る道が一番で、それを行きなさいと翁は三郎にいい聞かせ、鹿を焼き狩りして、その焼き肉を四百八十六枚食べれば、日本に戻れるでしょうと、教えてくれた。
⑮翁は、日本にいる姪のところに届けてもらいたいといって、「恋しくはとひても来ませ大和なる三輪の山もとに杉たてる門」という和歌を、紅梅の檀紙に書いて、三郎に託《ことづ》けた。
⑯四百八十六枚の焼き肉を食べ終えた時、三郎は、窓のように穴が開いているのを見て、そこに入ってみると、地上の国に戻れた。
⑰途中、牛に塩の袋を担がせた商人に出会ったので、ここはどこかと尋ねると、信濃の国、浅間の嶽、薤の松原だという。三郎は、日本の国に帰ったのかと、喜ぶ。
⑱日数はかかったが、三郎はようやく近江の国の甲賀の御館にたどり着いた。

⑲ そこには、三郎の嫡男、小太郎兼継、幼名亀一がいて、「おれは帰ってきたのだ」という父親の声を夢中に聞く。しかし、三郎の体は蛇体と変わっており、人々から大蛇が来た、と忌み嫌われ、恐れられる。

⑳ 観音堂に着いた三郎は、その堂が息子の小太郎が、父親への供養のために建てたものと知る。三郎は観音に、元の姿に戻れるようにと一心に祈る。すると、観音が三郎の祈りに感応して、蛇の体という衣装を脱ぎ捨てることによって、元の甲賀三郎に立ち戻ることができた。

太郎と二郎は悔い改めて自害し、「王子七社」として祀られた。三郎は諏訪大社の上社の大明神、姫君は下社の大明神として祀られた。

「諏方本」のように春日姫という名前はないが、女性神が下社の、甲賀三郎が上社の諏訪大明神になるというエピローグは、まさに諏訪信仰の縁起を物語るものであるが、三郎の地底国からの脱出に熊野権現の助勢、加護があり、太郎・二郎の兄弟が「若王子《にゃくおうじ》」社の祭神になったというのは、諏訪信仰と熊野信仰との親和性を物語っているようだ。諏訪明神と熊野明神とは、これらの伝承、神話の世界では同一神として考えてもよいのかもしれないことを窺わせるのである。

3 「熊のジャン」

こうした甲賀三郎譚について、ユーラシア大陸の北方帯から北アメリカ、南アメリカまで、広く伝承されている「熊のジャン」という説話群と共通性があるという興味深い指摘が、これまでに日本の神話学者、説話研究者から多数、なされている。

福田晃や荒木博之（一九二四〜一九九九）などの神話学者、民話研究者によって、「熊のジャン」と呼ばれる説話群と類縁性があることが指摘されていることは、すでに既述した（第二章　イオマンテの夜）。

フランス語では「熊のジャン（Jean de l'Ours）」、英語では「熊のジョン（John the Bear）」、スペイン語では「熊のホアン（フアン）（Joan de l'Ós）」と呼び名の変わる民話の主人公は、熊を母親とし、人間を父親とした、半獣（熊）半人の怪人物で、毛深くて、怪力（超能力）の持ち主であることが共通している。この「熊のジャン」の説話は、ピレネー山脈あたりを水源地として、ヨーロッパ各地に伝わり、ロシアでは「熊の耳っ子イワン」として伝わる。

これは、野イチゴや胡桃《くるみ》などを採りに森に入った人間の女性（または男性）が、牡熊（または牝熊）に捕まり、巣穴の中に連れ込まれる。そこで男の児が生まれるが、その子は「全体は人間の体だが、耳だけが熊の耳」であったり、「上半身が人間で、下半身が熊」であったり、あるいは「皮膚は熊、顔は人間」などの半獣人である。その「熊の耳っ子」イワンは、成長が異常に早く、また丈夫で力持ちで賢いというのが、特徴である（栗原成郎『ロシア民俗夜話　忘れられた古き神々を求めて』丸善、一九九六年）。

さらに大西洋を越え、メキシコでは「熊のフアン」、アメリカでも「熊のジョン」として幅広く伝えられているのである。本書の冒頭で取り上げたプロスペル・メリメの「熊男」も、こうしたヨーロッパ世界からアメリカ世界まで広がっていった「熊のジャン」説話を下敷きとしていることが理解されるはずだ。

もちろん、この「熊人」の説話は、動物学的な意味での「熊」の棲息する地域（温帯から寒帯までの、主に北半球）に限られているともいえるのだが、熊のいない（あるいは人間との接触があまりない）地域では、別の動物と置き換えられたり、また、熊の要素をまったく欠いた説話として伝わっている場合もある。我が国の甲賀三郎説話もその例で、熊ではなく、大蛇（龍）が人間の父親のパートナーとなっている（日本には、「龍の子太郎」のように、母が龍〔蛇〕、父が人というパターンが多い）。

「熊のジャン」の最も標準的な梗概を、アメリカの民話学者、スティス・トンプソン（一八八五〜一九七六）の『民話』から引用してみよう。荒木博之の論文「甲賀三郎譚と熊のジョン」（『昔話伝説研究』第七号、昔話伝説研究会、一九七八年十一月）からの再引用である。

この話の最も普通の形では主人公が異常誕生によって超人的な力をもつ。彼は超自然的に母の胎内に宿る。子供の時から異常な力を持ち道具をこわしたり友達を殺したりするので家を追出される。道々異常に眼きき、耳きき、早足の三人の仲間と一緒になる。みんなで森の中の一軒家にとまる。代る代る番をすると、毎日地の割れ目から怪物が出てきて襲う。三日目に主人公が番をし、怪物を追って地下へ入る。仲間が長い綱で彼を地下へおろす。主人公は地下で不思議な刀を見出し怪物共を負かして三人の乙女を助ける。乙女たちを次々に綱をつけて地上へ引上げさせると、上の仲間は彼を地下に残したまま娘たちを連れ去る。彼は結局精霊の助けにより地上へ出る。また鷲の背に乗って戻るが、鷲はその代りに食物を要求する。彼は自分の肉を与える。欺《あざむ》いた仲間たちと娘たちの結婚式の当日に帰りつき、証拠の品を見せ、仲間たちの裏切りを暴く。一番美しい娘を選んで結婚する。

この「熊のジャン」と「甲賀三郎」を並列してその展開を見てゆこう。○が甲賀三郎、●がジャンのパートである。

●熊と人との婚姻という異類婚姻譚のジャンと、○貴種流離譚の甲賀三郎は、同質の物語の主人公であると思われる。

●異常な力を持つジャンは、村を追われ、旅に出て、三人の男、眼きき、耳聞き、早足と仲間となる。

○弓取りの名手である甲賀三郎は、兄の太郎、次郎と三人で、春日姫を攫《さら》った魔物を追って、日本中の山々を巡る。

●ジャンは、仲間と到着した森の一軒家の中の地面の割れ目から怪物のいる地下へと下りる。

○甲賀三郎は、信濃の蓼科山に、魔物が潜んでいる人穴を発見し、一人でその深い人穴に入り、そこで春日姫を見つけて、救い出す。

●仲間がジャンを長い綱で彼を地下へおろす。ジャンは、その地下で不思議な刀を見出し、怪物どもを負かして三人の乙女を助ける。乙女たちを次々に綱をつけて地上へ引上げさせると、上の仲間は彼を地下に残したまま娘たちを連れ去る。

○甲賀三郎の場合は、兄の次郎が、春日姫に懸想して、上ってくる綱を途中で切って、三郎を地底につき落とす。

●ジャンは、結局精霊の助けにより地上へ出る。また鷲の背に乗って戻るが、鷲はその代りに食物を要求する。彼は自分の肉を与える。欺いた仲間たちと娘たちの結婚式の当日に帰りつき、証拠の品を見せ、仲間たちの裏切りを断罪する。

○三郎は、地底のなかの七十三の人穴を巡り、老翁が鹿を追う維縵《ゆいまん》国にたどり着く。三郎は、維縵国の乙姫と結婚するが、十三年後に故国に帰ることを目指す。三郎は、一千枚の鹿餅を貫い、それを一日一枚ずつ食べ、やがて浅間嶽の麓に出て、甲賀に帰国する。

●ジャンは、自分が助けた三人の乙女の中から、一番美しい娘を選んで結婚する。

○故郷に帰った三郎は、笹岡の釈迦堂において、蛇体になって姿を現わす。その釈迦堂の講に集まった老僧たちの昔語りで、蛇体を脱することを知り、維縵国からの着物を脱ぎ、人間として蘇生する。

つまり、「熊のジャン」が、その毛皮を脱ぎ捨て、龍の鱗肌に着替えたのが「甲賀三郎」であるといえるのだが、この二つの民話の相違点も見てゆかねばならないだろう。まず、最も大きな相違点は、ここでいっているようにジャンの「熊」に対して、三郎の「龍蛇」との異類婚姻譚が、そもそもの出発点であるということだ。

不思議なことに、最も地理的に近いところの「熊のジャン」が互いに似ているということには必ずしも、ならない。前述したように、「熊のジャン」は「熊のジョン」「熊のファン」「熊のイワン」として地球上全地域(北半球が主)にあるのだが(熊の棲息していない地域には、原則としてない。たとえば、南半球のオーストラリア、ニージーランド)、冒頭に取り上げたメリメの「熊男」のストーリーも、大きな枠組みでいえば、この「熊のジャン」説話の、リトアニアにおける一ヴァリエーションを原話とした再創作といえるのである。この「熊のジャン」が、ユーラシア大陸の東端にまで至ったのが、「熊の子のタングン(檀君)」ということになるだろう。

しかし、「熊のジャン」は、結局、玄界灘を渡ることには失敗したようだ。日本には、典型的な「熊のジャン」説話、つまり、熊と人との婚姻譚は、神話、伝説、民話、伝承のいずれの分野においても、その例は見られないのであり、これは熊の棲息する地帯としては、むしろ例外的なことに属するのだ。もちろん、本州におけるツキノワグマ、北海道におけるヒグマの物語は数多くあって、宮澤賢治の「なめとこ山の熊」や、椋鳩十の『クマ物語』（理論社、一九九五年九月）のように、民話や伝説を基にした創作物語も少なくない。しかし、ヨーロッパの熊のジャンや、朝鮮の熊女を母に持つ檀君《タングン》の神話のような熊と人とが異常に接触しすぎるような人獣婚姻譚は、見つけることができないのだ。

熊と龍蛇との違いはあるが、むしろ日本の異類婚姻譚の代表的な説話である「甲賀三郎」は、隣国の朝鮮や、中国、アジア各地やシベリアにおいて探すよりも、原話と思われるピレネー山脈の「熊＋人」の物語の方が原型的に近いように思われる。たとえば、バスク地方に伝わる「熊のジャン（バスク語でフアニーリョ）（Juanillo el Oso）」の民話は、こうである。

昔、一人の少女が熊に連れ去られ、洞窟に連れ込まれた。そこで少女は男の子を産んだが、熊は親子が逃げられないように、洞窟の入り口を大きな石で塞いだ。息子が五歳になった時、母親になぜ、こんな洞窟に住んでいるのかと聞いた。そして塞いだ大石を取り除いた。そして外にいた熊を、石で殴りつけ、殺した。

母親は子供に洗礼を受けさせ、フアンと名づけたが、みんなは「熊のフアニーリョ」と渾名《あだな》で呼んだ。力持ちの彼を、学校の先生は来させないように母親に頼んだ。腹を立てると、みんなを殺しかねないと思われたからだ。

息子は、母親に十六キンタル（一キンタル＝十一・五キログラム）のハンマーを作ってもらい、旅に出た。しばらく道を行くと、大岩が教会の上に落ちそうになっていて、その教会を支えている男と出会い、いっしょに行こうと誘った。次に、尻で山を地ならししている男と会い、彼も同行することになった。

三人は、一つの洞窟の所へ来た。洞窟の中には深い穴があり、岩を支えていた男の腰に綱をつけ、下へ吊り下ろそうとしたが、底まではたどりつけなかった。そこで、ファニーリョが代わって下り、下まで行くとそこに一つの扉があった。ファニーリョはハンマーで扉を叩き壊した。するとなかには、若い女が一人いた。女は、早くここから逃げるようにいった。今は眠っている悪魔が目を覚ましたら、殺されてしまうからだ。ファニーリョがその悪魔を退治しようというと、女は、悪魔は不格好で錆びた刀と、白くて美しい刀の二本を出し、どちらかを取って勝負しようというから、必ず錆びた刀を取って、白い刀を取らないようにと忠告した。

ファニーリョは、錆びた刀を選んで悪魔と戦い、ファニーリョは悪魔の片耳を切り落とした。その耳を拾って皮袋に入れた。悪魔は敵《かな》わないと知って、一目散に逃げ出した。ファニーリョと少女は、穴の下まで行き、上げてもらおうと思ったが、仲間たちは綱を持ったまま逃げてしまっていた。

ファニーリョが悪魔の耳を嚙むと、痛い痛いといいながら、悪魔が姿を現した。二人は悪魔に穴の外まで引き上げてもらった。ファニーリョはハンマーを穴の底に忘れてきてしまったので、悪魔にそれを持って来させた。

二人は、村に戻った。ファニーリョが少女になぜ、あんな目に遭ったのかと聞くと、聖体拝領した後に、聖体を口に含んで外に出て、それを吐き捨てたからだと答えた。教会の玄関にいたヒキガエルが、その聖体を銜《くわ》えたままでいるので、それを取り返さなければならないといって、少女は聖体をカエルの口から取り戻した。それから、二人は結婚した。少女はある国の王女だった。「もしこの話がほんとうならカボチャに入れ、そしてドゥランゴの広場から出ておいで」との決まり文句で、この話は締めくくられる。

スペインのバスク地方に伝わる民話である。ピレネー山脈の西部に広がる地域で、言語や習俗もスペインとはかなり違い、独立運動が盛んな地帯である（カタロニアとも異なっている）。「熊のジャン」の民話の発生地は、フランスのピレネー山脈の近辺と考えられているから、このバスク地方の話は、もっとも原話に近いものとして受け取ってよいかもしれない。

ここでは主人公の「ジャン」が、熊と人との混血児であり、その父親の遺伝を受け継いで、大層力が強いこと、大変な重量の武器を持つこと、三人で旅に出ること、穴に入り込み、そこで美女と出会うこと、そこには悪魔（魔物）がいて、それと戦い、屈服させたこと、穴から救い出されること、美女は高貴の出であり、二人は幸福に、豊かに暮らしたことなどがすべての「熊のジャン」と「甲賀三郎」とに共通している。民話の形式的分類に従えば、

Ⅰ　主人公の超自然的出生・超自然的強さ。
Ⅱ　主人公の転落。
Ⅲ　捕らわれた娘たち。
Ⅳ　娘たちの救出。
Ⅴ　裏切られた主人公。
Ⅵ　主人公の認知。

という六つのパートに分かれることになる。これは結果的に世界中のすべての「熊のジャン」説話と共通している。レガリアとして剣、刀、鏡、杖、ハンマーなどがあり、姫のアドバイスによって危

険を逃れたり、巨人、悪魔、魔性のもの、怪物、天狗などの害を防ぎ、それを退治、征伐するというエピソードもある。

もちろん、ジャンは熊であり、甲賀三郎は蛇体であるのだが、異類婚姻譚としては同質の物語に属している。また、細部においてはもちろんかなり異なっているのだが、穴から出る時に、わざわざ物語の進行を遅らせるように、ハンマーを忘れたり、二度、穴の中に落とされるといったエピソードが挟み込まれるのである。甲賀三郎の場合は、春日姫が忘れた唐の鏡（あるいは、忘れ物はお経や杖）を取りに、再び地底に下りるのだ。

また、聖体拝領のパンを粗末に扱ったから、少女は悪魔に攫《さら》われたのだが、甲賀三郎が無事に穴から脱出することができたのは、「鹿餅」という一種の「聖餅（聖餐）」によるものだった。

民話の構造的な展開だけでなく、瑣末ともいえる細部の照応が、「熊のジャン」と「甲賀三郎」との対比、比較の中では認められるのだ。

レガリアとして、三郎は家宝の「生死の杖」を父親から与えられ、「熊のジャン」は父母に大きなハンマー（あるいは武器とする鉄の杖、鉄の玉）を作ってもらう。春日姫が穴の底に忘れる「唐の鏡」が、ストーリーの展開に大いに関係していることは明らかで、ジャンがハンマーを忘れるのと相応している（あるいは、金の冠、金の玉など）。

太郎・二郎・三郎の三人兄弟（甲賀三郎）、三人の男たちの旅（熊のジャン）や、三人の姫から花嫁を選択すること（甲賀三郎）など、「三」の数字に拘《こだわ》ることが両者に共通している（他の「熊のジャン」説話でも「三」が強調されている場合が多い）。

ただ、地理的に近いところのものが、逆に物語的に乖離しているという実例も決して少なくはない。たとえば、イオマンテを行うアイヌに近いはずのシベリアの北方少数民族の「熊」に関する民話は、「熊のジャン」と「甲賀三郎」とが構造的に近いほどには、類似的ではないように思われる。オロチ族に伝わる「姉と弟」という話はこんなものだ。

たくましい若者と、その美しい姉がいっしょに住んでいた。弟がヘラジカ猟に出ている間に、熊がやってきて姉を攫っていった。弟が帰ってみると、姉がいない。捜しに出ると、仔熊が二匹氷の上で遊んでいて、「かあさんの弟がきた！」といった。若者と仔熊が話をしているところに姉がやってきて、「わたしの夫は熊なのよ」といった。姉が弟を家に入れ、隠しているところに熊が帰ってきた。そして、弟が来たことを知って、こわがることはないよといって、弟をその家に泊まらせた。翌朝、熊が山に行ってしまうと、若者は姉に「義兄はどこへ行っているか」と聞いた。「あの人は赤い熊と闘っている」といった。若者が山に行くと、黒い熊と赤い熊がとっくみあいをしていた。弟は矢を放つと、黒い熊を殺してしまった。姉のところに帰った弟は、義兄を殺してしまったといった。

弟が山を歩いていると、二匹の仔熊を連れた母熊を見た。若者は、姉とは思わずに、矢を放って殺してしまった。ナイフで母熊をさばき、胸に下げた飾りに気がつき、姉を殺してしまったことを知った。仔熊二匹を家に連れて帰ったが、仔熊たちは炉に穴を掘り、その中に潜り込んで、火の主となった。

人獣婚姻譚が、悲劇に終わる話は、民話としてはあまり多いとは思われない。教訓譚や寓意譚としては、成立しがたいものだからだ。

モンゴル系民族のブリヤート族の「熊男」という話はこんなものだ。

昔、森に夫婦が住んでいた。夫は毎日、狩りに出て行ったが、何も獲物がなかった。不審に思った女房が、ある日、夫のあとをつけていった。夫は一本大きな木の周りを回り、熊の姿になって森の奥へかけていった。夫が帰ってきても、やはり獲物はなかった。次の日も、女房があとをつけてみると、木の周りを回って熊となり、森の中に入っていった。女房は斧で木を伐り倒した。夕方、熊が木を回ろうとしても木はなかった。木のあったあたりをぐるぐると回った。人間にも戻れなかった熊は、ウオーと吠えて泣き、森の中に入っていった。夫は二度と帰ってこなかった。「熊が人間に似ているのは、そういうわけだっていうことだよ。とくに毛皮を脱いだときにはね。それに熊の肉が人間の薬になるのも、そういうわけなの」という、教訓とも、寓話ともつかない結語で終わっている。

オロチ族の「姉と弟」も、ブリヤート族の「熊男」も、「人獣婚姻譚」ということで、「熊のジャン」説話と一部のエピソードは共通しているが、物語の構造としてはほとんど似ているところはない。説話の構造的分析からすると、別のタイプの説話として分類されることだろう。しかし、ヨーロッパ諸国からロシアを経過してシベリアへと渡ってきた「熊」の民話として何らかの関係性があることは確かだ。伝播性と、独立発生性のいずれとも決めかねるが、人と熊との関係性は、ほとんどの民族において似ているのである。

隣国の朝鮮にも、檀君《タングン》神話という「熊」と「人」との異類婚姻譚があり、「熊のファン」の最も原話から遠い場所での展開と考えることができるが、悲劇性において、シベリアの熊の民話と共通性があるように思われる。檀君神話以外にも、口碑文学としてこんな「人」と「熊」の物語が伝わっている。

今は昔、一人の若者が公州《コンジュ》の山に遊びに行った。道に迷い、飢えと疲れに耐えきれなくなり、とある岩窟で休んでいた。すると、そこを一人の乙女が通りかかった。若者は思わず呼び止め、何か食べる物を、と乞うた。娘は若者ににっこりと微笑み、彼をじっと見つめ、「こんな山の中ではお口に合うものもありませんが」といって、出て行き、すぐに鹿の肉や木の実を持ってきてくれた。若者は厚く謝し、一夜を共にして、娘と夫婦の契りを結んだ。夢のような幾日かを過ごした若者は、ふと娘の家はどこにあるのだろうかと気にかかり、出かける娘の後を追ってみたら、さても恐ろしや、娘は急に一頭の熊となって、草木を倒しながら、鹿の姿を追って谿《たに》を渡った。

若者は恐ろしさのあまり、一生懸命、人里目指して逃げ出した。それに気がつくと、熊となった娘は血相を変え追いかけてきた。爪を鳴らし、牙のある口を大きく開けて、男を追ってきたのである。若者は、もはやこれまでと覚悟し、錦江めがけてざんぶと飛び込めば、熊も続けて飛び込んだが、泳ぐことが不得手で、波の上から悲しげな声を出しつつ、ついに溺れ死んだ。里人は熊女の恋を哀れに思い、山の上に小さな祠《ほこら》を建てて祀ったのが、今でも錦江の畔《ほとり》に残っているとか。また、この地を古来、熊川《ウンチョン》、あるいは熊州《ウンジュ》と呼ぶのはこの伝説に由来するのである。

これは、文化人類学者の大林太良が、先に挙げた「朝鮮の檀君神話とツングースの熊祖神話」という論文の中で紹介しているものだが（もともとは、近藤喜博〔一九一一～一九七七〕、崔常寿《チェサンス》〔一九一八～一九九五〕の採集、蒐集した民話である）、熊と人との婚姻譚であるのと同時に、熊川《ウンチョン》（熊津《ウンジン》ともいう。現・公州市）と呼ばれる地域の地名起源の説話となっている。百済語では熊川、熊津は、固麻那羅（コマナル）、万葉仮名では久麻那利（くまなり、こむなり）となり、朝鮮語で熊は「コム」「コマ」となって、日本語の「熊＝くま」は、朝鮮語の「熊＝コム 곰」にかなり近い音の言葉となる。日朝の共通

祖語が考えられる単語の一つが、この「熊＝コム」なのである。（註一）
これは檀君神話よりは、かなり「熊のジャン」に近いストーリーであると思われるが、説話論的には、華厳宗の宗祖である義湘大師が、懸想《けそう》した龍女に追いかけられるという浮石寺の縁起の方に近いと思われる（これは日本の高山寺にある『華厳宗祖師絵伝』に描かれている）。
人間の男といったんは契りあった異類の女が、出ていった男に懸想して山や川を越え追いかける。日本の紀州の『道成寺縁起』の原話と考えられる、こうした龍女伝説は、類話としてさまざま動物や生物（熊、狐、狸、蛇、蛙、田螺《たにし》など）のヴァリエーションがあるのだが、中国、朝鮮、日本などの東アジアにおいては、龍あるいは蛇との異類婚姻の伝説や神話が多い。大和の三輪山、唐津の鏡山に伝わる伝承では、人間の娘の許《もと》へ通ってくるのは蛇体の花婿である。
中国の古典物語『白蛇伝』を源流とした、蛇と人との異類交渉譚は、義湘と龍女、安珍と清姫、さらに上田秋成（一七三四～一八〇九）の『雨月物語』の「蛇性の婬」の豊雄と真女児《まなご》のように、ユーラシア大陸の東端においては、数多く物語られ続けているのである。

4　衣を脱ぎ捨てるということ

文芸評論家の川村二郎（一九二八～二〇〇八）は、『語り物の宇宙』（講談社文芸文庫、一九九一年）の「甲賀三郎」の章で、甲賀三郎が地底の国を巡歴している間、蛇体となってしまい、そのことを知らずに地上の世界に戻った時、出会った者たちに驚かれ、蛇体から元の人間の身体へと変身することの方法について悩んだことを指摘している。その解決法は、衣装を着替えるということにあった。

「自分が蛇に見えるのは、ほかでもない維縵《ゆいまん》国の衣を着ているせいだと知り、翌朝早く御堂の前の池で禊《みそぎ》をすると、たちまち衣は蛇の鱗となって落ち、もとの『日本人』に戻」ったと川村二郎は書いている。

ここで「日本人」とわざわざいっているのは、この世界には「日本」以外にも、数多くの「国」があるということを、この物語の享受者たちが知っているからである。それが「震旦」や「天竺」のような実在の国でも「維縵国」のような架空の国でも、どちらでも良かった。ただ、『神道集』の「甲賀三郎」が、冒頭に日本列島の国々を鳥瞰的に見るのと同様に、「世界」を複数の多くの国の集合として見る見方が、この頃にはすでに確定的になっていたのだ（国尽くし、山尽くしのような感がある）。

甲賀三郎が、蛇身から人間に変身する、その際の『神道集』の描写は、こうである。


その翌日、折から御堂で講があったので、講の衆が大勢集まった。まっ先に童子が格子の中に入って、甲賀殿を見つけ、「あなや、怖ろし。大きな蟒蛇《うわばみ》がいる！」と叫んで外へ逃げ出した。「我は甲賀三郎なり」と言うのだが、蟒蛇が舌をぺろぺろ出して、我らを呪おうとするのだとして、手に手に杖を持って打とうとする。甲賀殿は、「さては我が身は蟒蛇になったのか」と恥じて、仏壇の下に隠れた。

その後、夜伽《よとぎ》の僧侶たち（白山権現、熊野権現、富士浅間権現の化身たちである）が集まり、法華経を読誦した。読経が終わってから、一人の僧が「甲賀三郎はなぜ蛇になどなってしまったのでしょう」と疑問を呈すると、老僧は「（甲賀三郎は）日本人だけれど、ただ維縵国の衣裳をきているだけで蛇に見えるのです」と答える。「それをどういうふうに脱ぎ捨てることができるのか」と問えば、「それは簡単なこと。石菖《せきしょう》を植えている池の水に入り、まず東方に向かって『赤色赤光日出東方蛇身脱免』と三度唱え、その後また南方に向かい『南無南天着脱身』と三度唱える。また西方に向かい『南無無量寿衣服免脱身』と三度唱え、その後また北方に向かい『阿耨達池蛇身速出』と三度唱えて、そするると、元の「日本人」の姿に戻ったのである。

この水の底をくぐって上がれば、まっ裸の日本人に戻」るという。これを聞いた甲賀三郎がその通りに

この蛇体という衣裳の着脱というイメージが、蛇の脱皮という生理現象から来ていることは明らかだろう。だが、私はこの衣裳の着脱というアイデアを、熊祭（イオマンテ）によって、熊が毛皮を土産として残して、魂となってあの世に旅立ってゆく過程と結びつけて考えてみたいと思っている。つまり、「熊」という姿はあくまでも仮の衣装のようなものであって、それは外套や手袋のように脱ぎ捨てることが可能なのだ。

これはまた諏訪大明神の現人神である「大祝《おおほうり》」が、その即位式の時にそれまでの衣裳を脱ぎ捨てて、裸になって御座石に立ち、祝としての衣裳を身につけるという儀式を思い浮かべさせる。「御衣着《ごみそ》」の大祝とは、世俗的な身体、衣服を脱ぎ捨てて、清浄な身体（清器）と衣裳を纏うようになった境遇の、潔斎をした「神体」を意味しているのだ。

甲賀三郎の蛇体という「体」は、仮の衣裳にほかならず、それを脱ぐことによって元の人間の姿に戻ることができる。それは蛇の脱皮現象よりも、冬の間は「洞窟」に籠もって、春になって巣穴から出てくる熊の冬眠、〝生まれ清まり〟という、奥三河の花祭の「シラヤマ」行事のような新生、再生のプロセスと相似的であると思われる。甲賀三郎と「熊のジャン」とを敷き写しにした時に、甲賀三郎の変身は、諏訪大明神の即位の儀式と重なって見えると同時に、「縄文の記憶」である熊神の信仰の痕跡をうかがわせるものとなっているのである。

イザナギは、国産みの途中で、黄泉の国に行ってしまったイザナミに対して、地上の国に戻ってくるように要請する。しかし、イザナギはすでに「黄泉の国」の食べ物を食べてしまった（黄泉竈喰《よもつへぐ》い）

をしてしまったので、容易には黄泉の国から逃れることができない。着るものより、食べるもののほうが、より本質的にその「外形」を変えてしまうのだ。

5　熊から龍蛇へ

熊女が、若者を追って、大河にはまるという熊川の地名起源の伝説は、先にも述べたように、日本の京洛の高山寺に伝わる、新羅の元暁《ウォンヒョ》大師（六一七〜六八六）と義湘《ウィサン》大師（六二五〜七〇二）の求法の旅を描いた『華厳宗祖師絵伝』のストーリーと近似する。これは、紀州の紀三井寺（道成寺）に伝わる、安珍と清姫の物語の基となったもので、安珍に懸想した清姫が、衣服を脱ぎ捨て、龍の身体とになって日高川を渡って、安珍を追いかけるのだ。この『道成寺縁起絵巻』の解説は、現在でも僧侶によって「絵解き」が行われる珍しい例として知られている。

義湘の物語では、彼に懸想した地方長官の娘・善妙は、船に乗って娘から遠ざかろうとする男を追い、雲を呼び、風を呼ぶ巨大な龍となって、義湘の乗った船を背にして、無事に渡海させる。この時、善妙はまさに「善」なる龍へと変化している。（註二）

ところで、世界各地の動物神話に詳しい篠田知和基（一九四三〜）は、多くの神話世界では、熊と龍とは同一視されており、大地母神として存在すると語り、こんな風に記述している（「熊」『世界動物神話』八坂書房、二〇〇八年）。

竜伝承と熊伝承はすでに見たように接続するが、上述のように熊は三品彰英（一九〇二〜一九七一）によれば水神である。水中と山中とは、神話的想像力ではつながる。地上がこの世であり、死者は土中か水中に葬られる。また、どのような葬制で、またどこに墓地がある場合でも、死者あるいは祖霊は山中他界、または海上他界、ないしは海中他界に棲むのである。その場合、水の流れとともに天から山、そして川から海と形を変えつつ循環する存在である竜はいかようにも姿を変える他界の霊の現れとして認識される。その一つの現れが洞穴から出て来る熊なのである。あるいはそれが平地の農耕地帯であれば、犁を引く牛になり、それが水中に棲むのである。「竜神」は雲に乗っているときは雷神となり、雷を落とし、雨を降らせる。山に籠るときは洞穴の熊になり、谷川を流れ落ちるときは激流となり、畑の近くの淵では水中の牛となり、大海の底では竜神として竜宮を取り仕切り、ときには大魚となって漁師に捕らえられることもある。水神であるが、大地に豊穣をもたらす原理であり、大地を犁で耕す牛の力によっても表される。山中ではしたがって一番の力持ちの熊となって現れ、一連の竜の化身であるから中国の神話では洪水を治める治山工事を行うことになる。

篠田知和基の論説では、龍神の変幻自在性の方が極まり、熊神の方はやや影が薄いが、「龍」と「熊」とが時と場合によって、交換可能な神話の要素としてあることを示している。これを縄文文化と弥生文化の二分法で当てはめてみれば、水田による稲作農耕に絶対的に必要な「水」を支配する水神としての龍蛇は、弥生時代の文化的シンボルにふさわしく、狩猟や漁撈、せいぜい焼畑式の農耕しか行っていない縄文時代には、山のもっとも力の強い「熊」が、文化的シンボルとなるということは、それほど考えにくいことではない。日朝の比較神話が専門の神話学者の三品彰英によると、「熊」自身が「水神」としての性格を持っているという。これはにわかには信じがたいが、ある程度の補助線を引くことによって、熊と龍蛇との類縁性を示すことができよう。

国語学者の木村紀子（一九四一〜）によれば、球磨《くま》川、千曲《ちくま》川、阿武隈《あぶくま》川の共通点は、「曲川《くまかわ》」であり、蛇行する川の流れを意味しているという（洪水、氾濫の多い〝暴れ川〟である）。とすると、「曲」という言葉は、「くねくね」とか「くねる」といった言葉と類縁性があると思われ、「くま」という言葉と、蛇の動きのイメージとが重なる。また、鎌も蛇も〝冬籠もり〟することが知られていて、〝籠む〟が「熊」の語源だとする一説がある。ちなみに朝鮮語の「熊《コム》」は、地下や地中の穴に棲むという共通したイメージがある。天竜川、九頭竜川、青竜川などは、川をそのまま龍に見立てている。

もちろん、いわゆる縄文式土器や土偶には、龍蛇の文様がふんだんに使われていることを無視することはできない。つまり、縄文時代から弥生時代、あるいは現代に至るまで、宗教的シンボルとしての「龍蛇」は圧倒的なのであって、「熊神」を遥かに凌駕しているといわざるをえない。

しかし、それは日本列島を（ヤポネシアを、といってよい）南側から北上して見る視点ではあっても、北側から南下して見る方角からのものではない。これまで、日本列島の歴史は、常に、〝征夷大将軍〟坂上田村麻呂の、北上し、北伐のため途上する観点から語られてきた。これを、逆向きにし、南下する道筋から見直してみれば、そこにどんな光景が広がるだろうか。

河川や湖沼、あるいは沼地や湿地のような、いかにも「蛇類」の棲息しそうな風土を持つインドやインドシナ、東南アジアの側から日本列島を見上げる場合と、寒冷の樹林や凍土の側から見るのとでは、かなり違った光景が見られるのではないかと思われる。少なくとも、「龍蛇」を圧倒的な宗教的シンボルとする、吉野裕子や谷川健一の所説に若干の反省を促す契機にはなりうるのではないか。

いずれにしろ、「熊のジャン」が、龍蛇神である「甲賀三郎＝諏訪大明神」へと変化《へんげ》することは、世界の神話から見ると決して珍しいことでも、孤立的なものでもありえないのである。それはこれまで縷々と述べてきたように、諏訪信仰、諏訪神話（ひいては、日本神話）の中に「熊」が登場した痕跡があることを裏付けるものだ。

また、神話の要素だけを取り出してみれば、「熊のジャン」は、日本の説話、桃太郎や金太郎や浦島太郎などの話と重ね合わせられる。熊のジャンが異常出生とともに超能力的な腕力の持ち主であるということは、桃太郎、金太郎と比較して、より深く類似性が指摘できるし、ジャンの持つ鉄棒は、金太郎の鉞《まさかり》に匹敵するだろうし、金太郎と熊との関係は密接である（金太郎の母親の山姥は、龍神との異類相姦の末に、その子を生んだ）。また、短期間と思った地底や龍宮城での滞在時間に較べ、地上や海上では時間が速く進んでいるということは、浦島太郎の話を思い起こさせる。魔物退治に、大江山酒呑童子（金太郎＝坂田金時が活躍する）や、犬・猿・雉を手下に鬼ヶ島征伐をした桃太郎の話と重なる。つまり、「熊のジャン」説話は、日本の民話のそれぞれに要素として散在しているのである。（註三）

しかし、甲賀三郎譚と「熊のジャン」は、その細部にまで共通項があり、何よりもその構造が見事なまでに一致している。これほどまでの一致や共通項の存在が、単なる偶然性によるものではなく、伝播・影響の結果と考えざるをえない。ユーラシアの東西に広がる「熊のジャン」の伝承圏から、日本列島が除外されるという積極的な理由は考えられない。あるとしたら、その要素のいくつかが地域的な変化をもたらしているといったことだ。たとえば、熊→龍蛇、鉄棒→剣、刀→杖、ハンマーを忘れる→鏡を忘れる、といった要素だ。とりわけ重要なのは、イオマンテを含めて、北方少数民族に伝わる「熊送り」において、熊という外形は仮の姿であって、その外套や手袋を脱いでしまえば（毛皮と肉とを解体すれば）、熊の精霊としての本当の姿になることと、甲賀三郎が蛇体の衣装を脱ぎ捨てることによって、本来の姿に戻るということだ。諏訪明神の現人神《あらひとがみ》である大祝《おおほうり》が、明神の依代となるため俗世の衣装を脱ぎ捨て、「御衣着《みそぎ》」の大祝になることとこれは同義的なのである。

また、『神道集』の巻四第十七の「信濃国鎮守諏訪大明神秋山祭事」では、諏訪大明神は、坂上田村麻呂に加勢して、蝦夷の「悪事の（安倍の）高丸」を征伐するのに殊勲を挙げるが、その時に高丸の娘を捕らえ、側女とするが、その娘が生んだのが、「大祝」となる有員《ありかず》だったというエピソードがある。すなわち、「サテ高丸ノ娘十六ニ成ルヲ、諏訪大明神生テ執テ御前ニ置ルカ、腹ニ一人王子在リ」となるのである。

蝦夷はその頃は人間よりも、野獣（や鬼）に近いものと認識されていたのだから、有員はその意味では「人獣混血」の子供であり、熊と人の混血児である熊のジャンに近い生まれと育ちということになる。

同じような「夷《えびす》」軍の攻勢に対する対処として、『聖徳太子伝記』（醍醐寺本）では、聖徳太子のこんな活躍を記述している（引用は、福田晃『英雄伝承の誕生　蒙古襲来の時代』三弥井書店、二〇二一年）。太子が十歳の時、「彼ノ千嶋荒ラ夷ス共モ、四人ノ大将軍ヲ為シテ先ト、数千万億ノ眷属共ヲ召シ具シテ、我朝ノ王位ヲ奪ヒ奉ル為ニ、（中略）日本国ニ責メ来レリ」とある。「夷」の四将軍とは、「綾糟《アヤカス》」「魁帥《ヒトコ》」「飛フ雲」「走ル雲」の四人であり、副将軍は「夜叉神」「童菊」「珍童」である。これらの東夷の軍勢に「太子唯一人白キ御馬ニ召シテ、夷カ城へ打チ向ヒ給ケル御体是也」というのだが、次に不思議な文章が入っている。それは「熊ト御共ノ人ヲハ不被レ召シ具セ」という一句だ。

なぜ、聖徳太子は「鬼神」に等しい、「数千万億」（これは、いかにも大袈裟な数字だが）の東夷の軍勢に立ち向かっていったのか。この「熊ト」という二字は何を意味するのか。また、太子は天に向かって、こういう。「抑《ソモソ》モ天ニハ形チ无《ナ》シ、正理正見ヲ以躰為ス」と。これは諏訪信仰の大祝が「我ニオイテ体ナシ祝ヲモツテ体トナス」という言葉を、「祝」というのと「正理正見」を置き替えれば、そのまま使えるようになる一句だろう。

また、ここの「熊」は、具体的には熊野権現のことを指していると思われる。これは太子が、東夷の軍勢と話し合いを持つ時、大神《おおみわ》神社に参拝し、三輪大明神に太子軍が東夷軍を打ち破る祈願をしていることからも、「熊」が太子に加勢するということは「熊野権現」の加護が欲しいということであり、今回はそうした神仏の加護や加勢を求めずに、「唯一人」で「綾糟」たちの軍勢に立ち向かったというのである。戦闘を回避して、説諭によって「夷」たちを〝王化に染《したが》う〟ようにしようと思ったのである。

いずれにしても、「蝦夷征伐」の際には、ヤマト王朝の側には、「蛇」（三輪明神）や「熊」（熊野明神）のような古来の日本の神々が、加勢し、加護し、勝利を導いてくれることは神慮そのものだったのである。蒙古大襲来の時も、日本の神々（特に八幡神）が大活躍したことは、「神風」として日本人の深層の意識の中に深く浸み込んでいったのである（それが、第二次世界大戦の深刻な敗戦を招き寄せる結果となったのだが）。

もう一つの、中世の「人獣（鬼）婚姻譚」と思《おぼ》しき伝承が、藤原定家（一一六二〜一二四一）が編んだ、『古今和歌集』の注釈書『顕註密勘』にはある。こんな説話である。

昔、伊勢国奄芸にいた人が、深い山に入って鹿を狩ろうとした時に、風雨激しい中を「ただならずして来物《くる》」があった。形はくろくして、長《たか》さは高く、目は光る星のようで、稲妻の光に似ていた。猟師はこれを射たが、血の跡を追ってゆくと、遥かな山中に、少し離れた所に野中の塚があり、その中に入っていった。その塚の前に神女がいて、猟師を招く。弓に矢をつがえたまま進み寄ると、神女は恐れる様子もなく、「汝が射たのはこの塚に棲む鬼也」という。「私はこの鬼にとらえられて年来この塚に棲む、やはり鬼也」ともいう。「汝、鬼を射殺すべし」というので、柴を刈ってその塚の入り口から入れ、火をつけて（鬼を）焼き殺した。その後も猟師は神女を連れて家に帰り、三年もしないうちに富み栄えた。子供が一人生まれた。その子供と白地（？）を歩いているうちに、女はいなくなった。猟師が帰ってきてみると、女はいなくて、子供一人がいた。泣いて悲しんでも行方は分からない。しばらくすると、子供もいなくなった。この女がいつもいた所を見ると「三輪の山もと杉たてるかな」と書いてある。これによって大和国三輪の明神の社に参って、また女に会えるようにと祈ると、社の戸を押し開くと女も子供も見えた。男の志が深い故に、ともに神となったのである。よって、この神の祭を、伊勢国あふきの郡の人たちが行うのであり、そのしるしの杉ということがいわれるのである。

「我庵《わがいほ》は三わの山本恋しくはとふらいきませ杉たてる門」という『古今和歌集』にある古歌を本歌取りして、『諏訪明神縁起』にもある「コイシクハ問テモ来マセ大和ナル三輪ノ山本杉立門」と「こひしくばたづねてもみよやまとなるみわのなかがわすばのやしろよ」とある歌の由緒を物語ったものなのである（この和歌が、やはり人獣婚姻譚〔狐と人〕である「葛の葉」伝説の「恋しくばたづねきてみよ和泉なる信太《しのだ》の森の裏見葛の葉」という古歌の類歌であることにも注意しなければならない）。

これが甲賀三郎譚の一つの重大な素材であることを、金井典美（一九二八〜）は、「諏訪御本地縁起の写本と系統」（『諏訪信仰史』名著出版、一九八二年）の中で書いている。この説話では、女を攫《さら》って塚穴に棲まわせたが、どんな「鬼」であるかは判然としない。しかし、「形くろくして長高《たけ》し、目はてれるほしのことくしていなつまの光に似たり」という怪物の姿態は、龍蛇の類とはちょっと違っているようだ。もっとも三輪の明神と関係しているのだから、その御正体が「蛇体」であることは十分に認められるべきことなのだが、「形くろくして長高《たけ》し」というのは蛇体にはふさわしくないと思われるのだ（「長長《たけ》し」ではなく、「高し」であることに注目）。甲賀三郎が変身したのは「蛇」ではなく、

「蜥蜴《とかげ》」という伝承もあり、必ずしも「龍蛇」でなくてもよい。

つまり、結論からいえば、この説話は甲賀三郎譚よりも「熊のジャン」の方に一層に似ている。猟師が熊の穴を見つけ、入ってみると女がいた。女は熊に攫われて、洞窟で同居していたのである。猟師は、熊を退治して、女を救い出し、村に帰り、子供をもうけた。その人獣相姦の、異常出生の子供が、「熊のジャン」なのである。

とすると、藤原定家が紹介するこの説話は、「熊のジャン」が、ユーラシア大陸の東端からさらに海を渡って伝播してきた物語の極東的な変形なのではなかっただろうか。つまり、甲賀三郎の物語へと変形する前の形を示しており、その「鬼」は、まさに「熊」の姿を髣髴とさせる「形くろくして長《たけ》高し」という形状なのである。

塚穴の前に杉を立てるということも、私には、穴熊狩りの時に、穴の前に二本の木の枝を立て、容易に熊がその巣籠もりの穴から抜け出せないようにするという、マタギたちの穴熊の猟法を思い起こさせる。攻撃され、手負いとなった熊がいかに恐ろしげな目をするかということをマタギたちは体験談として語っており、「目はてれるほし（星）のことくしていなつま（稲妻）の光に似たり」というのも、猛り狂い、怒りを満開にした熊にとって決して誇張した描写ではないのである。

また、別の伝承の甲賀三郎譚では、甲賀三郎が、穴の中から救ったのは、熊野権現の娘であって、敵対するのは「頭は蚊蜂、胴は蜈蚣《むかで》」という「魔物」だった。このことについて、民俗・古典学者の築土鈴寛（一九〇一～一九四七）は「大岡寺の甲賀三郎伝説によれば、三郎が穴中から救出したのは熊野権現の娘であり、再び権現の手許に連れ帰ったところ烏が鳴くようになったという。このことは私にどうしても甲賀伝説が熊野の徒に育てられたという感じがしてならぬのである」と述べている（「諏訪本地・甲賀三郎」『中世藝文の研究』有精堂出版、一九六六年）。

つまり、熊野権現と諏訪明神である甲賀三郎とは深い関わりがあり、甲賀の唱門師《しょうもんじ》たちが甲賀三郎の物語を全国に伝えたように、『熊野曼荼羅』を葛籠《かずらかご》に背負った熊野比丘尼《くまのびくに》たちは、熊野の湯で再生する小栗判官の物語を全国津々浦々に持ち運んだうえに、甲賀三郎の物語もいっしょに説経節を唱えながら歩き回っていたというのである。

ここから諏訪信仰と熊野信仰とが、重なり合い、重層化する機微が見つけられる。「熊」は熊野権現の使者であるから、諏訪明神への「贄《にえ》」としては不適であるという、あの「物忌令」の言葉が、ここで再び蘇ってくるのである。いや、春日明神のお使いが「鹿」であり、稲荷神の使いが、「狐」であるという意味では、「熊」は「山の神」の使者ではない。熊自身が熊野明神であり、「イオマンテ（熊送り）」では、熊は人間に殺されることによって、成仏し、天の国へと送り届けられるのである。

しかし、熊野権現の信仰からは、野生に生きる熊への信仰はほぼ忘れ去られている。それは九州や近畿や山陰（出雲）や山陽で、野生のツキノワグマが、ほぼ絶滅に近い形でいなくなったことと軌を一にしているだろう。柳田國男が『後狩詞記《のちのかりのことばのき》』で宮崎県椎葉村の猪、鹿についての狩猟の伝承を書き、米良《めら》地方の銀鏡《しろみ》神楽が猪狩りの所作をするように、九州、四国、西日本においては猪・鹿猟が中心となり、熊猟が生き延びているのは東北地方（と北海道）に限ってのことなのである。つまり、北海道、東北の一部の地方を除いて、神（カムイとしての「熊」）は、日本という土地からは忘れ去られていったのである。ただ、それは伝承や説話の隅々に、もはや不詳の細部として残されているきりなのだ。それを「縄文の記憶」として蘇らせてみようというのが、この文章の意図にほかならないのである。

註一　「高句麗」「高麗」は、それぞれコグリョ、コリョと読むが、「こうくり」と「こうらい＝こま」である。韓国の旧国名が「こま」であり、「熊」と音が通じるものであることは、古朝鮮建国と熊信仰との強い繋がりを感じさせる。また、「熊」の語源の一説として、「隈（くま）」＝「暗い、黒い」から来たというものがあり、朝鮮語の「熊＝コム 곰」が「コムン 검은＝黒い」に通じることと相似的である。なお「こま」「くま」が音韻変化によって「かみ（神）」となったとする説もある。

註二　義湘と善妙の悲恋物語は、韓国の浮石寺《プソクサ》（元来は華厳宗）の縁起譚である。日本の道成寺の物語（安珍・清姫）では鐘が問題となるが、韓国では岩石（浮石）の起源となる。どちらが古層の信仰に近いものかは明瞭だろう。

註三　金太郎の住んでいた足柄山など以北を熊の森の文化圏、それより以南（以西）を沼沢の蛤の文化圏とする仮説を立ててもよいかもしれない。シベリア、サハリン、北海道、東北を「熊＝森の王」とする北方の寒冷帯の森林地帯とし、東南を湿潤な沼沢地帯として「水の王」として蛇を中心とする圏域と考えるのである。鹿、猪の分布地図を考えてもよいかもしれない。

第五章　熊野大社の謎

1　〝熊野に居る神〟

安居院《あぐい》作の『神道集』には、「すわの本地」とならんで、「くまのの本地」がある。熊野神宮、熊野明神の本地を語る物語で、諏訪本地と同じように、御師《おし》と呼ばれるような宗教者、修行者が熊野信仰を広めるために、唱導したもので、特に比丘尼姿で各地を巡礼したのを、熊野比丘尼と呼ぶ。熊野神宮は、三島由紀夫（一九二五〜一九七〇）に、折口信夫（一八八七〜一九五三）をモデルとした『三熊野《みくまの》詣《もうで》』（新潮文庫、一九六五年）という小説があるように、参詣すべき三箇所の神社があって、本宮、新宮、那智宮であることはよく知られたことだ。祭神は、もちろんそれぞれに異なっており、熊野本宮大社は、和歌山県田辺市にあって、ケツミミコノオオカミ（家都美御子大神）、クマヌニマスオオカミ（熊野坐大神）、クマヌカムロノミコト（熊野加武呂乃命）の三祭神を祀っている。

ケツミミコノオオカミは、伊勢神宮の外宮のトヨウケノオオミカミ（豊受大神）と同じく、神の食事・食物を担当する神で、クマヌニマスオオカミも別名クシミケヌノミコトで、やはり食事を司る神である。前者がアマテラスの、後者がスサノヲの別名であるとして、記紀神話の内部に熊野大神を位置付けようとする意図が見受けられる。

熊野速玉大社は、和歌山県新宮市の熊野川の河口にあって、クマノフスミノオオカミ（熊野夫須美

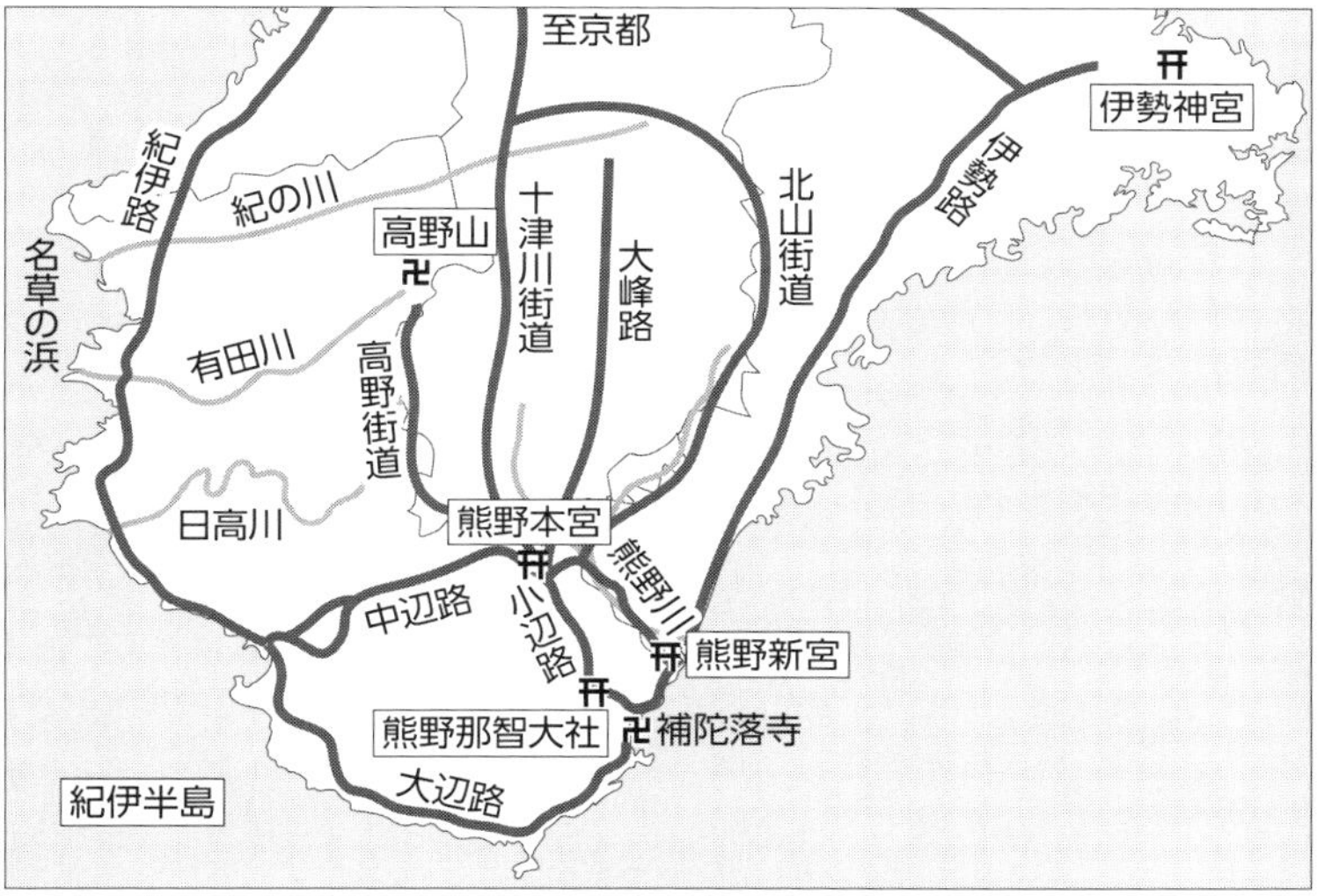

熊野三社、及び諸街道の地図

大神）を主祭神としている。「フスミ」は「結ぶ」と同義語で、母神を表し、イザナミであるという説がある。だから、本来は新宮が熊野神社の本宮であって、現在の本宮こそ新宮であったとする説がある（新宮の高倉山神社が旧宮であり、速玉社が「新宮」なのである）。イザナミはアマテラス、スサノヲの母神であって、より神としての位が高いと思われるからだ。

熊野那智大社は、和歌山県勝浦町にあって、新宮と同じく、クマノフスミノオオカミ（熊野夫須美大神）を祭神としている。しかし、那智宮が、那智の滝をご神体としていることはよく知られており、神宮寺として青岸渡寺《せいがんとじ》が隣接してあって、本来、神仏混淆の聖地であったことが知られる。（註一）

『神道集』の「巻第二ノ六　熊野権現事」には、「抑《そもそ》モ熊野権現ト申シ奉ルハ、八尺ノ熊ト現シテ、飛鳥野ト云フ所ニ顕レ給テ夫ヨリ熊野ト申ケン」と書かれているだけである。飛鳥野というのは、和歌山県新宮市の東にある阿須賀神社の一帯のことであり、秦の始皇帝に蓬萊の国に派遣されたという徐福の宮のあるところである。「熊野権現事」の前段にある、天竺の摩訶陀《まかだ》国の善財王《ぜんざいおう》の王子から始まって、喜見《きけん》上人に救われるまでの長い前世譚が繰り広げられていたことと比べても、熊野権現が「八尺の熊」として現れたから、そこを熊野と呼ぶという、これは単なる地名の起源譚にほかならず、熊野権現の本来の姿を示そうとしたものだとは思えない。

クマヌニマスオオカミ（熊野坐大神）という祭神の神名にしろ、ただ〝熊野に居る神〟というだけの一般名詞のようなものであって、クマヌカムロノミコト（熊野加武呂乃命）にしろ、クマノフスミノオオカミ（熊野夫須美大神）にしろ、熊野の神は熊野に居るから熊野明神なのであって、熊野の神がいるところが熊野であり、熊野にいるから熊野明神といったトートロジーめいた論理としかならないのである（これらの熊野の神は、記紀神話にはほとんど登場することのない神々だ。それを無理矢理に記紀神話の神統譜に結びつけようとするから、あちこちで異名同体の神々が登場したり、きわめて煩雑で複雑な家系図が作られたりする）。

ここの「熊」の登場は、『古事記』の「神武東征」の「熊野の村に到りましし時に、大きなる熊、髣髴《ほのか》に出て入りてすなはち失せぬ」という、これも、きわめてそっけない記述に収斂されてゆくことだろう。善財王の王子は、虎に囲まれて、その素晴らしい器量を発揮するという前世の物語があるし、熊野では猟師が大きな猪に手傷を負わせ、その跡を追ってゆくうちに鏡のご神体を発見するという三所権現の起源の物語が語られる。それらに比べて、熊野権現の「熊」は〝髣髴《ほのか》〟に出てきて、そしてあっさりと退場する（失せぬ）だけなのである。

『熊野年代記』には、冒頭の「神武三十」年に「於紀州南郊大熊奇瑞顕現」とあり、二行目「天皇得神倉宝劒伏野馬臺《ヤマト》邪神」、三行目「熊野ニ高進天皇熊野行幸六月皇師　祭祀神祇」とある。また「孝昭廿三」年に「於下熊野大熊　於神倉現三面月輪是本願祖裸形上人造神殿是殿社初也」とある。動物としての「熊」が登場するのは、これぐらいのものだろう。後は地名としての「熊（野）」でしかないのである。

また、「熊野」という地名は、「隈《くま》の地」という意味であり、隈野《くまの》が熊野と表記されるようになったという地名の語源の方が一般的だ。現れて、すぐ消えてしまうような「大熊」に、『古事記』や『神道集』の編纂者たちは拘《こだわ》ろうとはしない。ここに、逆に私は熊野信仰の謎が見られるような気がするのだ。

熊野坐大神《クマヌニマスオオカミ》、熊野加武呂乃命《クマノカムロノミコト》、熊野夫須美大神《クマノフスミオオカミ》は、熊野三山の祭神であるが、さらに、「熊野」という地名を冠する神々は、熊野久須毘命（クマノクスビノミコト）、熊野櫲楠日命（クマノクスヒノミコト）、熊野忍踏命（クマノクスヒノミコト）、熊野忍隅命（クマノオシスミノミコト）、熊野大隅命（クマノオオスミノミコト）など、数としてはかなりの数に上っている。ただし、クマノクスミノカミ以下は、『日本書紀』の「一書」にそれぞれあるだけで、同一神の異名と思われる。そしてその特徴は、「熊野」という名前だから、何か熊野に関係した神であろうと推測させるだけで、その「御《み》正体《しょうたい》」をほとんど明らかにしない神の群像なのである。名前の類似性から、熊野久須毘命は、熊野夫須美大神と同一神と考えられるから、これらの神々は、それほどの多様性はないのかもしれない。

これらの神は、スサノオとアマテラスの誓約《うけい》の際に生まれてきた神で、アマテラスの持ち物の玉から生まれた男神だから、アマテラスの子供たちとなる。スサノオの剣から生まれた宗像三神の女神はスサノオの子で、女神だからスサノオの潔白が証明されたとして、スサノオは自分の勝ちを誇ることになったのである。

この時に、熊野久須毘命といっしょに兄弟神として生まれてきたのが、マサカツアカツカチハヤヒアメノオシホミミ、アメノホヒ、アマツヒコネ、タケヒラトリ、イクツヒコネの五神だが、神名からしても、あまり兄弟神としての共通性は見られない。「熊野」という名前に唐突感は拭《ぬぐ》えないのである。ただ、スサノオとアマテラスの誓約が、スサノオが妣《はは》の国であるイザナミのいる黄泉《よみ》の国へ行くための挨拶として、高天原のアマテラスの下にやってきたのが契機だから、黄泉の国との関わりが、この誓約によって生まれた神々にあっても不自然ではない。その意味で「熊野久須美命（熊野夫須美命）」が、「熊野」の名前を冠していることは頷けないことではない。

『日本書紀』の「一書」では、スサノヲは、「熊成峯《くまなりのみね》」に鎮座してから、根の国へと引退している。（息子の五十《イ》猛《タケル》といっしょに）韓国《からくに》へ行き、木種を持ってきて紀の国に植林したから、木の国＝紀の国となったという地名起源の神話もある。

武振熊命（タケフルクマノミコト）という神がいる。「仁徳紀」に、飛騨の国に登場した両面宿儺《すくな》（双《ふた》つの顔を持ち、四本の腕、四本の足を持った怪物）を退治したということが記録されており、忍熊《おしくま》王子の反乱を防いだという手柄を立てたことでも知られている。武振熊と忍熊との対決ということだが、武振熊が、アマテラス＝天皇家の側に味方するものであることは確かなようだ。武振熊は、和爾《わに》氏の先祖ということで、和爾氏は、鰐氏とも書くのだから、「熊鰐」ということになる。「八尋熊鰐」というのは、記紀神話で、タケミナカタ（諏訪大明神）の兄神であるコトシロヌシのことであるのだから、武振熊命と諏訪大明神との関わりは深くはないとしても、何らかの関わりのあることが明らかとなるのである。

つまり、彼らは熊野＝隈の国＝隠国《こもりく》の中に隠された神々であって、共通するのは〝熊野に坐《いま》す〟ことだけなのである。もちろん、熊野の三つの神社（本宮、新宮、那智宮）に行けば、日本では珍しい神像彫刻としての熊野神に出会うことはできる（実際は、簡単には拝観は叶わない）。

だが、それ以外では、この「熊野」の神々は活躍するところはなく、「熊野諸手船《くまのもろたぶね》」のように、なぜこんなところに熊野系の神がいなければならないのか訝《いぶか》しむような存在でしかないのだ。

これらのことを総合して考えると、「熊野」の系統の神々は、「隈＝影、陰」に隠れた、あるいは隠された神々であると思わざるをえないのである。

2　熊野の本主・麁乱神《そらんしん》

『熊野権現御垂迹縁起』は、熊野権現についてのもっとも古い縁起である。その冒頭には、（熊野権現は）甲寅歳に唐の天台山の王子信《おうししん》の旧跡から飛来し、まず日子峯（彦山）に八角形の水晶の石として天降りし、五年を経て石鎚峯（伊予）に移る。さらに六年を経て甲子歳に遊鶴羽峯（淡路）に移り、六年を経て庚午歳に切部山（熊野の切目王子社）に移る。五十七年を経て庚午歳に熊野新宮の南、神蔵の峯（神倉山）に移る。六十一年を経て庚午歳に新宮の東の阿須加の社の北、岩渕の谷に移り、ここで始めて結玉、家津美御子となり、十三年を経て、本宮大湯の原の三本のイチイの木三本の末三昧、月形にて天降りした。

木の梢に三つの月の姿で天降った。八年を経て庚寅歳に石多河の南河内の熊野部千与定という犬飼（猟師）が一丈五尺の大猪を追って石多河を渡り、大湯原にたどり着く。犬飼はイチイの木の下で死んでいた猪を食べ、木の下で一夜を過ごした。木の梢に月がかかっていたので「なぜ月が空から離れて木の梢にいるのか」と問うと、月は答えて「我をば熊野三所権現と申す。一社を証誠大菩薩と申す。今二枚目月をば両所権現となむ申し仰せ給ふ」と答えたのである。

つまり、当時、修験者（山伏）たちの聖地（修行場）である英彦《ひこ》山、石鎚山、淡路島の遊鶴羽峯、それから熊野の神蔵峯、切部山、飛鳥寺（新宮の近辺）、大湯の原（元本宮）へと熊野権現は、移ってきたのであり、最初から熊野の山に唐から飛来してきたわけではなかったのだ（修験道の聖地が定まった頃ということだ）。では、もともと熊野にいた神とは、どんな神だったのか。『諸山縁起』（岩波思想体系20、岩波書店、一九七五年）の中には「切目王子社」に関する伝承としてこんな話を伝えている。

役行者《えんのぎょうじゃ》が愛徳山（紀伊路の九十九王子社の一つ、愛徳山王子があった）で、「百済国の美耶山に住む香蔵仙人」と名乗る老人と会った。仙人がいった。「如何、熊野の御山を下向する人のその験気の利生を奪い取る者三所あり。未だ知らざるや。何《いかん》」。行者は「知らず」といい、「我に教へ給へ」という。仙人曰く、「熊野の本主は麁乱神《そらんしん》なり」という。「人の生気を取り、善道を妨ぐる者なり。常に忿怒の心を発して非常を致すなり。時々山内を走り散りて、人を動《おびや》かし、必ず下向する人の利生を妨ぐ。その持する事は、檀香、大豆香の粉なり。面の左右に小し付くれば、必ず件の神遠く去る」。一深仙人ともいう。「人、もろもろの麁乱神を招き眼《まなこ》を奪ふことあらば、檀香・豆香を入るれば皆 悉《ことごと》く去り了《おわ》んぬ」と。

　麁乱神は滝尻や切目の山中に出没して、参詣者の生気を奪って邪魔をする障碍《しょうげ》神であり、荒ぶる荒神である。その姿は八面八臂の怪物であり、それを避けるためには檀香や大豆の粉（きな粉）を顔に付ければ良い。梛《なぎ》の葉や松の木も有効だとする。麁乱神は、鷲林寺（六甲山）や神呪寺（甲山大師）の開基縁起にも出てくる神で、大鷲の姿となって口から火を吹き、鷲林寺の建立を妨げようとしたのだが、弘法大師の教えで、山の上にそれを祀《まつ》る社《やしろ》を建てることによって、むしろ寺院の地主神（鎮守神）としての役割を果たすようになったのである。熊野信仰の場合も同じようなことで、熊野古道の山中にいて、修行者たちや参詣者たちの、その信仰を妨害する障碍神としてあったのだが、改心の後は鎮守神となったのである。

「麁乱（龘乱とも書く）」とは荒々しいという意味であり、荒神とまったく同じ意味で、三宝荒神ともいわれ、麁乱荒神ともいわれる。熊野権現以前に熊野の山中にいたというこの神を、私は「熊野」

という地方の地名の基ともなった「熊神」であると見る。「常に忿怒の心を発して非常を致すなり。時々山内を走り散りて、人を動《おびや》かし、必ず下向する人の利生を妨ぐ」というのには、まさに熊野の山中を彷徨し、山内を走り回っては、忿怒の咆哮の声をあげる野獣の姿を思い浮かべずにはおられないのだ。熊が檀香やきな粉の香りで逃げていくかどうかは分からないが、山中で熊にばったり出会わないために、大声を出したり、物音によって熊除けとするという作法のことを思い浮かべさせる。もちろん、人声で逃げる動物は、人間の匂いにも敏感であって、〝人の匂い（香り）〟を芬々《ふんぷん》とさせれば、熊ならぬとも、野獣たちはこれを避けて退散するのではなかろうか。

『熊野詣日記』には、きな粉による化粧を「ひたい」「はなのさき」「おとがひ」に塗った後、「まさに王子の御まへをとひらせ給時ハ、いなりの氏子こうこうとおはせるべきよし申入」れとある。コウコウと狐の鳴き声を真似て、王子（この場合は麁乱神か）の前を通れば、その災いを免れることができるのだ。『宝蔵絵入詞』では、熊野権現が「切目王子」の右足を切って、切部の山に放逐した（つまり、麁乱神はたたら神のように一本足である）。

この「一蹈鞴《ひとつだたら》」については、南方熊楠は、身の丈一丈四尺といい、目が一つで足が一本だといっている。しかし、その行動は神出鬼没、風のように素速く「山内を走り散りて、人を動《おびや》かす」というのである。猟師千代定が遭った大猪は一丈五尺だからほぼ同じ身の丈だ。一つだたらは、那智大権現の神宝を奪い、熊野詣の旅人を襲ってはその路銀を奪い、村里に出没して、人畜を襲い、暴れ回った。そんな村人たちの難儀を見た狩場刑部左衛門は、那智大権現に三日三晩参籠して祈り、七匹の犬を連れて大雲取山山中に分け入った。「七十二夜目に彼の魔生の者、御宝物の内ちよはんと申すを切りにくる時、七匹の犬は皆々伏し申し候。刑部左衛門、矢数七十二筋射払ひ候て矢種尽きたり。と申し候へば、彼の魔生の者、心をゆるして、ちよはんを臀《しり》に敷き候処を、樫の大矢にて魔生の胸元を射抜き、首を取りて御山（那智大権現）へ行き申し候」と古文書にあると、この文章を孫引きした、神坂次郎の『藤原定家の熊野御幸』（角川ソフィア文庫、二〇〇六年）にはある。（註二）

犬を連れた「狩場刑部左衛門」というのだから、高野山の地主神の「狩場明神」のことを思い出さずにはいられないし、策略を以って獲物を得たという点では、これはまさに（熊や猪などの）狩猟そのものの顚末といえるだろう。もともと「一つだたら」の正体は、「猪笹王」という巨大な猪だという伝承があり、「ちよはん」というのは何だか分からないが、熊→猪を退治したという「千代定」のことだと思えば、人間の力では「魔生の者」の息の根を止めるのには限界があるということか。「一つだたら」の成敗には、やはり「狩場明神」などの神の力が必要なのである。

さて、切目の王子（若王子とされる）が参詣者の「利生を奪う」ので、熊野権現は稲荷明神を呼び出して相談した。稲荷は仲の良い「あこまち（阿古町）」を王子の所へ行かせ（註三）、「まめのこ」の化粧をしている者は、自分の信者だから「利生」を奪わないように約束させた。このことを稲荷明神は熊野権現に伝え、熊野詣の人々が「きな粉」の化粧をして切目を通るようになったのは、そのためである（鈴木正崇『熊野と神楽　聖地の根源的力を求めて』平凡社、二〇一八年）。

稲荷明神、すなわち狐との関係を見ても、熊野権現が熊であることとの蓋然性が強まる。猪、狐、鷲、鹿（麁乱神の「麁」という漢字は角の生えた牡鹿の象形的文字のようであり、「麤」は鹿の群のようであって（本来、「麤」は「麁」の正字であって、同字である）、いずれも鹿をイメージさせる）と揃っているのに、当然出てきていいはずの熊が出てこないことが逆に「熊神」の存在を予測させるのである。

3　山の忌み言葉

つまり、そこに「熊（隈）」の名前を忌み言葉として出さないという契機が働いていたのではないか。

山の中に入る猟師たち、マタギの世界では、山の中では一般的な呼び名、言葉を口に出してはならず、隠語である「マタギ言葉」などでしゃべるというルールがあった。アイヌ語では熊のことをキムンカムイと呼ぶが、直訳的に示せば「山の神」であり、動物名としての「熊」という言葉はない（キムンカムイは、〝良い熊の神〟であり、巣穴を持たず、冬眠できずに人里を徘徊し、人間を襲うような〝悪い熊〟はウェンカムイである）。

仔熊は「エペレ」、年寄り熊は「クチャン」であり、太った熊は「カムウスカムイ」、痩せた熊は「サッテクカムイ」である。日本語で、一般的にブリと呼ばれる魚が、その成長の度合いによって、ハマチ、ワカシなどと別の名前を持つのと同様のことだ。

北海道の和人（アイヌ側の立場からいうと、シサム）では「熊」のことを「山親爺」と愛称で呼ぶように、狩猟民たちは山言葉で、熊のことを「シシ」と呼ぶと、千葉徳爾（一九一六〜二〇〇一）の『狩猟伝承』（法政大学出版局、一九七五年）にはある。会津檜枝岐では「ナビレ」、津軽では「イタチ」、面白い事には、鼬という動物は忌み言葉として猟師《いたち》たちは口に出さないという。「クマ」という言葉を「鍋」の意味で使うのが越後の赤谷郷で、熊や鼬の動物名をそのままでは山中において使うことはないのである。熊の頭のことを「ハッケ」と呼び、犬のことを「セタまたはシェタ」と呼ぶのはアイヌ語からの借用である。仕留めた熊を解体することを「ケボカイ」というとは、マタギの熊狩りに同行して写真を撮ったカメラマン・田中康弘（一九五九〜）の『マタギ　矛盾なき労働と食文化』（枻出版社、二〇〇九年）に出てくる言葉だ。

「熊の耳っ子イワン」の説話のある古代スラヴ世界でも「熊狩りの祭儀においては熊を本来の語で呼ぶことは禁じられた（実名を忌避する）」のである（栗原成郎『ロシア民俗夜話　忘れられた古き神々を求めて』）。

かなりの飛躍を承知の上でいうのだが、熊野信仰において、「熊（熊神）」の存在が秘匿されているのは、こうした山中では「熊」という言葉を忌み言葉として回避することと繋がっているのではないか。そして、その「熊神」としての熊野明神が隠されているうちに、それは完全に忘れられ、「隠国《こもりく》」の神となってしまったのではないだろうか。

そもそも熊野神社は、もともと紀伊国の熊野地方にあったわけではないことが知られている。出雲の国の一宮として出雲大社があることは当然のことだが、もう一つ出雲の国の一宮とされるのが、松江市の郊外の山間にある熊野大社である。祭神は、カブロギイザナギクマノノオオカミクシミケヌノミコト。漢字で示せば神祖熊野大神櫛御気野命となる。創建は紀州の三熊野より古く、『日本書紀』の「一書」ではスクナヒコナ（少彦名命）が「出雲の熊野の御碕」から常世の国に行ったとあるし、『出雲国風土記』には「出雲国意宇《おう》郡に熊野山」があり、そこに「熊野坐《くまのにます》神社」が鎮座しているとある。熊野大神の名前が、文献に出てきた嚆矢である。熊野大社の鑚火殿《さんかでん》には、発火の神器としての燧臼《ひきりうす》と燧杵《ひきりきね》が奉安されており、全国でも珍しい鑚火祭がある。また、ここは出雲大社宮司の襲職時に行う火継式斎行の祭場となる。

つまり、出雲の熊野大社は、本来は火の神を祀った神社であると思われ、記紀神話であれば、誕生時に母神イザナミの陰《ほと》を焼いて、死に至らしめたヒノカグツチノカミのことを思い浮かべられる。このカグツチノカミは、怒ったイザナギの剣によって首を刎ねられ、死ぬのだが、その飛び散った血や遺体からさまざまな神が生まれてきた。その中で、私の目を引くのはタケミカヅチである。カグツチという、いわば、イザナギ―イザナミの夫婦神の不肖の子から、「国譲り」神話で活躍するタケミカヅチのような神が生まれてくるというのは、不思議であり、不可解であるといえる。タケミカヅチが、諏訪明神であるタケミナカタの敵役として『古事記』に登場してくることは、これまで縷々語ってきたとおりである。

ここで熊野明神信仰と諏訪明神信仰とが結びつく。すなわち、タケミカヅチは、熊野神社と諏訪神社の双方に関わりを持つ神であり、そして本来は「剣」に関わる神なのである。カグツチという火の神としての父神を持つタケミカヅチは、鉄剣を作る鍛冶師、踏鞴《たたらし》師、刀剣師と深い関係を持っている。出雲の国は、日本の製鉄業の発祥の地であり、製鉄に関わる信仰の源泉地といえる。

そこから考えると、熊野神社はもともと出雲の国にあって、そこは熊野信仰の揺籃の地としてあった。都に近い紀伊国の熊野にその熊野坐大神《くまのにますおおかみ》を勧請して、造られたのが田辺市にある現在の熊野本宮大社であり、本来の祭神は、紛れもなく〝熊野に坐《いま》す大神〟なのだ。

そもそも熊野本宮は、現在の場所に社地があったわけではない。大斎原《おおゆのはら》と呼ばれる熊野川の中洲にあるのが熊野本宮旧社地であり、現在は東西の石の祠《ほこら》二基と、鉄筋コンクリート造りの大鳥居によって、旧社地と分かるようになっている。この旧社地は、明治二十二（一八八九）年の八月に発生した十津川大水害によって上四社以外の、中四社、下四社のすべての建物が流され、上四社が熊野本宮として現在の社地に移転することを余儀なくされてしまったのである。

明治以降、山林の伐採などの開発が進み、山林が保水力を失って、大規模な洪水が引き起こされるようになった結果、伝統のある社地を捨てざるをえなかったのである。

私が最初に大斎原を訪ねた時は、まだ祠《ほこら》や鳥居なども何も造られていない前のことで、ただ、だだっぴろい草の原が広がっているだけだった。その何もない景色の中に、熊野の大神がこの地を立ち去った後にも、聖なるものの幻が立ち罩《こ》もっているように思われたのである。

大斎原が熊野神社の社地として定まったのは、猟師・千代定の伝説があるからだ。前出の『熊野権現御垂迹縁起』に「庚寅ノ年、石多河ノ南、河内ノ住人、熊野部千代定ト云犬飼、猪長一丈五尺ナル射跡追尋ト、石多河ヲ上行、犬猪ノ跡ヲ聞行ニ、大湯原行ト、件猪一位ノ木ノ本ニ死伏セリ」とある。猟師が獲物を追い、聖地を見出すという神話は各地にあるもので、寺社の縁起譚としては定型といえるものだ。ただし、この縁起譚と同様のものだが、『私聚百因縁集』巻八の一「役ノ行者ノ事」では、犬飼（猟師）の千代貞（定）が弓を射て、手負いの獲物として追ったのは「熊ノ長一丈五尺ナル」ものだった。もっとも、すぐ続けて「彼ノ木ノ本ニ猪斃伏」していたというのだから、どこか混乱したものと思われる。熊と猪との双方の伝承があったのだろうか。あるいは、熊野明神の縁起だから、せめて一箇所だけでも「熊」を登場させてみようとしたのだろうか（もっとも、狩人の姓は「熊野部」だが）。

一丈五尺といえば、約四・五メートルだから、熊にしても猪にしても、きわめて巨大な獣である（マタギの世界では、大熊を「八尺」と称するのが普通だ）。しかし、この縁起譚の熊も猪も、あまり具体性のないものだ。単に「熊野ニ坐《マ》ス」ために、「熊」を持ち出してきただけなのだろうか。

いずれにしても、「熊神」「熊の信仰」が、熊野信仰の最深部（層）にあったと考えても間違いということではないだろうが、具体的な「熊神」の姿はどんな縁起、神話、伝承、伝説からも見えてこない。まさに髣髴《ほのか》なる陰のような存在なのだ。熊野信仰には、諏訪信仰のような狩猟民の精神世界における「縄文の記憶」のようなものも欠けており、いかにも中世神話的な神仏混淆の信仰が色濃く見られるのである。それだけ、狩猟文化の「縄文の記憶」から、遠く隔たっていることを示している。

4 「死の国」の旅

つまり、熊神は〝名指してはならない〟神として存在していたのであり、だから、その居場所の名前を取って、〝熊野に坐す神〟とだけ名指されるようになったのだ。だから、熊野系の神々は、はっきりとした性格（神格）を持たないのであり、最初から半分以上、〝見えない存在〟でしかなかった。それは平田篤胤（一七七六～一八四三）のいうような幽冥界の存在になのであって、〝隠《かく》り世〟に身を隠した神々にほかならないのだ。

熊野信仰が、黄泉の国、「死の国」と深い関わりのある信仰であることは明らかだ。一つは、イザナミが陰部を焼かれて黄泉《よみ》の国に赴いたのだが、そのイザナミの墓所が「花の窟《いわや》」として熊野に近い地域にある。死んだイザナミを追って、イザナギは黄泉比良坂《よもつひらさか》を辿って黄泉の国巡りをするのだが、

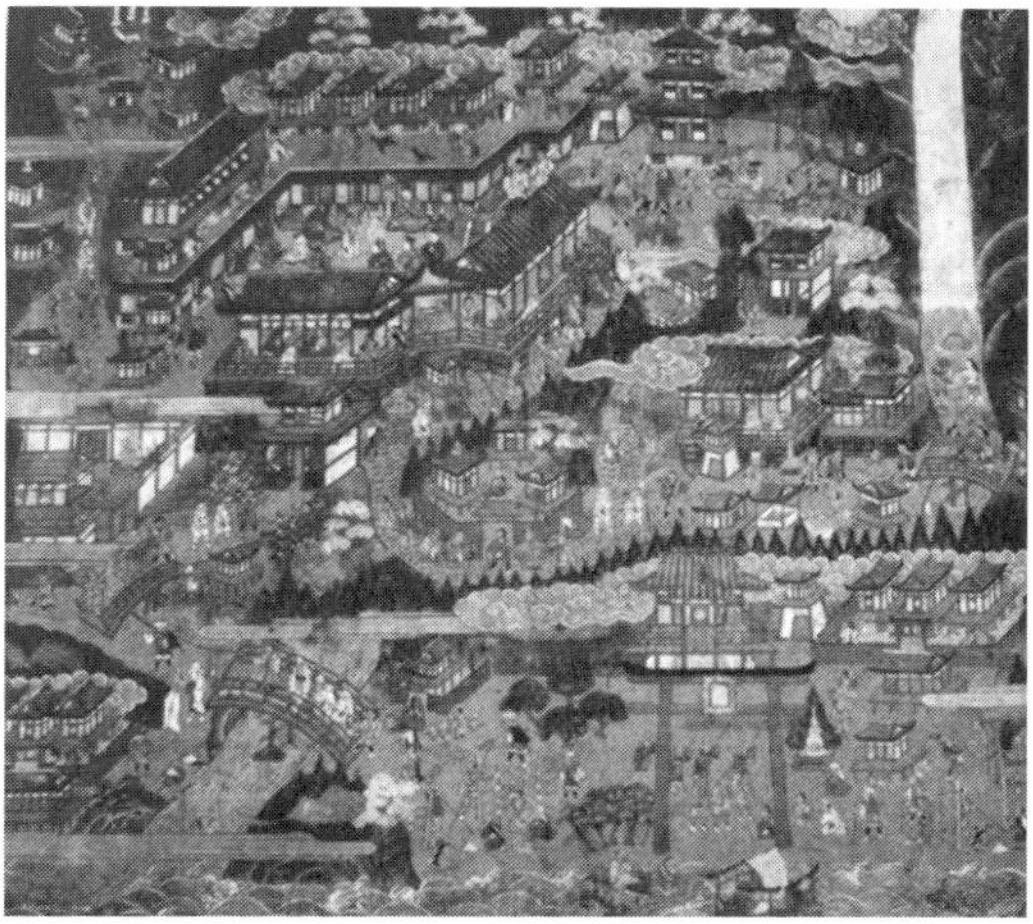
那智参詣曼荼羅（熊野那智大社蔵）

それは出雲の国にその入り口はあった。イザナギは、そこから妻神のイザナミを追って黄泉の国へと入っていったのだが、そのおどろおどろしい屍《しかばね》に雷神の蟠踞する様相を見て、驚いて逃げ帰る。「我に恥を見せつ」と女神は憤怒にかられ、黄泉醜女《ヨモツシコメ》にイザナギを追わせたのである。

「蟻の熊野詣で」といわれたように、貴賤の老若男女がこぞって都から熊野を目指した。上は天皇から女后、下は盲目の女乞食や癩病人までが、熊野三山へと参ろうと熊野の古道（当時は新道だったかもしれないが）を踏んだのである。それはいわば「黄泉の国」へ通うイザナギの旅にも似た、黄泉路巡りのようなものであったといってよい。

数ある貴顕の熊野詣での中でも特筆されるべきな

のが、後白河天皇（後、法皇）（一一二七～一一九二）の行幸だろう。歴代の天皇（上皇）の中でも三十四回という記録的な回数を誇り、その信仰のひたむきさは、他とは比べようがないのだ。後白河院を熊野詣でに魅きつけたのは、一体何だったのだろう。それは、声を枯らすことも数度、喉を潰すことも数度という、院の〝今様好き〟と無関係ではないと思われる（頭痛持ちだった彼が、それを癒してもらうために参詣したともいわれる）。

　熊野三山を巡る熊野詣での旅は、都を出てから帰るまでにおよそ一ヶ月の日時を要した（出発前の一ヶ月間は精進潔斎しなければならない）。鳥羽天皇のように、女后連れの場合は、輿《こし》を用意し、騎馬や徒歩で、現在世界遺産となっている「熊野古道」を百人単位で移動する場合もあった。宮廷の費用や地元民の負担は並大抵のものではなかったのである（そのため京都の地に〝三熊野詣で〟と同じ霊験を持つ三熊野神社――新熊野、熊野若王子、熊野の三社――が勧請されたのである）。

『梁塵秘抄』を編み、その「口伝集」を書いた後白河院にとって、「声や技の悲しいことは、私が滅んでしまった後の世には、留まらないということだ」といっている。「漢詩を作ったり、和歌を詠んだり、書を書くおおかたの人たちは、書き留めておけば後の世にまで朽ち果てることがない」が、歌謡として歌う「今様」は、楽譜も、録音装置もない世界においては、それを世の中に「留めておく」ことは不可能だったのである。

　それは、一人の人間がその歌謡の才能を持ったまま、誰にも伝授されずに、なくなってゆくことと同義だ。後白河院は、それを今様の師匠である乙前の死によって、鮮明に体験しなければならなかったのである。『梁塵秘抄口伝集巻第十』で、彼はこういっている。

乙前が八十四歳という春に病気になったのだが、まだまだ元気ということで、別段のこともなかった。それほどでもないと思っていたのだが、急に重体となったので、近くに家を造って住まわせていた。近くにお忍びで見舞いに行ってみると、娘に抱き起こされて、ようやく向かい合って坐るような様子だった。弱々しくなっているように見えたので、病気平癒のために法華経一巻を誦《よ》んで聞かせると、「歌をお聞きしたい」というので、喜んで頷いた。

像法転じては　薬師の誓いぞ頼もしき　一度御名を聞く人は　万づの病無しとぞいふ

二、三べんばかり謡って聞かせると、読経よりも、喜んで、「これをお聞きして、命も少しは長らえることができましょう」と手を合わせ、啜り泣いて喜ぶ有様で、とてもあわれに感じて帰ってきたことだった。

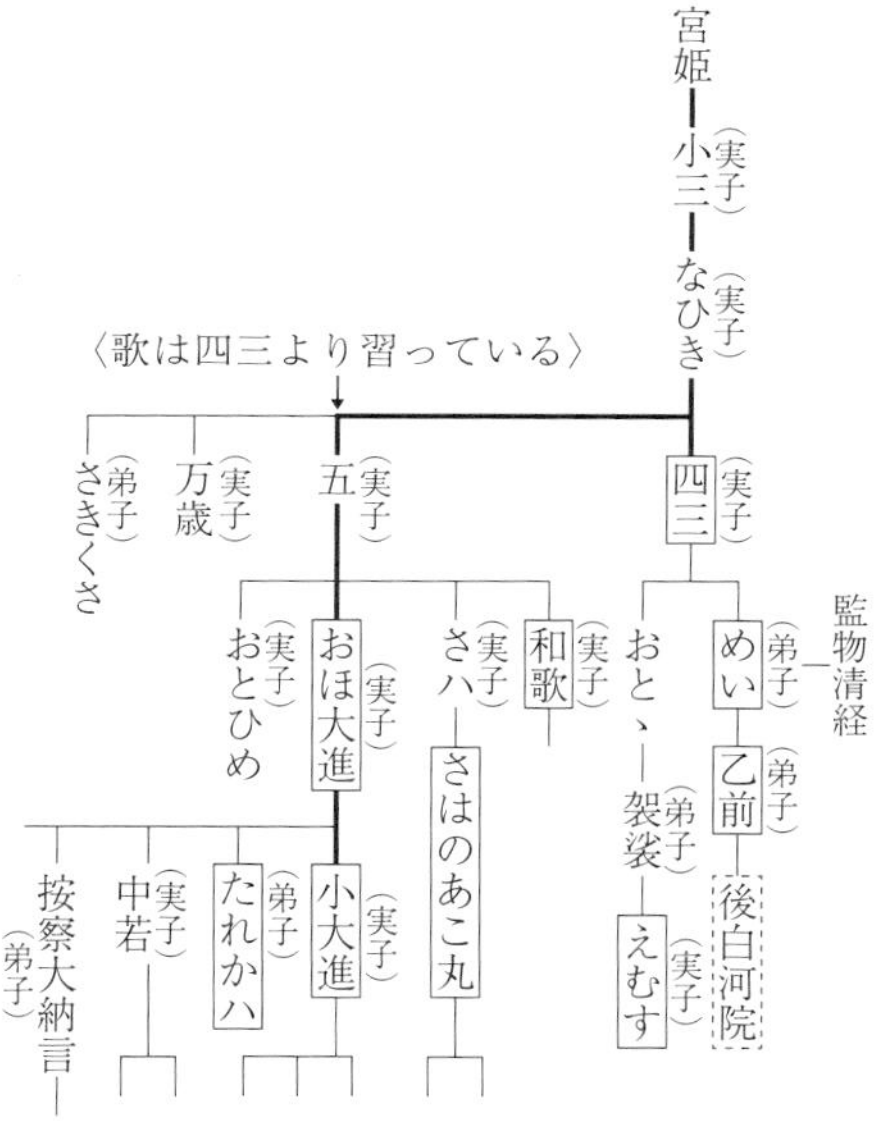

「今様之濫觴」系図
（馬場光子『今様のこころとことば』三弥井書店、1987年1月、より。太線は今様相承の正流と考えられるものに著者が付したもの）

『今様之濫觴《いまようのらんしょう》』という文書がある。これは今様の芸能の系譜をたどったもので、宮姫を祖に、小三（実子）―なひき（実子）―めい（弟子）―乙前（弟子）―後白河院という系図である。血族間、縁戚間の家系図ではなく、今様の芸の流儀の系譜であって、それこそ殿上人から下賤の者までを含んだ系図なのである。遊女、傀儡女《くぐつめ》、白拍子などと蔑まれた人々――道々の輩――の名前を後世にまで残したのは、「口伝集」と『今様之濫觴』にほかならず、私たちは本来ならば、歴史のもっとも下層に埋もれてしかるべき人々を、個別の生きた人間として認識できる、こよない機会を与えられたといったよいのだ。
「口伝集」は、さらに続ける。

この乙前に、十余年もの間習い続けたが、その昔にかれこれ聞き取って謡い集めておいた歌どもを、その一筋を正しく通して体得するために、あちこちの違っているところを習い直した。水を一滴も零すことなく他の器に入れ替えるように、あますところなく移し終えた。年来これほどに嗜み、習い覚えたことを、誰かに伝えて、その流儀はどこそこの誰々のものと、後にいわれるようになりたいものだと思っている。習う仲間はいても、これを受け継ぐべき弟子がないことが、遺恨のことではある。殿上人から下賤の者にいたるまで、いっしょになって謡う仲間は多いのだが、これを（私と）同じような熱意によって習う者は一人もいないのである。

確かに今様好きや今様狂いは、当時においても多くいたのだが、それを集大成し、その歌い方の流儀を伝えようとし、芸能の系譜として残そうとしたのは、後白河院しかいなかったのである（それが可能なだけの財力や権力がそなわっていたのである）。その後、それを継承して残そうとした者もいなかったことは、『梁塵秘抄』が本来の形の十分の一の姿でしか残っていないことを見ても明らかなのである。『源氏物語』や『万葉集』のように多くの写本が作られることもなく、天下の孤本としてしか今に伝わっていないからである。
もちろん、これは、これだけであっても、後世に今様が残ったということを喜ぶべきかもしれない。おそらく、無数の宮姫や乙前が歴史の闇の中に埋まっていることであり、「声、技の悲しさは、久しくとどまりがたきこと」なのだから。

「蟻の熊野詣で」に、末法思想から来る、欣求浄土《ごんぐじょうど》、厭離穢土《おんりえど》の考え方があることは確かだろう。「日本一の大天狗」と呼ばれ、武士たちを相手に、権謀術数を発揮した後白河院にとっても、「死」は眼前にあるものであって、忌避されえないものであった。

八十四歳という、当時においては奇蹟的に長命であった乙前の「死」について後白河院が書くように、成仏し、浄土へと如来や菩薩たちに誘《いざな》われることは、彼らにとって、最大の悲願であった。秦の始皇帝が徐福に「不老長寿」の丹薬を求めさせるために蓬莱の島への往還を命じた時に、徐福が到着したのは「熊野」の浜辺だった。それは、生の薬を求めて、辿り着いた「死の国」、これは皮肉でも何でもなく、そんな「不老長寿」の薬石、煉丹など存在せず、始皇帝でさえも免がれ難かった「死」が普遍的にあることを示した寓話だったのである。

中世の貴顕たちを襲った「欣求浄土」の熱は、都から山を越え、谷を渡り、「死の国」、そこへ行けば「死者と出会うことのできる場所」、熊野の地であったのである。

後白河院にとっても、「今」という一瞬だけを輝かせて、消えてゆく「声」と「技」の歌謡は、「死」を確実な未来に置いて、「生時」の輝きを瞬時味わうことのできる至福の時にほかならなかったのである。

後白河院にとって、熊野詣でを行うことと今様に熱中することとは、一つのものであって、二つのものではなかった。それは人間が生きている現在という時間、「今」という瞬間を大事にするということだった。「今」という生きられる時間、後白河院が拘《こだわ》っていたのは、「今様」の「今」を生きることであって、熊野神社を京都に勧請する時も、「新熊野神社」と書いて「いまくまの」と呼ばせたのは、後白河院があくまでも「いま」に拘ったからにほかならない。秦の始皇帝のように、中華全土を支配する人間にとっても「死」は免れがたいものだ。不老長寿、不死の薬石を求めたとしても、それが空しいことは末法の世ではよく知られたことだった。

熊野へ参るには　紀路と伊勢路のどれ近し
広大慈悲の道なれば　紀路も伊勢路も遠からず

熊野へ参らんと思えども　徒歩《かち》より参れば道遠しすぐれて山峻《きび》し
馬にて参れば苦行ならず　空より参らむ　羽賜《た》べ若王子《にゃくおうじ》

熊野へ参るには　何か苦しき　修行者よ　安松姫松五葉松　千里の浜

いずれも、熊野詣でに行くことを歌った『梁塵秘抄』にある今様歌である。後白河院の一行は、「九十九王子」と呼ばれる、熊野神社に至るまでの王子社に寄っては、そこで「今様」を詠唱するという参詣の旅を続ける。（註四）

「若王子」はもっとも霊験のあらたかな王子社であり、二首目は、その王子神に羽根を願うという歌である。「若王子」というのは、本来神様の「荒御魂《あらみたま》」としてタタリ神に近いものだが、ここでは天狗や、荒行をする修験者のイメージが重ねられているのではないか。それだけ、熊野詣では、命懸けの厳しい修行の道であり、欣求浄土の悲願を実現する道行きだったのである（それに、「若王子」という読み方は、「ミシャグジ」という音に近い。ミシャグジ神は、ここでも顔を出しているのかもし

新熊野神社（京都）

熊野若王子神社（京都）

れない）。

熊野という聖なる地に至るためには、その道筋はいくつもある。紀伊路もあれば伊勢路もある。山道や岨道《そまみち》を徒歩《かち》で行くこともできれば、馬や駕《かご》を使うこともできるだろう。そのように、「死の国」「隈《くま》の国」に行こうと思えば、「欣求浄土」「厭離穢土」の激しい荒行によってそこに到達しようとする修験者たちもいれば、一心不乱に読経や看経や写経によって到達しようとする道もあるだろう。

後白河院たちのように、「今様」を詠唱することによって、「浄土」を「今、ここ」に現出させるという考え方があっても不思議ではない。道は多岐に分かれていても、辿り着く先は「熊野」という目的地一つなのである。

5　熊野の山中綺譚

京の都から熊野大社までの道筋が熊野街道（熊野古道）であり、伊勢路、紀伊路、大辺路《おおへじ》、中辺路《なかへじ》、小辺路《こへじ》、大峯奥駆道《おおみねおくかけみち》の六つのルートがある（あと、大雲取越えと小雲取越えの二ルートもある）。このうち吉野から大峯山、金峯山の山々を越えてゆく道は、もっとも険しい修行の道であり、生死を厭わない修験者たちが荒行のために通う道なのである。吉野から熊野本宮に至る大峯奥駆道のルートには、山あり、谷あり、川もあれば崖もあるという難路であり、まさに深山幽谷をゆく進路なのである。

修験者ではない「蟻の熊野詣で」には、比較的穏やかな紀伊路、伊勢路から中辺路や小辺路を通り、九十九王子といわれる王子社を参拝しながら、何日もかけて三熊野詣でをするのである。

大峯奥駆路こそ、「隠国《こもりく》」や「根の国」として、一種の異界であり、死者と出会うとされる「黄泉《よみ》の国」にほかならなかった。

そんな様子を物語る説話が、『大日本国法華経験記』（『日本思想大系7　往生伝・法華験記』岩波書店、一九七四年）にはある。

ある修行僧が、修行のために諸国の山々を廻り、熊野山から大峯に入り、山中で路を失い、金峰山に入ったことがあった。十日間ほども苦労辛苦して彷徨《さまよ》っているうちに、一軒の僧房を見つけた。建物は新しく、障子や遣戸や天井などは清浄で、荘厳だった。そこに一人の聖人がいて、歳は二十歳ばかりと見えた。経机を前に法華経を誦《よ》んでいた。読み終えると、経は空中に舞い上がり、自然に巻き戻して、紐で結わえ、机の上に戻るのだった。

このように巻ごとに読み終えると、机に戻り、法華経一部を誦み終わった。修行僧が、礼拝すると、聖人は驚き、ここは昔から訪ねてくる者などいないところである。鳥の声さえしないここに、なぜ来たのかと問うた。

山中で路に迷い、ようやくここに辿り着いたという僧に、聖人は、自分は比叡山東塔の天台座主の弟子だったが、いろいろな事があって、勘当され、方々を流浪したが、ここに住み着いてから、八十余年となる。もし、ここに泊まろうというのならば、「身に動揺せず口に言説なくして、寂静して住せよ」という。夜になって、にわかに微風が吹いて、「異類衆形の鬼神禽獣、数千集会せり。馬面牛形、鳥頭鹿形、各々香華・供具・菓子《このみ》・飲食《おんじき》・百味の肴膳《さかなかしはで》を捧げ持ちて、前の庭に並び立ち、高き棚を構へて安置」するのだった。聖人が発願して夜明け近い頃まで法華経を誦むと、集まった異形の者たちは渇仰礼拝して、各々分散していったのである。客僧が「奇異稀有の異類の千形、これ何方より来るやといふ」と、聖人は「人在空間、我遣天竜王、夜叉鬼神等、為作聴法衆、かくのごとし」と答えた。

熊野神社（京都）

そして、聖人が水瓶を簀に置くと、それは踊り下って、僧の道案内をして、彼を無事に山の麓まで到着させると、また一人でとっとと引き返していったのである（この挿話は、『信貴山縁起絵巻』の「飛ぶ鉢」のことを思わせる。修行の結果、命のない物体を自由自在に動かす超能力を得たのだ）。

泉鏡花（一八七三〜一九三九）の『高野聖』にも似た山中綺譚なのだが、熊野の山中が、こうした異類たちの集う場所なのであって、「馬面牛形」すなわち牛頭馬頭の地獄の閻魔大王の従卒がいるところをみれば、ここが「地獄」の世界であり、「黄泉の国」や「異界」であることは明らかなのである。さらに、地獄のような熊野の険阻な山道を越えてきた参詣者が、新宮と那智宮の先に広がる紺碧の海を見て、そこを浄土（極楽）と観じないことがあるだろうか。苦難の末に辿り着いた浄土。熊野には、「地獄」も「天国」も、両方存在する稀有な「聖地」なのである。

もう一つの綺譚がある。天王寺の僧・道公が熊野から出て、寺に帰ろうとした時、紀伊国美奈倍《みなべ》郷の海のそばの大きな樹の下に一晩宿るということがあった。夜中になると、馬に乗った二、三十人の人がやってきた。そのうちの一人が「樹の下の翁はいるか」と問うと、樹の下では「おります」と答えて、翁が出てきた。翁がいうには、「荷物を運ぶ馬の脚が折れて、乗用することはできません」という。「明日は治療して、お供いたすことにしましょう」と述べると、騎馬の人々は、各々分散した。翌朝に、僧が樹の下を見ると、道祖神《さへのかみ》の像があった。「朽ち故《ふる》くして多くの年を巡たり。男の形ありといへども、女の形あることなし」。その前に、板の絵馬があって、前の足が破損していた。旅の僧はそれを見て、糸によって綴りを補い、元の場所に安置した。

次の日も僧は樹の下に宿り、どうなることやらと待っていると、やはり二、三十の騎馬の人々がやって来て、翁は馬に乗って出て行った。さらに翌朝、翁が帰ってきて、僧にいうには「騎馬した人々は、行疫神であり、私は道祖神です。彼らが国中を巡回する時、必ず私を前使として、先立たせる。もし、従わなければ、笞《むち》で打ち責められ、言葉で罵詈される。上人様が（絵馬の）馬の脚を直してくれたお陰で、無事役目を果たすことができました」と礼をいう。

そして「今この下劣の神の形を捨てて、上品の功徳の身を得むと欲す」といい、僧に三日三晩、樹の下で法華経を誦むことを請うた。僧がその通りにしてやると、道祖神の翁はその「身」から離れて、成仏することが出来たのである（「第百廿八　紀伊国美奈陪郷の道祖神」『大日本国法華経験記』）。

和泉式部と道祖神の寓話にしても、この『法華験記』にしても、「道祖神」は（本来は）「男の形」

と「女の形」の両方を持ち（ここでの翁の道祖神は、媼の配偶者の神を持たない、まさに孤独な独居老人なのである）、神々の中でも「下劣」で、卑賤な神であり、行疫神（厄病神）などに頤使《いし》されるような情けない神なのであって、熊野街道のあちらこちらに多く存在していたことが分かる（九十九王子神も、かなりの数が道祖神だったと思われる）。

その意味でいえば、道祖神は、「蟻の熊野詣で」を行う庶民、一般大衆ときわめて近しい存在なのであり、今様の「神歌」や、『新猿楽記』に登場してくるような平凡な人々が祈り、願う対象として存在していたのである。

私は、チベットのラサの町で、巷の喧騒とは関わりなく、釈迦如来を祀るチョカン寺（大昭寺）の前門と、周囲の未舗装の道路（コルマル）を、五体投地をしながら巡礼する人たちを見た。臙脂《えんじ》色の僧衣を着た托鉢僧や、ヤクの毛皮の脛当てや手袋などを着けているがそれも、長い五体投地礼の繰り返しのために擦り切れ、また、厳しい日光や、激しい風雨によって鞣《なめ》されたような浅黒い顔の修行者や巡礼者たちが、観音菩薩の聖地であるラサ市中に蝟集してくるのである。

両手を挙げ、膝をついて、うつ伏せに体を大地に投げかける。そして体を引いて、五体投地をした分だけ前に進む。それを繰り返すことによって、寺の周回路を進んで行くのである。気の遠くなるほどのノロノロとした歩み方なのである。

また、ラサ郊外の荒れた岩石の道を、マニ車（内部に経文の入った金属製の車〔赤ん坊をあやすガラガラのような〕で、手で回すと経文を読んだのと同じ霊験があるといわれる）を廻しながら、「オム・マニ・ベメ・フーム」と唱えて、学問寺のデプン寺（哲蚌寺）や、裏山に鳥葬の大岩があるセラ寺（色拉寺）を巡礼する、チベットの各地からやってきた老若男女の仏教徒たちを見た。ヤクの毛皮の衣装を纏い、巡礼者たちは、故郷の村から、ダライ・ラマ（観音菩薩の生まれ変わり）の住む観音浄土のポタラ（補陀落）宮殿や、大きな寺院を巡礼するために、何日間もかけて歩いてやってきたのだ。

私はそうした巡礼者を見ながら、「蟻の熊野詣で」といったものも、こうした信仰に支えられて行われたものだということを実感したのである。チベット仏教の巡礼聖地には、ラサの町と、もう一つ、カイラス山がある。チベット仏教（ラマ教）だけでなく、ボン教やジャイナ教の聖山であるカイラス山を巡る信仰の巡礼者たちも数多くいる。熊野とは違って砂と石と岩だらけの、緑の全くない岩山なのだが、その巡礼路の困難さは、「蟻の熊野詣で」にヒケを取らないものだろう。浄土に至るためには、私たちは〝地獄〟のような困難を窮める道を通過してこそ、光り輝く〝浄土〟に到達することが出来るのである。

6　小栗判官《おぐりはんがん》の旅

ところで熊野路を、丸太を輪切りにした車輪の土車《つちぐるま》に乗せられて、熊野の湯まで運ばれたのは、説経節や説経浄瑠璃、歌舞伎などで有名な「小栗判官」である。

熊野本宮から中辺路を経て、田辺の方面に向かう街道（ここは小栗街道というのではなかっただろうか）の途中に、細い川に沿って古さびた数軒の民宿が立ち並び、湯の峰温泉公衆浴場が一軒ある。隣に「小栗判官」ゆかりの東光寺という寺院があり、そこから河原に下りてゆく先に、古い湯殿の「つぼ湯」があった。そこが伝説にある、小栗判官の再生の湯ということだった。ハタハタとはためく赤い幟《のぼり》に「小栗判官蘇生の地」と書かれていて、地元の「小栗会」が管理しているようだった。小さく、狭い湯殿からは湯気が漂ってきており、あたり一帯にも、硫黄を含んだようなお湯の匂いと、靄のような湯煙で薄曇っている。いかにも、鄙びた「山の湯」の風情だ。

横山一族の陰謀によって毒を飲まされ、地獄に落とされて、手足は骨と皮ばかりのガラガラとなり、腹部だけがぼこっと膨れ、髑髏《どくろ》に皮をかぶせたような頭には、眼ばかりをギラギラと光らせ、声も出せない。そんな小栗の変わり果てた姿は、妻の照手姫《てるてひめ》にさえも、それと分からないのだった。天刑病といわれ、業病といわれた癩病患者たちがこの湯に集まり、最後の望みを持って湯治したのも、この温泉が再生、新生の湯にほかならなかったからだ。

こんな餓鬼阿弥陀としての小栗も、熊野の湯に入るたびに、少しずつ元の姿を取り戻し、蘇生してゆく。熊野の湯の効用はきわめてあらたかなものであって、『餓鬼草子』や『病草子』に描かれた餓鬼の姿にそっくりだった小栗も、強い武将だった元の体軀に立ち戻ることができたのだ。

熊野の温泉の湯の霊験を物語る小栗判官譚は、甲賀三郎と並んで説経節のテーマとなり、歌舞伎や浄瑠璃などの演目として伝承されてきたことはよく知られたことだ。この熊野信仰を代表する小栗判官の物語と、諏訪信仰の甲賀三郎の物語は、偶然とは言い切れないほどの共通性があるように思われる。

小栗判官蘇生の地、湯の峰温泉・つぼ湯

一つは、甲賀三郎と小栗判官との双方が、貴種流離譚であり、二人の主人公は、敵役の兄弟や敵方の奸計によって、地の底の国、地獄に落ちて、苦難の巡歴を続けることだ。二つには、春日姫（あるいは維摩姫）や照手姫のような妻と仲睦まじく、夫婦愛が強調されていることだ。また、法華経や仏教神の加護や効用によって救済され、それぞれ、中世神話によくある縁起譚としての神道の「神」となることが、その三つ目の共通項だ。

もちろん、相違点も少なくはない。小栗判官譚は、基本的には熊野の湯の霊験によって、餓鬼阿弥となった主人公が癒され、「死→生」という再生を果たすことが最終的なテーマとしてあるのに対し、甲賀三郎譚には、大蛇に変化した身体は、衣服を脱ぎ捨てるようにすれば、元の姿に戻れるのであり、それは、死からの再生というモチーフとしては、やや薄弱な感は否めない。

また、甲賀三郎が本質的には自己救抜（自助努力）の形で地の底から地上へと帰って来るのに対し（もちろん、神仏の加護はあったのだが）、小栗判官は、多くの人が「供養」のために土車を曳いてくれ、熊野の湯まで辿り着くことができたのである。つまり、甲賀三郎が〝自力本願〟によって救われるの対し、小栗判官では〝他力本願〟の要素が強いのだ。また、その〝他力〟には、病を癒すという、医道的な要素が濃い（甲賀三郎の場合は、魔力、呪力によって姿を変えられていた）。

小栗判官は、多くの人が「千僧供養《せんぞうくよう》」「万僧供養《まんぞうくよう》」と唱えながら、次々と交替して、土車の綱を曳き、餓鬼阿弥となった小栗判官を熊野の湯に送り届けるということに眼目があった。これは、まさに「蟻の熊野詣で」といわれたような、熊野参詣の庶民化、大衆化と相即的なものだろう。

つまり、小栗判官の物語を支えたのは、こうした「蟻」の存在のような無名の民衆たちなのであって、それはすでに「蝦夷」という異民族を征伐する諏訪明神（甲賀三郎）や、物部守屋という仏敵や、襲来する蒙古の軍勢や、まつろわぬ蝦夷を征伐（説諭する、だが）するのに大きな功績があった「聖徳太子」（歴史上ではなく、物語上の）などの英雄伝承の世界とは違った意味でのヒーローの誕生にほかならなかったのである。

小栗判官ものの人気は、こうした「他力性」「庶民性」「大乗性」「女性性」にあると私は考える。甲賀三郎譚が、「縄文の記憶」を曳きずった狩猟文化社会の背景を持つとしたら、小栗判官は、「人が神になる」「神が人のように苦しんで仏に救いを求める」といった中世神話の枠組みの中で展開しているように思われる。

だから、熊野信仰は、その名称に従わず、「熊神」の神話伝承から切り離されたものであり、諏訪信仰が、「熊神」「龍蛇神」の信仰の痕跡を残していることと対照的なのである。歴史的な時間軸からいえば、諏訪信仰は古く、熊野信仰は新しい。本来は、「熊神」の方が古代的なのに、信仰の流行《はや》り廃《すた》りから見れば、それは同一には語ることはできないのである。

甲賀三郎と小栗判官の物語を比較すると、「小栗」の方が、はるかに物語的興趣に富んでいることを指摘できる。小栗判官が横山一族の奸計に遭って、毒殺されるまでに至るプロセスは、暴れ馬で、食人馬の鬼鹿毛《おにかげ》のエピソードもあり、武勇伝的な面白さがあるし、照手姫が青墓《あおはか》の遊女として売られてゆく過程は、高貴な女性の転落、倫落の物語として享受する者に哀れさを引き起こすに違いない。小栗判官の土車を曳く「えいさらえい」という掛け声の繰り返しは、語りものとしての「小栗判官」を口調よく展開させてゆくコロス（合唱団）のリフレインとなっている。

熊野信仰の特徴のもう一つに、女人の参詣が許されていたということがあるだろう。熊野大社は、女人往生（仏教的にいえば女人成仏）が可能な数少ない聖地なのであり、これも「蟻の熊野詣で」の賑わいの一因であったことは確かだと思われる。

和泉式部が、熊野詣でに出て、本宮の一歩手前にある伏拝《ふしおがみ》王子まで来た時に、月のものがきてしまった。そこで彼女はこう歌った。

晴れやらぬ　身の浮雲の　たなびきて　月の障りと　なるぞかなしき

すると、熊野権現は、こう返したという。

もとよりも　塵に交はる　神ならば　月の障りも　なにか苦しき

和泉式部と熊野権現との、こうした歌のやりとりは、歴史的事実であるはずもないが、熊野信仰の一側面を物語っているものと思われる。つまり、一般的に「赤不浄」として、出血を厭う神仏の多い中で、熊野権現はそれを厭わない珍しい神なのである（死穢は、黒不浄とされる）。これはやはり熊野信仰が、最初は狩猟神として誕生したことを示しているのかもしれない。こうした女性を積極的に熊野信仰に取り入れようとした、熊野比丘尼などの伝道者の役割が大きかったと思われる。

藤原定家は、後鳥羽上皇（一一八〇〜一二三九）の「熊野詣で」に随行して、その随行日記『後鳥羽院熊野御幸記』を書いているが、そこで盲目の女性が胸に子供を抱いて参詣しているのを見かけたことを記録している。五体満足の、健康な者でさえ「道崔嵬、殆んど恐れ有り」という山道の難路を、手萎え・足萎え、盲い・耳聾い、子持ち女、老人、癩病人たちが、熊野の湯の奇蹟の恩恵に与《あずか》ろうと、必死の思いで参詣の旅にでたのである。都の貴顕たちに混じって、荒行の修験者、世捨て人、世に捨てられた人、病者・弱者たちが参集していたのである。

定家自身も、後鳥羽上皇から随行を命じられ、風邪をひいたり、身体の不調や不具合を愚痴りながらも、何とかこの旅を全《まっと》うしている。中堅幹部的な立場の彼は、後鳥羽上皇などには最大限に気を遣わざるをえず、また、現地での待遇の悪さと段取りの不手際さには怒りと愚痴を零《こぼ》さざるをえないほど、苦行の旅だったのである（死者の出た家に泊められた時は、黒不浄を祓うため、寒中にもかかわらず水垢離《みずごり》をとらなければならなかった）。「蟻の熊野詣で」の本音を吐いた記録として貴重なものとなっている。

小栗判官譚の中で、青墓（遊女宿の多いことで有名だった）の宿に売られるまでの照手姫の転落の軌跡が繰り返し書かれているのも、この物語が熊野比丘尼たちによって全国に持ち運ばれたことと無縁ではないだろう。熊野曼荼羅の絵図を持ち、絵解きをしながら、熊野権現の効験や、小栗判官の物語を声涙ともに下る名調子で語った彼女らの活躍こそが、熊野信仰の最底辺層を支えていたのである（熊野信仰の布教者であると同時に、語り物の芸能者であり、時には春をひさぐ売笑婦でもあった）。

後鳥羽院や後白河院のような貴顕としての人物たちだけではなく、庶民、女性が「蟻の熊野詣で」のもう一方の主役であった。そうした人々が、道々、王子社や小堂を参拝しながら、「三熊野」に辿り着くのが、熊野詣での道行なのである。

ところで、甲賀三郎と小栗判官の物語で大きく異なっているのは、最後の大団円の場面である。甲賀三郎とその妻・春日姫とは、神となって諏訪神社の「上社」と「下社」のそれぞれの祭神となる。しかし、小栗判官と照手姫は、熊野神社の神となったわけではない。つまり、甲賀三郎の物語は「諏訪神社」の縁起譚であるのに対し、小栗判官の物語は「熊野神社」の縁起譚では決してないのである。

しかし、よく考えてみると、後者の場合はちょっと不思議である。『神道集』あるいは説経浄瑠璃の台本である『説経節』は、寺社の縁起譚を集めたものであって、それぞれの物語の主人公たちは、お終《しま》いには神仏となってそれぞれ所縁の寺社に納まる（『山椒大夫』の安寿は、金焼地蔵に、愛護の若は、日吉山王大権現になって祀られる）。

ところが、小栗判官は、熊野神社の祭神となることなく、小栗判官は「美濃の国安八の郡墨俣《こおりすのまた》、垂井おなことの神体は正八幡」、照手姫は「十八町下に、契り結ぶの神」となるのである。それぞれ墨俣八幡、結《むすぶ》神社の祭事となったのだが、熊野三社と較べたら、かなり神社の格としては落ちるのではないか。つまり、小栗判官の物語は「墨俣八幡社」の縁起ではあっても、「熊野」の縁起でも、本地でもないのである（照手姫の物語も「結《むすび》神社縁起」ということになる）。

また、物語の中味を見ても、小栗判官と墨俣八幡社との縁はそれほど感じ取れない。ほとんど無縁であるとしか思われないのだ。小栗判官（幼名有若）が関係したと思われるのは、鞍馬寺や岩清水八幡、藤沢の遊行寺や熊野本宮などであって、それらの寺社の祭神や本尊になるのならいざ知らず、美濃の国墨俣の八幡社となるのにはあまり納得がいかないのである（八幡社の祭神が八幡大神であることは当然で、小栗判官とはこれも結びつかない。照手姫との関係ということか）。

その理由は簡単で、小栗判官の物語が成立した頃には、熊野三社の祭神ははっきりと確定したものであって、いくら熊野神社の霊験を受けたといっても小栗判官がそこの祭神となる暇などなかったのだ。それに反し、諏訪神社の場合は、タケミナカタといい、ミシャグジ神といい、諏訪神社の祭神としてはまだ不確定的で、甲賀三郎や春日姫が、祭神の地位に納まることはそれほど難しくはなかったのだ。

熊野には熊野坐神が、小栗判官の活躍する以前からデンと居座っていた。また、お湯、大岩、滝のように、目に見える形での御神体がそなわっており、小栗判官が神様として割り込んで行くだけの隙間は、もう一寸たりとも残っていなかったのだ。

小栗判官の物語は、熊野神社の効験が全国的に認められ、熊野権現の霊験があらたかであることが周知のものとなってから成立したものと思われる。熊野信仰のお陰を蒙った小栗判官が熊野権現の「御正体《みしょうたい》」となるわけはなかった。

だから、小栗判官は「神」になるとしても、墨俣八幡社という、彼自身の物語とはほとんど無縁の神社の祭事として納まったのである。
ここではもはや猟師が山の中の「大熊（あるいは大猪）」と出会ったという熊野神社の縁起譚とはまったくといっていいほど関係がなくなる。「熊」と小栗判官の関係はまったく断ち切れているのであって、ただ、熊野神社という名称だけが「熊」との縁を結んでいるだけなのだ。

7　そして熊はいなくなった

結論的にいえば、「熊野」の森からは、「熊」はいなくなった。神武天皇（カムヤマトイワレビコ）に敵対し、その東征を邪魔した「大きなる熊」は、その後、熊野の海岸に棲む「鬼」という存在にまで落ちぶれてしまったのであり、そして彼らは、蝦夷征伐の英雄の坂上田村麻呂によって、「鬼退治」の対象として、滅ぼされてしまうという伝説が、今に残されているだけなのである（桐村英一郎『熊野鬼伝説』三弥井書店、二〇一二年）。

それは実体としては、熊野水軍といわれたような、海賊たちの群れであったのもかもしれないし、熊野古道に出没する山賊たちの謂《いい》だったのかもしれない（朝鮮に伝わる甲賀三郎の類話では、甲賀三郎のような主人公に敵対するのは、地底の国の「大盗賊」なのである）。

しかし、「縄文の時代」にまで遡ってゆけば、石器や土器を使いながら、採集・狩猟・漁撈、そして原始的な農耕を行って、それを生計の資としていた時代には、熊は「熊神」として崇敬の対象であり、〝新しき神（天津神）〟の創設したヤマト朝廷に対抗する、地元の〝古き古き神々（国津神）〟だったのである。それは「神そのもの」あるいは「神に対する生け贄」として、熊や猪や鹿などの動物を祭祀するという「縄文の記憶」が確かに残っていた時代までは、細々と生き残っていたといえるのである。

すでに九州、四国、山陰、山陽の西日本においては、野獣としての熊はその跡を絶った。残っているのは、秋田、青森の東北のツキノワグマと、北海道のヒグマである。おそらく太古の昔、熊は狩猟の獲物として手に入れることが難しく、また逆に人間の方が狩られ、喰われることもあるということで、猪や鹿などとは別格で、「山の神」として崇敬されたのだろう。そうした「山の神＝熊」の信仰が、東北のマタギ、北海道のアイヌを除いて日本列島から消滅していったのは、野生動物としての「熊」の存在の消長と関係している。

この点、熊神信仰は、ニホンオオカミを祭神とする「犬神」「お狗《いぬ》さま」の信仰と同一の軌跡をたどったのかもしれない。ニホンオオカミは、害獣として駆除され、毛皮を獲《と》るための乱獲によって絶滅した（狂犬病やジステンパーのような病気の流行も、その絶滅現象に拍車をかけた）。ニホンオオカミが、最後に捕獲されたのは、明治三十八（一九〇五）年で、奈良県の山中でのことだった。その後も時おり、〝幻のニホンオオカミ〟の目撃談が語られることがあるが、確認されたものはない。

北海道のエゾオオカミは、餌となるエゾジカの頭数の減少によって、絶滅に追い込まれた――そのため、現在では、天敵のいなくなったエゾジカが増殖し、森林や農作物への食害が問題となるまでに至っている。狼信仰は、現在でも三峰神社や山住神社などで行われているが、信仰としての実質はほとんどなく、その痕跡だけが残されているといえる。

つまり、狼と同様に、熊の痕跡さえ消えてしまったところでは、熊に対する崇拝は、その恐怖や畏怖とともに絶滅してしまったといわざるをえないのだ。後に残されるのは、神話であり民話であり、伝承であり伝説である。諏訪信仰でいえば、その古記録類の中に微《かす》かに残されている「熊の影」（黒く、大きなもの）であり、「熊のジャン」と甲賀三郎の関わりであり、熊野信仰では「熊野」という名称そのものだけである。

ここまで、イオマンテやマタギの「熊送り」の儀礼につきあってもらったのは、東北、北海道から、樺太、シベリア、ロシア、ヨーロッパ、そして北アメリカ（さらに南アメリカにも）へと繋がってゆく「熊信仰」の幅広いロード（それはシルク・ロードと同じように〝ベア・ロード〟といってよい。あるいは〝ベア・ゾーン〟〝ベア・ベルト〟といった方がよいかもしれない）を見直すことによって、これまでの西日本を中心とする民俗学や神話学の視点を、北方からの視点、視覚によって読み替えることができるのではないかという発想があったからだ。

柳田國男の創唱した日本民俗学から北海道は排除された（有名な話では、山口昌男（一九三一〜二〇一三）が柳田國男に会った時、出身地を尋ねられて「北海道」と答えると、「じゃあ、民俗学は無理だ」といわれたというエピソードがある。これが山口昌男が文化人類学に進んだきっかけとなったという）。

柳田國男自身も、その民俗学の初めにおいては、東北地方に深い関心を持っていたのだが（『遠野物語』）、後期には『海上の道』のように、明らかに南方に軸足を移した。比較民俗学から一国民俗学への転身となったことと同義的だ。それは、柳田民俗学が、稲作農耕を中心とした「常民」の民俗学を積極的に推進していこうとしたことと軌を一にしている。そこで切り捨てられていったのは、狩猟・採集・漁撈と焼畑農業と、雑穀やイモなどの根菜類を中心とした、稲作以前の農業――一言にひっくるめていってしまうと、「縄文」の記憶そのものにほかならないのである。

そうした縄文の記憶を保持したまま、北方から広がる視点、北方へと広がる視点を日本の民俗学、神話学、民話学、そして文学の世界に導き入れることはできないだろうか。縄文文化の中心地が東北、北海道などの日本列島の北方であることはいうまでもない。稲作農耕と金属器の文化を携えた弥生文化（弥生人）が縄文文化（縄文人）を駆逐して日本列島を席巻して以来、西日本、南日本から文化は北上し、漸進してゆくものと思われていた。「縄文の記憶」は、そうした文化史を反転させるものであり、日本文化の根にあるものとして、注目し続けるべきものなのである。

　坂上田村麻呂から徳川慶喜（一八三七〜一九一三）までの征夷大将軍に〝征夷され〟ながらも、神武天皇から今上天皇（一九六〇〜）までの天照大神の子孫による王朝の〝未だ王化に染《したが》わぬ〟化外の民たち。東北、北方のそうした獣のような人々を中心とした歴史学や民俗学、精神史や宗教学を今こそ構築することが可能なのではないか。それは、縄文の記憶に、今なおこれらの人々が根付いていることを示している。

　北海道から東北へ、そして北陸、関東、甲信越、近畿へと、日本地図を〝南下〟してゆく、民俗の記録を辿る旅は不可能だろうか。柳田國男が不可能と断じた、そうした北方世界の民俗学から広がる人々の記憶を復元しようとする試み、それが私がこの本で試みようとした企図なのだが、そうした試みは、ここで、いささかなりとも成就することができただろうか。

註一　本地垂迹説では、熊野本宮の神の本地は阿弥陀如来、新宮は薬師如来、那智宮は千手観音とされる。明治初年の神仏分離令によって、那智宮と青岸渡寺が隣合わせなのに別個の宗教施設となっているのは、この法令のためである。

註二　熊野比丘尼たちが津々浦々に伝え広げた熊野権現の起源は、記紀神話に書かれたものや、熊野権現縁起のものとは異なっている。勧進文としての「神倉権現縁起」では、「神蔵八熊野に神振りまします。其はしめの地なり、然といふ故に熊野根本大権現と称する事、世にいちしるし、然といへとも神記旧記こと〳〵く癈失してつた得す。あゝ歎くへし」と、間違った縁起が伝わっていることを歎いている。本山は「当山熊か岳窟か峯八、熊野に神降りましますはしめ、ひとつの宝剣をおさめたまふ処、故に熊野の根本とす、又説にいはく天竺金剛窟山の山破、此土に降て一峯と成、則本山なりといへり」というもので、「高倉下《たかくらじ》」の宝剣を「根本」としている。その後、「新宮（速立村）」に移るのである（近藤喜博「熊野比丘尼」『民衆宗教史叢書第二巻　熊野信仰』雄山閣出版、一九九〇年七月）。

註三　『梁塵秘抄』には「あこ」という名前の遊女（売春婦）の名前が出てくる。稲荷神を祀る京都の伏見稲荷（大社）の門前には、巫女兼遊び女が多かったというから、「狐」と「阿古町」とは仲が良かった（縁があった）のであろう。

註四　「九十九王子」とは、熊野古道（紀伊路、中辺路）には、数多くの、熊野権現の御子神を祀った「王子社」があるということであり、九十九ヶ所の参拝処があるという意味ではない。中でも重要と思われていたのが、「五王子」で、これは「若一王子」「禅師宮」「聖宮」「児宮」「子守宮」の五ヶ所。ただし、五社の解釈には相違があり、一般には「藤白王子」「切目王子」「稲葉王子」「滝尻王子」「発心門王子」とする場合が多い。なお、地名にもある「八王子」は牛頭天王と婆利采姫との間の八人の王子神のことで、熊野信仰の「九十九王子」と直接の関わりはない。

第六章　土偶・縄文式土器の謎

1　縄文の龍蛇信仰

ここでは、記紀神話どころか、諏訪信仰や熊野信仰の起源をさらに遡って、縄文時代の縄文人たちの精神世界を探求することにしよう。諏訪信仰が、現在の諏訪大社が位置する、諏訪湖周辺や八ヶ岳山麓地帯などの人々の居住地域に、非常に古くから行われていたのであり、そこには縄文時代の遺物が数多く出土する縄文遺跡が、やはり数多くあって、それが諏訪信仰の土台の部分となったことは明らかだと思われる。

もちろん、これまでの各章が対象としてきた、文字化された「神話」と「歴史」の時代とは異なって、新石器時代としての縄文時代は、〝書かれたもの〟としての「神話」や「歴史」以前の時代、すなわち「先史時代」のことであって、一切の文書・文献的なもの——金石に刻まれた文字や、木簡なども——まったくなかった古代人の精神世界など、どのようにうかがい知ることができるのだろうか。

これまで先人たちが行ってきたのは、縄文時代の遺跡や遺物から、その構造や生活様式、活動様式、衣食住のあり様や祭祀の跡、葬礼の痕跡などから、その「世界観」や「生死観」を占ってみるような類推的、推理的な方法であって、確かなエビデンスがあったものとは思われない。私たちが取るべき方法は、遺跡・遺物そのものに自らを語らせることであって、そこから得られた情報以外は、基本的には援用しないということを原則とすべきだ。

しかし、遺跡や遺物という「モノ自体」に語らせると言っても、それは実際にはそう簡単なものではない。それは、そうしたモノからの声を聞く、こちら側の聴力の問題があるからだ。〝良い耳〟を持たなければならない、あるいは〝良い目〟を持たなければならない。そうでなければ、モノは何も語らないし、逆に、語ってもいない声を聞き、表してもいない図像を見てしまうのが関の山だ。もう一つは、謙虚さと、何度も繰り返し省みる慎重さが必須となる。考古学の大島直行（一九五〇〜）は、『月と蛇と縄文人　シンボリズムとレトリックで読み解く神話的世界観』（寿郎社、二〇一四年）の中で、こういっている。


そうした縄文人の精神性をないがしろにして、なぜ考古学は物質的・技術的な研究しかしてこなかったのでしょう。理由は簡単です。縄文土器や土偶、お墓や竪穴の様式に込められた縄文人の精神性（神話的思考）を読み解くための方法を、考古学という学問は持っていなかったからです。そしてそれはいまだに持ちえていません。なぜでしょう。

その方法を考古学が得るためには、ほかの学問に助けを求めなくてはならないからです。考古学者はそれを避けてきました。

またその一方で、考古学の世界では出土品などの分類が目的化してしまい、ほかの学問の成果を取り入れて縄文人の精神性を明らかにするという作業を長い間怠ってきたのです。次から次と掘り出される資料の分類につねに翻弄されていて、その余裕がなかったともいえますが。

どんな学問もそうですが、考古学もまた「人間とは何か」を明らかにするためにあります。ですから縄文人についても、もっと人間としての側面から研究することが必要なことは明らかです。科学も文字もない社会で生きていくためには、もっぱら「人類の根源的なものの考え方」を用いて「世界（自然）を認識する」ことが必要だったはずです。

これは考古学の側からの反省の弁だろう。確かに考古学は、縄文式土器の成分や焼成温度や形式について語っているのだが、それが何のために、何を目的として、なぜ作られたのかという問いを捨象することによって、縄文土器の論述という考古学的体系を作り上げたのである。そうした考古学が回避した問題に果敢に挑んでいったのは、専門的な考古学からはかなりの程度の距離を取った、いわば考古学としてはアマチュアの研究者だった。

たとえば、田中基は『縄文のメドゥーサ』（現代書館、二〇〇六年）の中で、八ヶ岳南麓にある曽利28号の円形竪穴住居の遺跡から出土した香炉形土器について、「メドゥーサ型ランプとでも称すべき」ものとして、その正面から見た頂上部に人面があり、裏面から見た場合は、ギリシア神話の「メドゥーサ（メデューサ）」のように幾匹もの蛇が髪の毛状に蠢いている様相を見ている。この土器は鉢部の上や釣手の部分にカーボンや煤が付着していたから、ランプとして使われていたことは間違いないが、それにしてもこの異様な形姿は、何をモデルとし、何を目的としたものなのだろう。田中基は、同様の「大型人面付香炉型土器」（原村前尾遺跡27住居跡から出土）について、こう書く。

一方、この大型人面付香炉形土器の裏面（これも火の出る口を正面としてのことだが）は、全体が一個の恐怖を誘う顔であり、切断された晒し首を想わせる。交互沈刻文によって表象された蛇体を想わせる鼻筋と鼻孔が中央に造形され、その左右には大きく見開いたまま止まった眼孔が二重の沈線で縁どられ、目尻を示す沈線は上に吊り上がっている。そして背後には、逆立つ髪を表わす左右五本ずつの太い粘土紐が浮き上がってブリッジ状に渡され、あわせて一〇匹の蛇が波打っているようにみえる。

この「メドゥーサ型ランプ」から、田中基は、記紀神話の「イザナミ」と関連付けようとする。イザナギ・イザナミの夫婦神は、みとのまぐわいをすることによって、日本の国々と、神々を生み出すのだが、最後に火の神のヒノカグツチを生んだ時に、母神イザナミは、その陰部を焼かれて死んでしまう。冥府に行ってしまったイザナミを追って、根の堅洲《かたす》国に下りてゆくイザナギは、全身に八柱の雷神を伴ったイザナミを見て、恐怖のあまりそこから逃げ出してしまうのである。

焼け焦げた痕のある人面ランプからは、こうした蛇（雷神は蛇身とされる）を身につきまとわせた大地母神としてのイザナミのイメージが連想されるのだ。さらに、田中基は、諏訪湖の東側の八四〇メートルの台地上にある穴場遺跡の穴場18号住宅跡について、それが縄文人がこの18号住宅を撤去し、柱を抜き取った後、住宅を炎上させ、その中で何らかの儀礼を行い、その儀礼の最中の形のままで土を盛った記念遺構であると指摘している。その発掘現場の写真の光景を田中基は、こう記している。

> その構図は、女性性器の形状をしたタテ長の凹みを持つ石臼の下方を地中に埋め立て、そのタテ長の割れ目を水平面に覗かせて、その地中から生え出たような大地の陰部を狙って、男根の形をした無頭石棒が、その穴まであと三〇センチのところまで直進したまま止まっているというものである。
>
> この立てられた石臼陰部に向かってにょっきり伸びた男根九石棒の右側身が着側面からは、ちょうど人間の幼児骨大の髑髏のような顔（香炉型土器）が、その硬直した筋肉にガブリと喰いついて

はなれない、こんな光景である。

この髑髏の顔部分について、正面から見てブリッジにあたる部分には三頭の幻獣が乗っており、それは頭が猪で、体は蛇という猪頭蛇尾の複合獣であるという。また、正面の鏡餅型に空いた楕円形の穴の下には、やはり二頭の猪頭蛇尾の幻獣が造形されているという。この猪頭の部分を真上から見ると、そこには小さな蛙の像が隠されている。諏訪信仰における動物神、蛇と蛙、さらに狩猟民の獲物として「山の神」に捧げる猪（の頭部）が、この遺物には表現されているのである。

これを記紀神話と結びつけるとしたら、冥府から逃げ帰るイザナギを追って、イザナミが喰い殺そうと迫ってくる場面がイメージされる。イザナミではなく黄泉津醜女《よもつしこめ》でもよく、要するに、鋭い歯のあるヴァギナが、性交の際に男根を喰いちぎるという恐怖感が、イメージ化されているということなのだ。円満だった夫婦関係、男女関係が、喰うか喰われるかの陰惨な関係へと変わる。イザナギ・イザナミの神話は、両性の不和・抗争という根源的な神話構造に還元されるのである。

縄文時代の遺跡から出土する土偶・土器には、この「猪頭蛇尾」のような、「蛇」をシンボライズした文様や形象、デザインやシンボルが数多く表現されていることは、縄文時代の土偶や縄文式土器の研究者、調査者にとっては常識的なものとなっている。蛇の脱皮は、死と再生の象徴とされ、沼沢地域に好んで棲息するその生態は、蛇類を「水の神」、「水源を守る神」として、農業、とりわけ稲作水耕のために欠かせない神として認識されてきたのである。蛟《みずち》、八岐大蛇《やまたのおろち》、九頭龍《くずりゅう》、龍神、龍王——さまざまな龍蛇神は、記紀神話の中にも登場し、絡み合う蛇を象徴化した注連縄《しめなわ》なども含めて、遺跡から出土する遺物としての土器に表現されている「縄文」こそが、蛇をシンボライズしたものと見なされているのであり、縄文時代の土偶の文様、土器のデザインこそが、記紀神話の最古層にある龍蛇信仰と密接な繋がりを持っている。諏訪信仰でいえば、「蛙狩神事《かわずがりしんじ》」や「御神渡り《おみわた》」の神事のような龍蛇信仰と関わると思われる祭事があり、諏訪信仰もこうした「縄文（の龍蛇）神話」と無縁ではないことが証明されるのである。

しかし、前述したように、縄文式土器や土偶に付けられた象徴化された動物の文様は、蛇類だけではない。大胆にデフォルメされたような蛙や、狩猟の対象としての猪や熊や鹿なども描かれているのであり、縄文人にとって、風や雷や火山や山火事などの自然の脅威であろうと、象徴化された動物であろうと、人間の力を超える超越的なものはすべて「神」として考えられていたのであり、そうした対象に跪拝し、祈願することは当然のことだったのである。

だから、鏡餅から三輪山や鳴門の大渦までのすべてを「蛇」の象徴として見る吉野裕子の見解には、私はいささかの疑念を持たざるをえない。諏訪信仰の基底に「龍蛇信仰」があることは確かだとしても、それ以外のさまざまな要素がなかったとはいえない。私が諏訪信仰の中に見ようと思っていたものは、〝目に見えない〟、〝陰に隠れた〟信仰の痕跡なのであって、それを私は「縄文の記憶」と名指ししてみたかったのだ。

2　縄文の記憶

小説家であり、文芸評論家でもあった室井光広（一九五五〜二〇一九）は、『縄文の記憶』（紀伊國屋書店、一九九六年）の中で、「縄文文化は石と木と土という三つの要素から成るバリエーションである」と書いている。また、中国の陰陽五行説を取り上げ、「火水木金土」のうち、「金」を「石」と取り替えれば、まさに縄文時代の世界を構成する要素を全部取り上げることになるというように論じている。「金」、すなわち青銅器や鉄器の発明がないから、縄文時代は土器文化の時代なのであり、石器時代から長く続いた「石」と「木」と「土」の文化の時代が、何万年間も続いたのである。つまり、その時代の五行は、「火・水・木・石・土」となるのだ（それに太陽〔日〕と月が加わって七曜となる）。それに較べれば「金」、つまり、青銅器や鉄器が発明され、それが主要な人間の道具として使われるようになったのはたかだか数千年、数万年にしか過ぎない。私たちは、土器時代どころか、石器時代までもまともに清算しきれずに、鉄器文化時代を継続させているのである。

縄文時代の文化は、水と火と土と石とで出来上がっている。石を割り、削り、磨き、数々の石器を私たちの先祖は作ってきた。石器時代の後期に、土を捏《こ》ね、形を整え、それを火にかけて土器とする技術を縄文人たちは手に入れた。縄目の文様を施し、把っ手をつけ、注ぎ口をつけ、蓋を組みあわせ、脚をつけることによって、縄文土器の文化は著しく進展してゆくことになる。木の棒や植物の繊維、骨角器、皮革、貝殻などを道具として使うようになったのである。

室井光広は、土偶、土器を「縄文の記憶」であるという。後白河院が「声」「技」の悲しさは、一瞬のうちに消えてしまい、止まることがないことだ、といったのに対し、石や土は、たとえその形が崩れ、壊れてしまっても、石や土そのものとしては、数万年もの間、残り続けるものであるということだ。何気ない石や岩、土にしても砂にしても、それはほとんど地球創生の時から存在している。変形し、化学反応を起こし、放射線放出をしたとしても、原子や分子としての物質性は、永遠性を保ち続けるのである。思えば、「縄文の記憶」自体も、いつまでも放射線、α線やβ線やγ線を出し続ける放射線に似ている。ごく微量な量だとしても、何千年、何万年の半減期を持ち、その間は放射線を出しきって、普通の鉱物（鉛）となってゆくことが宇宙の法則なのだ。

「石」と「土」という二つの素材について、こんなことがいわれている。つまり、「石」という素材は、どんな場合でも、叩き、ぶつけ、割り、削り、磨くことによって、「石器」という道具として拵えられてゆく（打製石器〔旧石器〕から、磨製石器〔新石器〕に至るまで、人類にとってどれだけの時間が費やされたことか）。すなわち、素材に対してのマイナスの作業によって完成される。

それに対し「土」は、水を加えられて、泥状となり、それを捏《こ》ね、粘《ねば》らせ、人間の手によって成形し、それを火で焼くことによって初めて土器として成立する。いわば、「土」を付け加え、水を足し、火を使うというプラスの作業によって、それは完成されるのである。

もう一つ、縄文人の生活について知られる知見をあげておこう。それは石器の製造者が主に男性であり、土器の製造者はもっぱら女性であると考えられているということだ。もちろん、こうした男女の分業が厳密に行われていたという証拠はない。だから、推測や想像によって進めるしかないのだが、女性たちの手によって土偶や土器の製作が担われたとすると、その実用とは縁遠いデザイン性や装飾性の過多に、ある程度の理由が付与されるように思われる。それは、一種の〝遊び〟であり、女性たちの〝自画像〟にほかならない。妊娠した姿、座産で出産する姿、子供に豊かな乳房を含ませ、子供のすくすくとした成長を願う母性。耳飾り、首飾り、髪に櫛を入れ、仮面を付け、手に呪具を持って一心不乱に祈願を行う女性シャーマン……土偶に表現されたのは、そうしたさまざまな場面——日常的でもあり、非日常的でもある——であって、それは道具であり、呪具であり、玩具として女子供たちの生活の傍らにのみ存在していたのである。

二十世紀の詩人・石垣りん（一九二〇～二〇〇四）は、〝私の前にある鍋とお釜と燃える火と……〟と歌った。まさに縄文式土器の時代から、女性たちの前にあったのは、火炎式の土器であり、煮炊きする薄焼きの土器であり、常に燃やされている竈や囲炉裏や七輪や焜炉やストーブの火だった。縄文時代から変わらぬそうした営みの中にこそ、「縄文の記憶」はいまも息づいているのである。

3　もう一つのイオマンテの起源

アイヌ史学者の瀬川拓郎（一九五八〜）は、『アイヌと縄文――もうひとつの日本の歴史』（ちくま新書、二〇一六年）の中でアイヌのイオマンテの起源について新しい説を出している。これまでに唱えられたイオマンテの起源については、三つの説が出されている。一つは「近世説」で、飼い熊の儀礼が文書に現れる近世に成立したというもの、二つ目は、熊の狩猟と祭祀を盛んに行っていたオホーツク文化から伝わったという「オホーツク文化説」、そしてもう一つは、熊の飾りを持つ土器や骨角器が出土するようになる続縄文文化時代前期に成立したという「続縄文文化説」である。「近世説」は、文字文化を偏重しているキライがあるし、「オホーツク文化説」は、それを担ったニヴフ（ギリヤーク）などの漁撈や海獣の狩猟を生業とする彼らが熊祭を活発にやっていたからといって、それがアイヌに伝わったという必然性は乏しいこと、またオホーツク文化では、熊の頭骨を屋内で祀るが、アイヌは屋外の祭場の祭壇に安置するのであり、それが遺跡として残ることがなかったとしても、祭祀跡がなかったとは必ずしもいえない。

そこで注目されるのが、続縄文時代の遺跡でそれまでにあまり出土していなかった石製や土製の熊の頭部彫刻が多く出てくるということだ。芦別の滝里安井遺跡、北見の常呂《ところ》川河口《がわ》遺跡、余市の大川遺跡などの多副葬墓からそうした熊の彫刻が見つかっているのである。近世のアイヌの男性は、儀式の際にサパウンペという冠をかぶるが、この冠には木製の熊の彫刻がとりつけられている。このサパウンペの彫刻と、続縄文時代の遺跡から出土するものがほとんど同じものであり、熊祭の時にこの熊の彫刻のついたサパウンペをかぶっているところを見れば、熊祭は続縄文時代に起源を持つと考えてもよいはずだ。

これを補強する事実がある。大島直行の先述の本によれば、続縄文時代になると、土器の表面に付けられていた口の部分の突起が小さくなり、そこにシンボライズされていた「猪」が「熊」に変わるという変化が見られるという。つまり、縄文時代には「猪」だったシンボルが、続縄文時代には「熊」となったというのだ。

じつは「熊」がシンボライズされているのは土器だけではありません。続縄文時代になると、熊は骨や角で作ったヘラ状の祭祀道具の先端にも現われます。続縄文土器ではこれに「鯨」も加わります。熊や鯨は、本州でも北海道でも縄文時代の道具にはほとんど表現されてこなかった動物です。しかもそれらの動物は、縄文時代のようなレトリックを用いて表現されるのではなく、かなりリアルに表現されているのです。

「熊」は縄文時代の土器や土製品にもわずかですが登場していますが、ただし、それは東北と北海道の出土に限られています。五〇〇〇年ほど前の関東地方では土器の突起に猪が盛んにデザインされていたことを考えると、土器に表現する月のシンボライズは地域によって異なるのかもしれません。（『月と蛇と縄文人』）

続縄文時代は、縄文時代が終わって、弥生時代へと移ってゆく過程において、北海道地域だけは弥生時代に移行することなく、縄文時代の継続ともいえる文化を保っていたので、続縄文時代という時代区分となる。そうすると、「熊」のシンボル化は、発生順序からいえば、比較的新しく、「蛇」や「猪」をシンボライズすることの方が古いということとなる。

瀬川拓郎の論説に戻ると、北海道の縄文人が、わざわざ津軽海峡を越えて猪を手に入れ、沿岸から内陸まで全道で「猪祭」を行っていた痕跡が多く見つかっていたのであり、その「猪祭」は、春先に入手した仔猪を飼育して、秋に殺すというもので、「熊祭」とまったく同じモチーフだというのだ。ヒグマがブラキストン・ライン（津軽海峡）を渡って本州へとは行けない（行かない）ように、猪も海峡を渡って北海道に来ることはなかった。だから、北海道の縄文人が「猪祭」を行おうと思ったら、東北以南の日本列島から何らかの形で入手しなければならなかったのだ。

瀬川拓郎の主張したいことは、アイヌ（縄文人の直系の子孫）のイオマンテ（熊祭）以前に、「猪祭」が行われていたのであり（それは、遺跡から猪の骨が出土することからも確実なことだ）、「熊祭」はその対象となる動物を「猪→熊」に変えることによって成立したというものにほかならないのである。つまり、狩猟民の文化としての「熊祭」は「近世」ほどではないにしろ、比較的新しいものであって、文化的シンボルとしても「猪」や「蛇」よりも、シンボルの世界では新参者といわざるをえないのである。

はたして、そうだろうか。アイヌの熊祭や、諏訪信仰や熊野信仰の背後に見え隠れする「熊」の影を見れば、ユーラシア大陸の北緯五十度線近辺の〝ベア・ゾーン〟から、サハリン、北海道へと南下してきた「熊神信仰」のルートを無視することになる、北上してきた「猪祭」のヴァリアントとしての「熊祭」が行われたという新説が、にわかに信じられるだろうか。ヒグマは、縄文時代以前から北海道には棲息していたのであり、縄文人と熊との壮絶な戦いは先史時代から続けられていたはずで、続縄文時代となって、突然に熊と人との関わりが生起したというものではないだろう。「熊祭」の儀式的な内容が、オホーツク文化（ニヴフ族などが中心に担う）や、本州以南の「猪祭」の儀式性を取り入れて（影響されて）、変化したものだとしても、もともとのイオマンテの宗教的精神や、信仰の

「こころ」といったものはあったはずだ。そうでなければ、「熊祭」としてのイオマンテは、とっくの昔にアイヌの人々の「こころ」の世界から失われていたはずだ。

私はここでも「隠国《こもりく》」に潜んだ「熊神」の影を見出せるように思う。アイヌには、本来「熊」の姿をリアルに造形することがなかったように、シンボルとしての「熊」をこれ見よがしに、石器であれ、土器であれ、木製であれ、塑像品や木彫品として造り上げることはなかった。だから、熊祭の際にアイヌの長老たちが、熊の彫刻の付いたサパウンペをかぶるということ自体が、オホーツク文化の影響であり、土器の口の突起に熊の姿を表現するのは、本州以南の縄文人の「猪祭」の影響によるものなのである。アイヌのイオマンテの本質は、唱え言や呪文や祭文、歌舞などのパフォーマンス中心のものであって、遺物、遺跡として後世に残るものではなかったのだ。

ここでイオマンテというアイヌ語の原義を考えることがあってもよい。イオ―マンテは、「それを―送るもの」ということであって、そこに「熊」という言葉は入っていないのだ。だから、イオマンテ＝熊祭とすることは、不適切ではないとしても、必要十分な翻訳ではない。熊の精霊を「あの世」に〝送る〟ことが大切なのであって、鹿であれ、狐であれ、イルカであれ、兎であれ、鮭であれ、その生命を奪って（その身を食物としていただき）、その魂を〝送る〟ことが、この祭祀の本義というべきなのだ。考古学的には、シカ送り、イヌ送り、オットセイ送り、メカジキ送り、カメ送り、ウサギ送り、リス送り、タヌキ送りなどの動物の〝送り〟が実証されている。

アイヌの習俗では、死者の出た家では、その家（チセ）を燃やしてしまうことがある。つまり、家や灰を〝送る〟のだ。死者の世界といえども、家や食物や道具の類は必要だ。だから、故人の使っていた道具類や、寝起きしていた家や、食物を〝燃やす〟ことによって、それらを〝送り届ける〟ことが必要なのだ。〝熊送り〟の場合は、若干異なったところがあるが、本質的な意味では違っていない。

家を焼くように、熊を殺す。それは「この世」から「あの世」へと〝見送る〟という儀式なのだ。熊を〝送る〟場合だけをイオマンテと呼ぶのは、狩猟民族としてのアイヌにとって、熊が特別の獲物であるからにほかならない。これはマタギの世界においても、熊猟はやはり特別なものであって、熊を〝送る〟場合はほかのものとは違った儀式やルールが適用されるのである。

人間は畏敬するもの、畏怖するもの、驚嘆し、驚愕する対象としての大岩や大樹、大風や大水（津波、洪水）、山や海や湖や滝や火山や龍巻などしか、「神霊」として崇め奉ることはない。その意味だけでも、縄文時代の土偶を、植物霊の象徴化したものと見る竹倉史人（一九七六〜）の『土偶を読む』（晶文社、二〇二一年）の論点は受け入れがたい。彼は、いわゆるハート形土偶をオニグルミの実と、中空土偶をシバグリの実と、みみずく土偶をイタホセガキと、縄文のビーナスをトチの実と、遮光器土偶をサトイモと、酷似したものとして並べて見せる（よく似た写真や画像を選んでいるのだから、似るのは当たり前だ）。しかし、土偶（土製品）の中には、明瞭に人体を象ったもの、猪や熊などの動物の形をしたものがあるのだから、無理やりに〝顔面模写〟でもするようなやり方で、土偶と植物類（と貝類）と比定しなければならない必然性はない。土偶、土器は依然として何のために、なぜこのような形として造形されたか、判然とした説明は難しいものとして残っている。ただし、おそらく一種の宗教的な意味合いを持ち、遥か後代の「神話」「歴史」にも影響を与える原始信仰の基層部分を成していることは確かであると思われるのだ。

「熊神」はいつもその姿を〝隠している神〟だ。それは〝熊（神）〟と呼ばれることさえも拒絶する。それは死の国・夜の国・闇の国の中で「黒く、大きなもの」として〝髣髴《ほのか》〟に顕われるものであって、登場したと思った瞬間に、姿を消してしまうのだ。それは諏訪明神や熊野明神が、〝（中世神話の）新しい神〟だとしたら、まさに〝太古〟そのものとしての原始の森の中に棲んでいる〝古い神たち〟にほかならない。縄文の森の中を、熊が、猪が、狼が、鹿が、羚羊《かもしか》が走っていた。そこでは、「死」と「生」、「夜」と「昼」とが隣り合わせにあって、輪廻転生することによって、この世界は成り立っていたのである。これが縄文人たちの世界観だった。

付論：二つの縄文神話

1　縄文の神話と文化

「縄文神話」ということについて、考えてみる。これは私の造語である（ただし、「縄文の神話」といった言葉自体は、吉田敦彦（一九三四～二〇二三）の『縄文の神話』（青土社、一九九七年）などで使われている）。

ここで縄文神話と名付けるものには、二つの意味がある。一つは、「縄文」と「弥生」を対立的なものとして対照化し、文化類型の二つの型として使用する場合のような「縄文人」「縄文文化」（それの対象として、弥生人、弥生文化がある）といったカテゴリーを意味し、「縄文」を縄文式土器や土偶が作られ、使用された考古学的な時代区分としてだけではなく、日本の文化的原型としてのタイプとしてとらえるような思考法についていうものだ。

梅原猛（一九二五～二〇一九）、岡本太郎（一九一一～一九九六）、宗左近（一九一九～二〇〇六）などの〝縄文文化〟の宣伝者、鼓吹者（縄文文化人？）が広めたもので、梅原猛と中上健次（一九四六～一九九二）とが対談した対談本『君は弥生人か縄文人か』（朝日出版社、一九八四年）といった書物に典型的に現れているような俗流の神話的文化論である（梅原猛と中上健次の縄文についての対談本は、もう一つ、『甦る縄文の思想』（有学書林、一九九三年）が出ている）。

これらの論者は、日本文化の基層としての「縄文文化」なるものを想定し、日本人論の原型的なタイプとして、縄文人と弥生人を対称的なものとしてとらえる。稲作農耕文化を日本列島にもたらしたのが、弥生人だとして、縄文人はそれ以前の採集・狩猟・漁撈民族として、前農耕文化社会を営んでいたとするのが、一般的な理解だ。弥生人が、アジア大陸からの渡来系（と縄文人の混血）であり、灌漑工事や集団農耕のために、集合的な村落を形成し、「王《おおきみ》」や「大王」と、それに隷従する人々という階層社会を作り上げていたのに対し、縄文人は、旧石器時代からの日本列島（列島化していたかどうかは不明）に住み着き、せいぜいが家族単位の小集団であり、農耕も牧畜も知らず、磨製石器、土器、骨角器、木器などの道具を使用していたものの、金属器（青銅器、鉄器）は知らなかったとされる。

こうした考え方は、北海道において続縄文文化の後に擦文《さつもん》文化（擦文式土器、鉄器、竪穴住居、狩猟・漁撈・雑穀栽培を特徴とする）の時代があったことを思い合わせれば、たちまちのうちに雲散霧消する。「縄文」―「弥生」というデュアリズムは、安易に成り立たせてはいけないのである（北海道は「日本」ではない、とするのなら話は別だが）。

縄文文化を語る人たちについて特徴的なのは、その原始的な美に関する賞賛だろう。火炎式土器、人型土器（土偶）や舟や家型の土器の芸術性や美学的関心は、とりわけ岡本太郎や宗左近などの著述に見られるものであって、弥生式土器が実用的、合理性に基づいているとされるのに対し、その装飾過多でデコラティヴで、プリミティヴな非実用的な形態や紋様に注目するものである。しかし、小林秀雄の言い方を借りていえば、〝美しい縄文土器〟というものはあっても、「縄文の美」というものはない。

もちろん、縄文文化や縄文人の実在に関する言説は、「神話」の域をまったく出ていないものだ。それは「原始に還れ！」という、ジャン＝ジャック・ルソー（一七一二〜一七七八）流のロマンティシズムを背景に、ピカソ（一八八一〜一九七三）がアフリカ文化に、ゴーギャン（一八四八〜一九〇三）がタヒチのポリネシア文化に、岡本太郎が沖縄文化に、梅原猛がアイヌ文化に見出そうとした、原始美術に対する、きわめて過剰な（異常な、といってもよい）関心という流行的現象にほかならない。それは素朴派を通り越した〝野蛮〟や〝野性〟への回帰や復活を目指すものだが、それは近代文明社会における疲労感に由来する、反動的なものだったと評することができる。

もちろん、こうした「縄文文化」が、〝造られた〟ものであり、神話的なものであることは明らかだ（それは、日本における旧石器時代の文化のように、〝捏造された〟ものといってもいいかもしれない）。過度で、過剰な古代への憧憬が、〝高貴なる縄文人〟というフィクションを作り上げたのであり、異様で歪《いびつ》な縄文式土器が（それは実用物でもあった）、考古学の研究対象としての範疇をはみ出て、芸術的、美術的な鑑賞物となってしまったというのが、「縄文神話」の現代的な意味にほかならなかった（それを、自称・縄文人の岡村道雄〔一九四八〜〕のような俗流縄文主義の考古学者が後押ししていた）。

美術的な観点や素朴芸術としての「縄文文化」の評価であるならば、それほどの罪はないのだが、縄文人と弥生人の性格とか精神的文化ということになるならば、それは眉に唾しておく必要がある。

縄文時代と弥生時代の間に歴史的連続線と非連続線があることは当然であり、三内丸山遺跡や、東北・北海道の縄文遺跡の発掘によるさまざまな新発見によって、縄文時代のイメージが変革されている時代に、「縄文文化」や「縄文人の精神（こころ）」を固定化するという試みは、極めて危ういものと思われるのだ。土偶や縄文土器や遺跡から、縄文人の「こころ」を探ろうとする試みは、まだ端緒についたばかりといえる。決定的なことは何もいえないということを肝に銘じなければならない。

2　記紀以前の縄文神話

しかし、「縄文神話」という言葉には、もう一つの意味が存在する。それは、『古事記』『日本書紀』に記録された記紀神話が、大陸、半島から渡来した渡来人を中心とした神話体系であるのに対し、そうした稲作農耕文化、集団的騎馬文化、銅鐸や銅鏡などの青銅器文化、剣や矛や槍の鉄器文化などの以前に、日本列島に生存していた人間たちが抱いていたと思われる「神話」の残滓、痕跡、残存と思われるもののことだ。

記紀神話の中心が、高句麗、百済、新羅、伽耶の各国を通じて日本に伝わってきた「天孫降臨神話」を基として構築されてきたことは明らかだ。これは太陽感精説話と結びついており、太陽の子孫である英雄が、天から降臨して、新しい人間の国を建国するという神話伝承である。高句麗《コグリョ》の朱蒙《チュモン》神話や金蛙《クムア》神話や、新羅《シルラ》の六村の長たるものの降臨神話、駕洛《カラッ》国の亀旨峰《クジボン》への金閼智《キムアルチ》の降臨神話など、記紀神話の天孫降臨神話、高天原神話、伊勢神宮を中心とした伊勢神道の原型となる神話が朝鮮半島には伝わっており、大和王朝に、直接的には「韓国」、伽耶諸国（その一つが任那と呼ばれる村落国家）から招来された神話である。

記紀神話が、細かな異同はあっても、イザナギ・イザナミによる国産み神話、アマテラス・スサノオ・ツクヨミの三貴子神話、そしてアマテラスとスサノオとの姉弟の対決と、スサノオ――オオクニヌシの出雲神話を挿話として、ニニギノミコトの天孫降臨神話、さらに神武東征へと繋がってゆくのが、メインのストーリーとなっている。

ここでもっとも重要なのは、前述したように、太陽神の子孫が、天から地上に降臨して、建国するという、一連のストーリー（イデオロギー）を持つ神話伝承である。これは稲作・畑作農耕文化をもたらしたとされる弥生時代を遡るものではなく、弥生人（大陸からの渡来人）を中心とした、いわゆる騎馬民族征服説や征服王朝説に近い歴史的な出来事と随伴して語られる、いわば「弥生神話」である。天皇以前の「大王」の王権による支配社会。天からの命を受けた天子、天孫が支配し、地上の国を統合する征服神話であり、「高天原―ヤマト王朝」神話といってよいものだ（天津神による、国津神の政治的支配の神話である）。鉄器による武器と農耕具、馬や牛などの畜獣の使用など、それまでの原始時代の「縄文文化」とは一線を画した弥生文明が、縄文文明を圧倒していった軌跡と、それは重なるのである。

そうした記紀神話の以前に見られる神話の痕跡、それが「縄文神話」と名付けられるべきものだ。具体的にいうと、稲作農耕文化以前の、採集・狩猟・漁撈文化の伝統を伝えるような動物供犠の祭祀にまつわる伝承や、抜歯や文身（刺青）などの習俗、龍蛇信仰、磐座《いわくら》・大樹信仰、土偶・石棒に見られる性器信仰や妊娠・出産の女性崇拝と大地母神、山の神・火山神、疫神信仰などに痕跡化されており、各地方の『風土記』や『万葉集』に残る伝説・伝承、『先代旧事本紀』（旧事紀）や『古語拾遺』、あるいは『神皇正統記』や、祝詞《のりと》や催馬楽《さいばら》などの歌謡に残存している古伝承、古伝説から再構成されるべき「神話」ということになる（もちろん、『古事記』『日本書紀』も検証の対象となる）。

ここでまとめられるべき古神話は、洪水神話（大洪水が起こり、異性のきょうだい二人だけが取り残され、始祖神となる）、大樹神話（宇宙を覆い尽くす大樹が世界の果てに立っている）、太陽感精神話（日光に感じて卵から英雄（始祖神）が生まれる）、盤古《ばんこ》神話（世界は盤古から始まり、泥海の世界からすべての生き物が生まれる）、犬祖神話（犬、狼を始祖とする種族の誕生）、蚕神神話（馬と人間の娘との異種婚姻譚）、山神神話（神体としての山岳）、龍神神話（龍宮を治める龍王、龍神）などの記紀神話などにもちりばめられている神話の要素である。記紀神話には、こうした普遍的な神話の一端が含まれている。

たとえば、藤森栄一は、「八世紀の初頭にはやくも安定していた縄文人からの神話がある。／まず、確実にそういえるのは、巨人伝説である」と書き、『常陸風土記』の「那賀郡」の冒頭に出てくる大櫛岡の貝塚の物語を紹介している（「縄文からの神話」『伝統と現代』第一号、特集：神話、その現代的意味、一九七〇年十二月、伝統と現代社）。

平津の驛家《うまや》の西一二里に岡あり。名を大櫛といふ。上古《いにしえ》に人あり、體《からだ》極めて長大《おお》きに、身は丘壟《おか》の上に居りて、蜃《うむぎ》を採りて食ひき。その食へる貝、積聚《つも》りて岡と成りき。時の人大きに朽ちし義《こころ》を取りて、今大櫛の岡といふ。その大人《おおびと》の践《ふ》みし跡は、長さ三十餘歩、廣さ二十餘歩あり、尿《ゆまり》の穴址《あと》は二十歩許あり。

大きな貝塚を見た古代人が、その高さ、広さに見合うだけの巨人を想像したのだろうが、これが採集、狩猟、漁撈といった、縄文時代の食糧の生産手段の風景を観察したものであることは明らかだろう。こうした巨人伝説は『風土記』世界にはいくつもあり、農耕以前の社会の様相を前提としているものであることは、明白だと思われる。天神の降臨してくる以前の大樹神話・伝説にも縄文時代の痕跡は著しく、縄文神話の片鱗が示されている。

3 縄文神話としての諏訪信仰

たとえば、記紀神話においては、出雲の神々の敗北神話の一つにしかすぎない諏訪大社の起源神話は、「天孫降臨神話」以前の古型の伝承、すなわち「縄文神話」の残滓を伝えるものであると思われる（あくまでも、残滓であって、縄文神話そのものとは到底いえない）。

『古事記』では、天孫降臨に先立ち、高天原からタケミカヅチが中津国《なかつくに》に遣わされ、オオクニヌシと国譲りの交渉を行う。オオクニヌシは、国譲りを了承するが、息子のコトシロヌシとタケミナカタにも了解を取り付けてくれという。コトシロヌシはあっさりと了承し、その姿を隠すが、タケミナカタはタケミカヅチと力比べを行い、敗北して、血を流しながら諏訪湖まで逃げ、そこで命乞いをして、諏訪の地から一歩も出ないことを誓うのである。

諏訪大社を信仰する者としては、屈辱的で、承服しがたいものだが、日本神話の正統を伝える『古事記』のこうした記事を否定しさることは困難だ。諏訪信仰の研究者の一部は、タケミナカタが、出雲の地方では彼を祀った社が一社もなく、本来は出雲神話に登場しない神であって、アマテラスの子孫であるニニギノミコトの降臨神話を荘厳化するために、もともとの諏訪地方の地元神を、わざわざ出雲のオオクニヌシの息子として、タケミカヅチに敗北を喫するためだけに呼び込まれた神ではなかったのかと示唆している。

私としては、タケミカヅチとタケミナカタのように、対となるような名前を、敵対する神同士が持つということに、興味を引かれる。日本の神話では、イザナギとイザナミ、アメノトコタチとクニノトコタチ、イセツヒコとイセツヒメのような対となる神名があり（イセツヒコが伊勢を追われ、信濃に入って、諏訪大明神となったという伝承もある）、ペアとなっているが、タケミカヅチとタケミナカタは、そういう関係ではありえないのに、名前だけでは対の関係となっている。

「タケ」は、ヤマトタケルや、猛々しさのような「強い」という意味の接頭語であり、「ミカヅチ」と「ミナカタ」が、「稲妻」と「水の潟」の意味ならば、稲作文化と関わりの深い神名であると考えることができる。

ただし、タケミナカタについては、風土記逸文に、ヤチホコノミコトとヌマカワヒメの子としている伝承があり（オオクニヌシとも、タケミカヅチとも無縁の）、もともと諏訪地方の地方神である諏訪大明神であったことを思えば（甲賀三郎だったという中世神話的伝承もある）、稲作農耕文化以前の生業――採集・狩猟・漁撈を管轄する神であったとの推定も可能であると思われる。

諏訪信仰については、「御《み》狩神事《かりしんじ》」を重要視する見方があり、シカ、イノシシ、クマ、オオカミ、キツネ、タヌキ、ウサギ、カモシカのほか、ワシ、タカ、ツル、キジなどの鳥獣を狩猟することは、諏訪地方に限らず、信濃地方などの山国には普遍的な生業であって、仏教的な非殺生のイデオロギーが到来する以前は、宗教的なタブーなどを伴わずに、広く信仰や宗教的儀礼に関係するものだった。

狩猟民に特徴的な神事や催事は、アイヌのイオマンテ（熊祭）のような動物供犠であって、犠牲獣としての動物を殺して、神に捧げるという儀礼である。イオマンテでは、熊の幼獣をとらえて、部落内で飼育し、成長したところで、これを殺し、頭部を幣《ぬさ》の祭壇に供え、その肉と毛皮を、神からの土産物として受け取るという祭事である。

諏訪大社には、蛙狩神事《かわずがりしんじ》、御頭祭《おんとうさい》、御《み》射山祭《さやままつり》のように、狩猟に関する神事、祭事が多く残されており、これが「高天原―ヤマト王朝」神話を大きな柱とする記紀神話以前に遡る神話伝承に根拠を持つことは明らかだろう。つまり、「縄文神話」である。

こうした犠牲獣を神前に供える祭儀は、銀鏡《しろみ》神楽で有名な、宮崎県の銀鏡神社のシシバ祭のように、イノシシの生首を神棚に並べるほか、香取神宮の大饗祭では鴨や鮭の内臓や肉を神饌として供え、上賀茂神社の賀茂祭（葵祭）では、神饌として、アワビ、トビウオ、サバなどの生臭ものが提供される。

春日大社の若宮おん祭の大宿所祭では、キジ、ウサギ、サケなどを杉の葉につつまれた小屋に吊るし、「染御供」として神饌とする。こうした鳥獣や魚を神饌とする祭儀を伝える神社が、諏訪大社、銀鏡神社、香取神宮、春日大社のように、日本の神社のなかでも、もっとも古い伝統と伝承を持つ神社であり、祭儀であることは、決して偶然ではありえない。もちろん、これらの古式の祭儀が縄文時代まで遡れるということをいいたいわけではない。また、こうした動物供犠が、農耕祭祀と関わりを持つことを否定するものではない（祈雨や、農耕の豊作の予祝祭儀と見られる面も少なくない）。

今から一万五千年前からの考古学上の縄文時代から、こうした祭祀や神話が伝えられていたと考えることは、あまりにも時代相を無視しすぎる。三千年ほど前の弥生時代の農耕文化や金属器文化以前の「縄文文化」の時代から、根を持っていた信仰や神話に根源を持つものという意味であり、縄文時代人が、保持していた縄文イデオロギー（いわゆる縄文の思想、文化といわれる）といったものとは異なっている。それ以前の古層に潜む縄文神話の痕跡こそ、こうした犠牲の鳥獣を神に供えるという狩猟・漁撈民的信仰に見られると考えられるのだ。

4　動物供犠と磐座《いわくら》・大樹信仰

これらの縄文神話は、続縄文時代を長らく保持してきたと思われる日本列島の南北両端、すなわち東北・北海道・千島・樺太のアイヌ民族と、奄美から沖縄へかけての琉球人の神話伝承や信仰や祭祀に痕跡的に見ることができる。

瀬川拓郎は、アイヌのイオマンテの祭儀が、「内地」でも行われていたイノシシを犠牲獣とする動物供犠と共通する観念のもとにあることを唱え、イオマンテにおいても、熊以外に、ブラキストン・ライン（津軽海峡に引かれた生物の生息圏の境界線。英国人のトーマス・ブラキストン〔一八三二〜一八九一〕が〝発見〟した）を越えて移出されたイノシシの子によって行われていたことを実証的に主張している（『アイヌと縄文』ちくま新書）。

また、彼は、抜歯と文身というアイヌにも見られる身体変改の習俗が、縄文人にも見られるものであるとして、その人類学的な系統の継承の一つの証跡としてあげている。『魏志倭人伝』には、紀元三世紀頃の日本列島に住む住人のことが記されており、「黥面文身《げいめんぶんしん》」、すなわち顔面や身体に墨や朱の刺青をしており、水に潜り、魚やアワビなどの貝を採る時に、蛟龍に襲われないようにしていると書いている。水田や畑は多くなく、もっぱら漁撈、採集、狩猟で生計を立てていたことがうかがわれる。

これらの記述は弥生時代末期のものと考えられるが、四世紀頃と思われる「高天原―ヤマト王朝」神話時代以前の信仰・習俗を反映していると考えられ、縄文神話と呼ぶのにふさわしいものだ。揚子江沿岸、中国南部の龍蛇信仰の痕跡や、顔面や身体の文身は、琉球女性の手の甲や指のハジチ（刺青）、アイヌの成人女性の口の周りや腕や掌などに刺青（シヌイェ）をほどこすという習俗は、縄文人の文身に遠い淵源を持つものと考えられる。

また、『魏志倭人伝』に記載されている「持衰《じすい》」の習俗――海洋を航海する船の舳先に「持衰」と呼ばれる人間を乗せ、航海中は身体髪膚を梳《くしけず》らず、洗いもせず、肉食もしない。嵐に遭えば犠牲として海中に投げ込み、無事に航海を終えれば、褒賞を与える――は、記紀神話にも記載されているクシナダヒメやオトタチバナヒメのような人身御供――龍神・蛇神に捧げる犠牲としての人間――を思い起こさせるもので、これも縄文神話に由来する「犠牲」や「人柱」の信仰に繫がってゆくものだろう（朝鮮では、沈清《シムチョンジョン》伝の民話に伝わる）。

現在でも、奈良の古社である倭文《しとり》神社の蛇祭では、「ヒトミゴク」、すなわち人身御供の風習があったとされ（毎年、一人の子供を大蛇に捧げたという言い伝えがある）、子供をかたどった作り物を若宮に供え、そこで大蛇に見立てた麦わらの松明《たいまつ》を燃やすという祭儀を今でも伝えているのである（倭文神は、天香香背男《アマノカガセオ》とされるコトシロヌシを征伐した神で、龍蛇神である諏訪大明神と関わりが深い）。

磐座や大樹に対する信仰は、自然崇拝のアニミズム的信仰を残すもとして原始宗教の名残と解することができる。有馬の花窟《はなのいわや》神社の花の窟や、神倉神社のゴトビキ岩、日枝神社の奥宮の岩壁、湯殿神社の温水を吹き出す大岩、大神《おおみわ》神社の三輪山、薦《こも》神社の薦池や那智宮の那智の滝は、池や滝自体が信仰の対象であり、原始古代的な自然崇拝をそのままに保存するものであると考えられる。

私は、大樹神話と天皇霊が、相互に葛藤、闘争する霊として、『古事記』の「枯野《からぬ》」の歌謡や、「速鳥」の神話をあげ、「高天原―ヤマト王朝」神話が、天皇による政治的支配を正統化する神話として作りあげられる以前に、大樹や大岩といった驚異的な自然物が信仰されていた神話時代があり、それが天皇神話に収斂されてゆく過程があったと主張した（「木を伐るものの伝説」『川村湊自撰集・第五巻』作品社、二〇一六年）。

5 「高天原―ヤマト王朝」神話と縄文神話

このように、「高天原―ヤマト王朝」神話、すなわち記紀神話の中心的ストーリーに対して、風土記的、その逸文的、エピソード的な神話素は痕跡として残されているのであり、縄文人が弥生人によって征服され、混血され、あるいは山地や列島の南北の周辺に追いやられてゆくことの神話的な反映として、縄文神話は、体系としてではなく、断片として、断簡として、改変され、歪んだものとして周辺的な部分に押しやられていったのである。

『古語拾遺』は、記紀神話の伝承者としての中臣系とはまた違った忌部《いんべ》（斎部）系の神話を記述したものと考えられているが、そのなかに、記紀神話とはまったく系統の違う神話が一つだけ書き留められている。

それは、水田の水の取り入れ口に肉を置いたために、神が怒り、田んぼを虫害によって荒らしたという神話伝承である。ここに現れているのは、農耕民的文化と狩猟民的文化との葛藤や、神話的対立であるように思える。狩猟民には肉食に関するタブーはありえない。それに対して、農耕を主たる生業とする農耕民においては、肉食や屠畜、屠殺に対するタブー的感情が、仏教渡来以前にも、発生していたと思われる。『古語拾遺』のこの神話の場合、はっきりとした肉食への嫌悪やタブーは現れていないが、記紀神話の穀物神や農耕を司る水や田の神の存在とは別種の神がおり、犠牲に関わる祭祀や祭儀が行われていたと推測される証跡がある。記紀神話、「高天原―ヤマト王朝」神話が、周縁的な辺境に追い払ったはずの縄文神話が、わずかに顔の一端を見せているものと考えることができる。

ヤマト王朝を築き上げた「天孫族＝天皇族」、ニニギノミコトから神武天皇以下の天皇族が征伐し、服属させた、あるいは滅ぼした敵方は、隼人、熊襲、土蜘蛛、蝦夷など、いずれも動物名、鳥の名前、虫の名前を持った異族たちだった。隼のような猛々しさ、熊のような獰猛さ、蜘蛛や蝦のような不気味さを持った異民族を、ヤマトタケルや坂上田村麻呂のような英雄が、征服し、滅ぼし、平定してゆくことが記紀神話――「高天原―ヤマト王朝」神話――のメインテーマである。

ヤマトタケル神話では、敵対する「悪神」は、イノシシの姿を取ったり、燃える大岩の形態をとる。彼が手にするレガリアとしての剣、アメノムラクモの剣、すなわちクサナギの剣は、鉄器であり、弥生文化を象徴するものだ。三種の神器として知られる天皇家のレガリアは、青銅器の鏡、磨製石器の勾玉であり、縄文文化では作られることのなかった人工の金属系の工作物だ。「高天原―ヤマト王朝」神話は、このように三種の神器、異族の征服神話、稲作・畑作の農耕神話のように弥生文化の濃厚な象徴性を帯びているのであり、縄文文化に根ざす縄文神話と背馳するものとしてあったのである。

6　征服神話を超えて

梅原猛や岡本太郎、宗左近などのように、縄文文化を日本の文化や思想の深層や基層に見出すことは、概《おおむ》ね、誤っていることではないが、それは「縄文神話」が、「高天原―ヤマト王朝」神話によって、敗北させられ、駆逐されたことを無視するものであってはならない。それが征服された者、敗北した者、支配され、蹴散らかされた者たちの側のものであることを忘れることはできない。

あるいは、そうした征服者や支配者が、自分たちに都合のよいように〝創作〟したのが、五世紀前後に朝鮮の建国神話を換骨奪胎して作り上げられた「高天原―ヤマト王朝」神話としての記紀神話であって、そこからこぼれ落ちるものこそ、縄文神話と呼ぶべきものであることは、これまで主張してきた通りだ。

その意味では、「万世一系」の皇室といったフィクションに基づく「日本神話」というものはない。記紀神話は、高句麗・百済・駕洛神話の焼き直しであり、剽窃であって、縄文神話と「高天原―ヤマト王朝」神話とのアマルガムであり、おそらく蘇我氏、大伴氏、藤原氏の政治的支配者層が、自分たちの支配統治を正統化するために、そのメイン・ストーリーを、ヤマト風に潤色し、創作したものにほかならない(こうした観点は、大林太良や溝口睦子らの指摘に拠る)。

縄文神話は、出雲神話、スサノオ神話、風土記神話のなかに散りばめられ、かろうじて残された部分もあるが、その大半は湮滅してしまったものと見なされなければならない。なぜならば、それはすぐれて政治的なイデオロギーの抗争であったからだ。「天孫族」の神話作りが巧みだったのは、征服王朝の軍事的征服の過程を、異族たちの服属過程の物語として作り上げたことだ。「天孫族」の主流である「天皇」は決して異族の血を流すことはない。熊襲や隼人や国栖《くず》や土蜘蛛や長髄彦らを征服したのは、ヤマトタケルであったり、坂上田村麻呂であったり、さらには隼人の首級を数多く取って、隼人塚や化粧塚などを築いた八幡神や、武神・軍神としての香取(フツヌシ)・鹿島(タケミカヅチ)、諏訪明神(タケミナカタ)であるとして、自らの手を汚そうとはしなかったのである(例外は神武天皇と神功皇后であるが、誰しもが認めているように、これは虚構の人物である)。

つまり、記紀神話は、暴力的で残虐な征服王朝による「犠牲」の燔祭《はんさい》を隠蔽し、支配統治の構造を安定させるためのイデオロギー装置として働いたのであり、それは象徴天皇制として、ある意味では現在まで連続しているものなのだ。

それは縄文神話の抹殺という面を伴っている。狩猟・漁撈民的な動物供犠を〝野蛮〟であり、〝未開〟であるとしながら、被征服の異族を鏖殺《おうさつ》することを何とも思わないような感性を、育て上げ、シカやイノシシやクマの首の代わりに、血の滴《したた》る人間の生き首をこそ、支配者の側の守護神に捧げる、野蛮で、残虐な風習を持っていた。「倭国大乱」からヤマト王朝成立に至るまでの「戦争の時代」こそ、「高天原―ヤマト王朝」神話の本質的な歴史的事実なのであり、縄文神話のユートピア的世界の息の根を止めたのである。

こうした文化的葛藤、神話的な闘争(神々の闘擾《とうじょう》)を捨象することによって、縄文神話や縄文文化、縄文のイデオロギーや思惟を語ることはできない。アイヌ・ユーカラや、おもろさうしのような、日本列島の辺境の神話から読み取れるのは、縄文神話の残存や痕跡につながるものであり、それは日本の原点や原像を示すものということより、日本という「高天原―ヤマト王朝」神話、すなわち記紀神話から象徴天皇制まで連綿と続いてきた「日本」という「神話」を壊すことなのだ。そうした自覚をなしに「縄文」を語ることは、単なる消閑的な趣味や遊戯でしかありえない。「日本神話(記紀神話)」を解体し、縄文神話を再構成し、甦らせること。私たちの神話研究の目標は、すべからく、そこに絞られてゆかなければならないのであり、現在まで続く征服―王権神話を護持し、擁護することであってはならないのである。

あとがき

熊の話など書くつもりはなかった。諏訪神社と熊野神社について書こうと思っていた。「諏訪史料叢書」を読んでいるうちに、諏訪明神に「生け贄《にえ》」としてふさわしくないものとして、熊（肉）が挙がっていることに気付いた。「ちょろく」はいいとある。「猪鹿」と気付くまでに少し時間がかかった。狩猟民の神としての諏訪明神に猪や鹿はよくて熊はいけないというのは腑に落ちない。狩猟の対象として熊がいなかったはずがないし、陸上の哺乳類として「熊」は最大で、最高の価値のある獲物であるはずだった。「熊は熊野権現の使者だから」というのが、その理由だが、そんなことをいえば、「鹿」は春日大社の使いだし、狐は稲荷神社の、猿は日枝神社のそれぞれのお使いだ。何か別の意味があるはずだ。そのうち、諏訪大社の「大祝《おおほうり》」の家系図の『神氏系図』の筆頭に乙穎《おとえい》「別名熊子（熊古）」とあるのを見つけた。このことについては、諏訪信仰や諏訪神社のことを調べたり、研究している人たちの中でも、誰一人触れていなかった。いろいろな文献を読み進めているうち、タケミナカタの神とされる諏訪明神のもう一方の前身である甲賀三郎の伝説と、ヨーロッパの「熊のジャン」の説話との類似性をあげるいくつかの論文に突き当たった。これも、先行研究のどれもが、類似性、共通性を語るだけで、それが諏訪信仰にとってどんな意味を持っているのかを考えたものはなかった。諏訪神社や諏訪信仰の背後の闇に隠されている（隠れている）のは「熊」の神ではないのか、これが私の考え付いた結論（端緒）だった。

諏訪明神と熊野権現との深い関わりにも目がゆくことになった。甲賀三郎と小栗判官の共通性もあったし、「熊」という動物名、あるいは神名が隠されていることも同じだった。とりわけ、熊野権現については、「熊野」という名前が付いているのに、信仰の内容、神社の内部には「熊」はまったく現れない。しかし、細かく文献を読んでいると、「たけ高い」とか「森を走る」といった、「熊」を思わせる闇の中の神がいることに気が付いた。それは諏訪明神の龍蛇信仰のように、暗示的、あるいは明示的なものではなく、きわめて曖昧で、ぼかされた「髣髴《ほのか》」な存在だったのである。私はあらためてアイヌのイオマンテについて調べようと思った。ユーラシアの大陸の北方のタイガの森林地帯は、北海道の針葉樹林や、東北・本州の広葉樹林、温帯性の照葉樹林の世界と繋がっている。そこをヒグマとツキノワグマが、走り回っている。

ところで、この本の後半は「縄文の記憶」という言葉に囚われている。急逝した東北の作家であり、評論家である室井光弘が残した言葉だ。生前、或る文学賞のパーティーで会った彼は、初対面の私に「僕の書くものは嫌いでしょう」といった。その通りだった。「おどるでく」といった彼の小説や、ボルヘスやキルケゴールなどの彼の評論は私は嫌いだった（論の対象となった文学者は私の好みのものだったが）。それは、縄文文化を称揚する自称「東北人」の岡本太郎、梅原猛、宗左近たち〝縄文文化人〟への私の〝嫌悪〟の感覚とはちょっと違うものの、本質的には同質のものとも思われた。そうした「東北人＝縄文人」の典型と思われる宮澤賢治、太宰治、寺山修司などを、私は半身〝好み〟、半身〝嫌っている〟「自分」を見出さずにはいられない。それは半分、「東北人」である（私の父方の祖先は青森産だ）私の〝自己嫌悪〟であり、私のもっとも嫌な言い方で示せば、私の中の「縄文人」

と「弥生人」との葛藤であり、分裂である。付論の「二つの縄文神話」は、『ユリイカ』誌（二〇一七年四月臨時増刊「総特集・縄文」）に覓《もと》められて書いたものに基づくが、私の縄文文化に対するスタンスを示すということで、補註的な意味合いで置いたものである。

この本を書いているうちに、〝荒ぶる森の神〟としての熊の傍若無人な行動が日本全国で問題とされるようになった。日本はいまだに熊と人とが隣接して共棲している珍しい地域である。それがありえたのは森と里とが綺麗に区分され、その境目に里山という緩衝地帯がきちんと存在していたからである。人が熊の領域に深く入り込むようになった。「熊出没注意」という看板を見ても、人の方が熊を怖れなくなったからだ（逆もまた真なりで、〝人間出没注意〟のサインを、熊の方も無視するようになってしまった。侵犯は人と熊の双方だといわざるをえない）。それに対しての具体的な対応策が私にあるわけもないが、熊も人も、もっと相手を畏怖することを忘れてはならないと思う。熊の出る開拓地ならぬ市街地は、シャレにもならないのである。

私にとって諏訪は森であり、熊野は海である。そのいずれも本書では書き足りなかった。熊野の海については、私の前著『補陀落　観音信仰への旅』（作品社）が補いになるかもしれない。編集者・西口徹氏との二人三脚による『闇の摩多羅神』（河出書房新社）も『海峡を越える神々　アメノヒボコとヒメコソの神を追って』（河出書房新社）も、本書の成り立ちとは無縁ではない。ぐるぐると同じ森の中の小径（迷路）を、ヘンゼルとグレーテルのように迷っているのかもしれない。森を抜ければ輝く海の光がみえてくるはずだ。だが、背後から迫る闇の森は、依然「黒くて、大きい」のである。

二〇二四年三月二十日

川村　湊

参考文献

「諏訪大明神画詞」「諏訪上下社祭祀再興次第」「諏方上社物忌令」『神道大系　神社編三十　諏訪』神道大系編纂会、一九八二年三月。

『諏訪史料叢書』巻一～巻八、諏訪史料叢書刊行会、鮎澤商店印刷所、一九二五～二六年。

宮地直一「諏訪神社の研究」『諏訪史　第二巻　前編』信濃教育会諏訪部会、一九三一年二月。

「熊野権現事」「諏訪縁起事」『神道集　東洋文庫本』角川書店、一九五九年十二月。

『式年遷宮御柱祭記念　諏訪大社』南信日日新聞社、一九七四年三月。

『神道集』貴志正造訳、東洋文庫、平凡社、一九七八年七月。

大江匡房『傀儡子記』『遊女記』（『日本思想大系8　古代政治社会思想』岩波書店、一九七九年三月）

藤原明衡『新猿楽記』東洋文庫、平凡社、一九八三年八月。

『大日本法華経験記』（『日本思想大系7　往生論伝　法華験記』岩波書店、一九七四年九月）

『寺社縁起』（『日本思想大系20　寺社縁起』岩波書店、一九七五年十二月）

林ミチ訳／文『諏訪御由来之絵縁起』綜文館、一九九八年八月。

『顕註密勘』（日本古典文学影印叢刊22）日本古典文学会、一九八七年九月。

兵藤裕己編注『説経節俊徳丸・小栗判官』岩波文庫、二〇二三年七月。

『信西古楽図』覆刻日本古典全集、現代思潮社、一九七七年十二月。

鈴木牧之『北越雪譜』岩波文庫、一九三六年一月。

福田晃『神道集説話の成立』三弥井書店、一九八四年五月。

福田晃『英雄伝承の誕生　蒙古襲来の時代』三弥井書店、二〇二一年十一月。

福田晃『神話の中世』三弥井書店、一九九七年一月。

築土鈴寛「諏訪本地・甲賀三郎」『中世藝文の研究』有精堂出版、一九六六年十二月。

金井典美『諏訪信仰史』名著出版、一九八二年四月。

福田晃・徳田和夫・二本松康宏編『諏訪信仰の中世　神話・伝承・歴史』三弥井書店、二〇一五年九月。

寺田鎮子・鷲尾徹太『諏訪明神　カミ信仰の原像』岩田書院、二〇一〇年三月。

伊藤富雄「下社御射山遺跡　御射山祭の話」『伊藤富雄著作集　第一巻』永井出版企画、一九七八年四月。

山本ひろ子編『諏訪学』国書刊行会、二〇一八年三月。

中村生雄『祭祀と供犠　日本人の自然観・動物観』法蔵館文庫、二〇二二年五月。

戸矢学『諏訪の神　封印された縄文の血祭り』河出書房新社、二〇一四年、十二月。

北沢房子『諏訪の神さまが気になるの　古文書でひもとく諏訪信仰のはるかな旅』信濃毎日新聞社、二〇二〇年一月。

宗左近『縄文物語』新潮社、一九九七年十二月。

柳田國男「甲賀三郎の物語」『物語と語り物』角川書店、一九四六年十月。

川村二郎『語り物の宇宙』講談社文芸文庫、一九九一年三月。

上田正昭・大林太良・五來重・宮坂光昭・宮坂宥勝『御柱祭と諏訪大社』筑摩書房、一九八七年七月。

原田信男『神と肉　日本の動物供犠』平凡社新書、二〇一四年四月。

篠田知和基『世界動物神話』八坂書房、二〇〇八年九月。

谷川健一『神・人間・動物　伝承を生きる世界』講談社学術文庫、一九八六年六月。

桜井好朗「中世における漂泊と遊芸」『中世日本文化の形成　神話と歴史叙述』東京大学出版会、一九八一年四月。

吉野裕子『蛇　日本の蛇信仰』法政大学出版局、一九七九年二月。

ミシェル・パストゥロー『熊の歴史〈百獣の王〉にみる西洋精神史』平野隆文訳、筑摩書房、二〇一四年三月。

田中康弘『マタギ　矛盾なき労働と食文化』枻出版社、二〇〇九年四月。

鈴木棠三『説話　民謡考』三一書房、一九八七年十二月。

荒木博之「甲賀三郎譚と熊のジョン」『昔話伝説研究』第七号、昔話伝説研究会、一九七八年十一月。

須藤功『山の標的　猪と山人の生活誌』未來社、一九九一年十二月。

大林太良『東アジアの王権神話　日本・朝鮮・琉球』弘文堂、一九八四年一月。

武田安弘監修『決定版　諏訪大社』郷土出版社、二〇一〇年三月。

水谷勇夫『神殺し縄文』伝統と現代社、一九七四年十二月。

信濃毎日新聞社編『諏訪大社　祭事と御柱』信濃毎日新聞社、一九九二年三月。

星野紘『暴れた牛と神さびる熊　供犠と霊送りの民俗誌』国書刊行会、二〇一七年十月。

皆神山すさ『諏訪神社七つの謎　古代史の扉を開く』彩流社、二〇一五年八月。

皆神山すさ『一つ目の諏訪大明神　一目一足の鍛冶神と諏訪氏の謎』彩流社、二〇二一年八月。

千葉徳爾『狩猟伝承』法政大学出版局、一九七五年二月。

古部族研究会編『日本原初考　古諏訪の祭祀と氏族』人間社、二〇一七年九月。

古部族研究会編『日本原初考　諏訪信仰の発生と展開』人間社、二〇一七年十二月。

古部族研究会編『日本原初考　古代諏訪とミシャグジ祭政体の研究』人間社、二〇一七年九月。

加藤公夫編『十勝のアイヌ民族　その歴史的な経緯を「市町村史」などにより探る』北海道出版企画センター、二〇二二年三月。

宇田川洋『イオマンテの考古学』東京大学出版会、一九八九年二月。

天野哲也『クマ祭りの起源』雄山閣、二〇〇三年十一月。

赤羽正春『熊』（ものと人間の文化史）法政大学出版局、二〇〇八年九月。

赤羽正春『熊神伝説』国書刊行会、二〇二〇年十一月。

赤羽正春『樹海の民　舟・熊・鮭の生存のミニマム』法政大学出版局、二〇一一年十月。

星野紘・斎藤君子・赤羽正春編著『神々と精霊の国　西シベリアの民俗と芸能』国書刊行会、二〇一五年十二月。

永松敦『《猟師》の誕生と狩猟儀礼の成立　民俗文化形成史への一視座として』鉱脈社、二〇〇八年二月。

ネリー・ナウマン『山の神』野村伸一・檜枝陽一郎訳、言叢社、一九九四年十月。

ネリー・ナウマン『生《い》の緒《を》　縄文時代の物質・精神文化』檜枝陽一郎訳、言叢社、二〇〇五年三月。

宮家準編『民衆宗教史叢書第二巻　熊野信仰』雄山閣出版、一九九〇年七月。

宮家準『熊野修験』吉川弘文館、一九九六年一月。

五來重編『吉野・熊野信仰の研究』山岳宗教史研究叢書4、名著出版、一九七〇年十一月。

五來重『熊野詣　三山信仰と文化』講談社学術文庫、二〇〇四年十二月。

池田雅之・三石学編『熊野から読み解く記紀神話　日本書紀一三〇〇年紀』扶桑社新書、二〇二〇年五月。

渡邊昭五『梁塵秘抄の熊野信仰』岩田書院、二〇〇五年七月。

鈴木正崇『熊野と神楽　聖地の根源的力を求めて』平凡社、二〇一八年五月。

大島直行『月と蛇と縄文人　シンボリズムとレトリックで読み解く神話的世界観』寿郎社、二〇一四年一月。

田中基『縄文のメドゥーサ　土器図像と神話文脈』現代書館、二〇〇六年十一月。

瀬川拓郎『アイヌと縄文――もうひとつの日本の歴史』ちくま新書、二〇一六年二月。

瀬川拓郎『アイヌ学入門』講談社現代新書、二〇一五年二月。

梅原猛・埴原和郎『アイヌは原日本人か』小学館ライブラリー、一九九三年四月。

山田康弘『縄文時代の歴史』講談社現代新書、二〇一九年一月。

山田康弘『つくられた縄文時代　日本文化の原像を探る』新潮選書、二〇一五年一一月。

小杉康『縄文のマツリと暮らし』岩波書店、二〇〇三年二月。

岡村道雄『縄文人からの伝言』集英社新書、二〇一四年七月。

宗左近『私の縄文美術鑑賞』新潮社、一九八三年五月。

宗左近『日本美　縄文の系譜』新潮社、一九九一年四月。

宗左近『縄文物語』新潮社、一九九七年十二月。

宗左近『縄文発進』みき書房、一九九四年十二月。

後白河法皇編纂『梁塵秘抄』川村湊訳、光文社古典新訳文庫、二〇一一年六月。

川村湊『闇の摩多羅神』河出書房新社、二〇一七年十二月。

川村湊『補陀落　観音信仰への旅』作品社、二〇〇三年十一月。

川村湊『牛頭天王と蘇民将来伝説』作品社、二〇〇七年八月。

阿部泰郎『湯屋の皇后　中世の性と聖なるもの』名古屋大学出版会、一九九八年七月。

桐村英一郎『熊野鬼伝説』三弥井書店、二〇一二年一月。

栂嶺レイ『誰も知らない熊野の遺産』ちくま新書、二〇一七年八月。

森田玲『日本の祭と神賑　京都・摂河泉の祭具から読み解く祈りのかたち』創元社、二〇一五年七月。

堀田吉雄『山の神信仰の研究』伊勢民俗学会、一九六六年三月。

井口直司『縄文土器・土偶』角川ソフィア文庫、二〇一八年六月。

江坂輝彌『日本の土偶』六興出版、一九九〇年三月。

山田康弘『縄文時代の歴史』講談社現代新書、二〇一九年一月。

西村武重『ヒグマとの戦い　ある老狩人の手記』ヤマケイ文庫、二〇二一年七月。

木村盛武『慟哭の谷　北海道三毛別・史上最悪のヒグマ襲撃事件』文春文庫、二〇一五年四月。

中山茂大『神々の復讐　人喰いヒグマたちの北海道開拓史』講談社、二〇二二年一一月。

米田一彦『人狩り熊』つり人社、二〇一八年五月。

宮沢賢治「鹿踊りのはじまり」「なめとこ山の熊」（『注文の多い料理店』新潮文庫、一九九〇年五月）。

椋鳩十『椋鳩十のくま物語』理論社、一九九六年六月。

熊谷達也『ウエンカムイの爪』集英社、一九八九年一月。

熊谷達也『邂逅の森』文春文庫、二〇〇六年寺十二月。

『スペインバスク民話集　ラミニャの呪い』三原幸久訳、メルヘン文庫、東洋文化社、一九八〇年。

アレクサンドル・アファナーシエフ『ロシア民話集（上）』中村喜和編訳、岩波文庫、一九八七年七月。

『フランス民話集』新倉朗子編訳、岩波文庫、一九九三年八月。

『シベリア民話集』斎藤君子編訳、岩波文庫、一九八八年十二月。

アウレリオ・エスピノーサ『スペイン民話集』三原幸久編訳、岩波文庫、一九八九年十二月。

ガブリエル＝シュザンヌ・ド・ヴィルヌーヴ『美女と野獣』藤原真実訳、白水社、二〇一六年十二月。

ボーモン夫人『美女と野獣』鈴木豊訳、角川文庫、一九七一年六月。

室井光広『縄文の記憶』紀伊國屋書店、一九九六年八月。

プロスペル・メリメ「熊男」『メリメ怪奇小説選』杉捷夫編訳、岩波文庫、一九八六年。

E・S・モース『大森貝塚』近藤技郎・佐原真訳、岩波文庫、一九八三年一月。

泉鏡花「高野聖」『高野聖・眉かくしの霊』岩波文庫、一九九二年八月。

神坂次郎『藤原定家の熊野御幸』角川ソフィア文庫、一九九二年八月。

小山靖憲『熊野古道』岩波新書、二〇〇〇年四月。

任東権「天日槍：その身分と神宝について」（『比較民俗研究』第十四号、一九九六年九月）。

藤森栄一「縄文からの神話」『伝統と現代』第一号、特集：神話、その現代的意味、一九七〇年十二月、伝統と現代社。

藤森栄一『銅鐸』学生社、一九六四年八月。

藤森栄一『古道』講談社学術文庫、一九九〇年五月。

藤森栄一『掘るだけなら掘らんでいい話』新泉社、二〇二三年十二月。

写真・図版
信濃毎日新聞社編『諏訪大社　祭事と御柱』信濃毎日新聞社、一九九二年三月。
『菅江真澄　図絵の旅』角川ソフィア文庫、二〇二三年一月。
梅原猛『日本の原郷　熊野』新潮社、一九九〇年一月。
林ミチ訳／文『諏訪御由来之絵縁起』綜文館、一九九八年八月。
鈴木正崇『熊野と神楽　聖地の根源的力を求めて』平凡社、二〇一八年五月。
江坂照彌『日本の土偶』六興出版、一九九〇年三月。
『式年造営　御柱記念　諏訪大社』南信日日新聞社、一九七四年三月。
『北の縄文世界と国宝　公式図録』北海道博物館、二〇二三年七月。

参観地
諏訪大社上社
本宮　長野県諏訪市中洲宮山一
前宮　長野県茅野市宮川二〇三〇
諏訪大社下社
秋宮　長野県諏訪郡下諏訪町五八三八
春宮　長野県諏訪郡諏訪町大門一九三
熊野本宮大社　和歌山県田辺市本宮町一一一
熊野速玉大社　和歌山県新宮市一番地
熊野那智大社　和歌山県東牟婁郡那智勝浦町那智山一
熊野湯の峰温泉つぼ湯　和歌山県田辺市本宮町本宮一〇〇‐一
熊野神社　京都市左京区聖護院山王町四三
新熊野神社　京都市東山区今熊野椥ノ森町四二
熊野若王子神社　京都市左京区若王子二番地
のぼりべつクマ牧場　北海道登別市登別温泉町二二四
札幌芸術の森美術館　北海道札幌市南区芸術の森二丁目七五
エコミュージックおさしまセンターＢＩＫＫＹアトリエ３モア　北海道中川郡音威子府村字物満内五五

＊本書は書き下ろし作品です。

川村 湊

（かわむら・みなと）

1951年、北海道生まれ。文芸評論家。法政大学名誉教授。1982〜86年、釜山の東亜大学で日本語・日本文学を教える。著書に、『異郷の昭和文学』『戦後文学を問う』『南洋・樺太の日本文学』（平林たい子文学賞）、『海を渡った日本語』『満洲崩壊』『満州鉄道まぼろし旅行』『生まれたらそこがふるさと』『ソウル都市物語』『補陀落』（伊藤整文学賞）『牛頭天王と蘇民将来伝説』（読売文学賞）『闇の摩多羅神』『原発と原爆』『海峡を越えた神々』『ハポネス移民村物語』『新型コロナウイルス人災記』など多数。

熊《くま》 神《がみ》

縄文神話を甦らせる

二〇二四年 五 月二〇日 初版印刷
二〇二四年 五 月三〇日 初版発行

著 者――川村 湊
発行者――小野寺優
発行所――株式会社河出書房新社
〒一六二-八五四四
東京都新宿区東五軒町二-一三
電話
〇三-三四〇四-一二〇一〔営業〕
〇三-三四〇四-八六一一〔編集〕
https://www.kawade.co.jp/

組 版――株式会社ステラ
印 刷――光栄印刷株式会社
製 本――大口製本印刷株式会社

ISBN978-4-309-22920-1
Printed in Japan